Ullstein

Natalie Kaufmann

Das kleine Buch
der großen Toten

100 Todesfälle berühmter Persönlichkeiten

Aus dem Französischen
von Ulrich Kunzmann

Ullstein

Ullstein Buchverlage GmbH & Co. KG,
Berlin
Taschenbuchnummer: 35809
Titel der französischen Originalausgabe
Le Petit Guide des Grandes Morts
Aus dem Französischen von Ulrich Kunzmann

Deutsche Erstausgabe
Dezember 1998

Umschlaggestaltung:
Christof Berndt & Simone Fischer
Abbildungen
Bildarchiv Preußischer Kulturbesitz / Süddeutscher Verlag

Printed in Germany 1998
Gesamtherstellung:
Clausen & Bosse, Leck
ISBN 3 548 35809 8

Gedruckt mit alterungsbeständigem
Papier mit chlorfrei gebleichtem Zellstoff

Die Deutsche Bibliothek
CIP-Einheitsaufnahme

Kaufmann, Natalie:
Das kleine Buch der großen Toten:
100 Todesfälle berühmter Persönlichkeiten /
Natalie Kaufmann. – Dt. Erstausg. –
Berlin: Ullstein, 1998
(Ullstein-Buch; Nr. 35809)
Einheitssacht.: Petit guide des grandes morts <dt.>
ISBN 3-548-35809-8

Inhalt

Kurze Vorbemerkung   11
Hans Christian Andersen   13
Thomas v. Aquin   15
Attila   17
Johann Sebastian Bach   19
Charles Baudelaire   22
Ludwig van Beethoven   25
Sarah Bernhardt   29
Lucrezia Borgia   31
Rodrigo Borgia   33
Giordano Bruno   36
Alessandro Graf von Cagliostro   39
Lewis Carroll   42
Casanova   44
Miguel de Cervantes   46
Frédéric Chopin   49
Auguste Comte   53
Condorcet   56
Marie Curie   60
Cyrano de Bergerac   63
Dante Alighieri   65
Charles Darwin   69
René Descartes   70
Denis Diderot   73
F. M. Dostojewski   76

Thomas A. Edison   80

Epikur   83

Benjamin Franklin   84

Sigmund Freud   87

Galilei   89

Geronimo   91

Johann Wolfgang von Goethe   93

Heinrich IV.   95

Friedrich Hölderlin   98

Victor Hugo   101

Johanna von Orléans   104

Joséphine de Beauharnais   108

Karl der Große   110

Katharina von Medici   112

Kleopatra   115

Christoph Kolumbus   118

Madame de La Fayette   120

Alphonse de Lamartine   123

Pierre Athanase Larousse   125

Lenin   127

Abraham Lincoln   131

Franz Liszt   135

Ludwig II. von Bayern   137

Ludwig XIV., der Sonnenkönig   139

Jean-Baptiste Lully   144

Martin Luther   146

Machiavelli   148

Stéphane Mallarmé   150

Karl Marx   152

Mata Hari   154

Guy de Maupassant   156

Michelangelo   161

Molière   164

Claude Monet   164

Wolfgang Amadeus Mozart   166

Napoleon Bonaparte   170
Nero   175
Gérard de Nerval   178
Isaac Newton   181
Friedrich Wilhelm Nietzsche   183
Alfred Nobel   187
Nostradamus   189
Paracelsus   191
Louis Pasteur   193
Plinius d. Ältere   194
Edgar Allan Poe   198
Marco Polo   202
Marquise de Pompadour   204
Marcel Proust   206
François Rabelais   209
Rasputin   212
Madame Récamier   215
Rembrandt   217
Richelieu   219
Rainer Maria Rilke   223
Arthur Rimbaud   225
Auguste Rodin   229
Gioacchino Rossini   232
Jean-Jacques Rousseau   234
Marquis de Sade   237
George Sand   240
Madame de Sévigné   242
William Shakespeare   245
Sisi   247
Sokrates   250
Stendhal   252
Leo Tolstoi   256
Henri de Toulouse-Lautrec   259
Vincent van Gogh   261
Paul Verlaine   266

Jules Verne   269
Viktoria I.   271
Leonardo da Vinci   274
Voltaire   276
Oscar Wilde   280
Émile Zola   282
Danksagung   284

Das alles ist für Boo-Boo.

»Dem Verstorbenen selbst bringen wir
ein besonderes Verhalten entgegen,
fast wie eine Bewunderung für einen,
der etwas sehr Schwieriges zustande
gebracht hat.«

Sigmund Freud
»Zeitgemäßes über Krieg und Tod«

Kurze Vorbemerkung

Als meine Großmutter Tatiana Krassilchik tot umfiel, hatte sie gerade der Friseurgehilfin das allgemein übliche Einfranc-Stück zugesteckt, dann brach sie auf der Schwelle des Ladens zusammen, tot, aber elegant, adrett und verführerisch, wie sie es immer gewesen ist.

Ich war nicht dabei, doch bin ich sicher, daß ihr Kostüm gut zu jenem ganz besonderen (zuweilen rosa schimmernden) Blau paßte, mit dem viele Friseure hartnäckig die weißen Haare der alten Damen tönen.

Die Biographen, Historiker und Familien der hier angeführten berühmten Persönlichkeiten werden mir – so hoffe ich – vieles verzeihen. Ich habe ihre Werke »geplündert«, die für sich allein wunderbare Nachrufe darstellten; ich habe daraus Texte ausgewählt und nach Art einer Collage zusammengestellt.

Mein Wunsch ist, daß das Resultat dieser Arbeit die berühmten Toten nicht als Ungeheuer darstellt, deren Nase an der Stelle eines Ohrs sitzt.

Schließlich wünsche ich auch, daß mein Status eines uneingeweihten Laien nicht an Entweihung denken läßt, womit nicht allein der ähnliche Wortklang gemeint ist.

Hans Christian Andersen

Geboren am 2. April 1805, in Odense auf der dänischen Insel Fünen.
Bekannt durch seine Märchen (»Die kleine Seejungfrau«, »Des Kaisers neue Kleider«, »Die Prinzessin auf der Erbse«, »Das häßliche junge Entlein« usw.).

WANN: am 4. August 1875, mit 70 Jahren.
WIE: an Leberkrebs.
WO: bei seiner Freundin Dorothea Melchior, auf dem Gut Rolighed (»Ruhe« auf dänisch), in der Nähe von Kopenhagen.
LETZTE RUHESTÄTTE: Er ruht auf dem Kopenhagener Assistens-Friedhof. Seinem Wunsch entsprechend beerdigte man neben ihm zwei seiner liebsten Freunde. Während der Trauerfeier konnte nicht einmal der Dom die Masse seiner Bewunderer fassen.

Andersen kam am 12. Juni nach Rolighed. In der ersten Zeit ging er oft im Garten spazieren. Bald mußte er jedoch das Bett hüten. Dennoch brachte er die Kraft auf, jeden Tag auf den Balkon seines Zimmers zu gehen.

»Wie glücklich ich bin«, sagte er, »wie schön die Welt ist, das Leben ist so schön, man könnte sagen, daß ich zu einer Schiffsreise in ein fernes Land aufbreche, wo es keinen Schmerz und Kummer gibt.«

Er las sein letztes Buch, indische Märchen aus dem 3. Jahrhundert v. Chr.: das *Pantschatantra*.

Andersen befürchtete, lebendig begraben zu werden, deshalb hatte er seiner Gastgeberin das Versprechen abgenommen, ihm eine Pulsader aufzuschneiden, bevor sie den Sarg schließen würde. Seine Angst war so groß, daß er manchmal auf seinem Nachttisch diese Nachricht hinterließ: »ICH BIN NICHT WIRKLICH TOT.«

Seinem Freund, dem Komponisten Hartmann, schrieb er:

»Wenn ich sterben muß, so soll es schnell geschehen, ich kann nicht warten, ich kann nicht ausgestreckt daliegen und wie ein welkes Blatt zerfallen.«

Am 29. Juli brachte ihm Frau Melchior eine weiße Rose. Er dankte ihr und sagte:

»Wie viele Unannehmlichkeiten ich Ihnen bereite. Wie satt Sie mich haben müssen.«

In den folgenden zwei Tagen lag er in einem Dämmerzustand. Man weckte ihn, weil er etwas essen sollte. Leise sagte er:

»Fragen Sie mich nicht, wie ich mich fühle, ich verstehe nichts mehr.«

Am letzten Tag sagte er immer wieder:

»Ich verstehe nicht, geht es mir heute besser? Wie sonderbar das alles ist ...«

Andersen führte ein Tagebuch. Am 5. März 1872 hatte er zum Tod eines Freundes notiert: »Ist er nun Staub und Asche, tot, gestorben, erloschen wie eine Flamme, die nicht mehr existiert? O Herrgott! Kannst du uns ganz verschwinden lassen? Das ist meine Angst, ich bin zu hellsichtig und unglücklich geworden.«

Als der Dichter seinen letzten Atemzug getan hatte, setzte Frau Melchior im Tagebuch diese Worte hinzu: »Nun ist das Licht erloschen. Welch glücklicher Tod. Der teure Freund hat um elf Uhr fünf seinen letzten Seufzer ausgehaucht.«

PS: Andersen ist weiterhin »NICHT WIRKLICH TOT«. Die Prinzessinnen auf der Erbse und die häßlichen jungen Entlein wissen das genau.

Thomas von Aquin

Geboren 1224 oder 1225 in Roccasecca bei Neapel.
Bekannt als Heiliger und als »Doktor der Gottesgelehrsamkeit«
(das hat Johannes Paul II. gesagt).

WANN: am Morgen des 7. März 1274, mit etwa 50 Jahren.
WIE: Angenommen wird eine Blutung mit anschließender Bil-
       dung eines Blutgerinnsels: Einige Tage zuvor war er wäh-
       rend eines Ritts mit dem Kopf heftig an einen Ast gestoßen.
       Bei dem Aufprall wurde er halb erschlagen.
WO: in einer Zelle der Zisterzienserabtei zu Fossanova in Italien.
LETZTE RUHESTÄTTE: Er wurde zunächst in der Abtei begraben. 1369
wurden seine sterblichen Reste in die Jakobinerkirche von Tou-
louse überführt.

Der heilige Thomas von Aquin, damals einfach Thomas von Aquin,
war unterwegs nach Lyon, denn Papst Gregor X. hatte ihn aufgefordert, dort am Konzil teilzunehmen.

Er war im Januar von Neapel aufgebrochen und ritt auf einem
Esel. Nachdem er 175 Kilometer zurückgelegt hatte, prallte er gegen einen Baum und mußte bei seiner Nichte im Schloß Maenza
bleiben, um sich zu erholen.

Da er keine Nahrung zu sich nehmen wollte, fragte man ihn, was
er gern essen würde. Er wünschte sich frische Heringe. Als der
Sardinenhändler wie gewöhnlich vorbeikam, entdeckte man sehr
erstaunt, daß zu seinen Fischen ein ganzer Korb mit frischen Herin-
gen gehörte. Man sprach von einem Wunder, doch der Gesundheitszustand des Patienten besserte sich nicht. Er wollte sich in die
benachbarte Abtei begeben, und da er nicht mehr laufen konnte,
ritt er auf einem Maultier dorthin. Der Abt empfing ihn und ließ ein
Zimmer heizen.

Gleich bei seiner Ankunft zitierte der zukünftige Heilige diese

Worte aus dem Psalm 132, 14: »Dies ist der Ort meiner Ruhe auf ewig; hier will ich wohnen, ihn habe ich mir erkoren.«

Auf Bitten der Priester legte er das Hohelied aus. Frater Petrus, ein Mönch aus Fossanova, erzählte: »Mit großer Ehrfurcht und Inbrunst empfing er die Sterbesakramente, insbesondere den Leib Christi.«

Er lebte noch drei Tage und entschlief am Morgen des 7. März.

1317 wurde Wilhelm von Tocco beauftragt, die von Thomas gewirkten Wunder zu untersuchen. Einige geschahen nach seinem Tod: Der Subprior, der die Totenwache hielt, gewann das Augenlicht wieder, als er den Leichnam berührte; das Maultier des heiligen Thomas, das von den lauten Wehklagen der Gläubigen während der Trauerfeier angelockt wurde, riß sich los und fiel tot um, sobald es den Sarg erreicht hatte.

Er wurde am 18. Juli 1323 in Avignon heiliggesprochen.

Die Mönche der Abtei fürchteten, daß die Dominikaner den Leichnam stehlen würden. Daher begruben sie ihn an einem geheimgehaltenen Platz innerhalb des Klosters. Um das Jahr 1277 schnitten sie ihm den Kopf ab, damit sie den Schädel behalten könnten, falls sie die sterblichen Überreste ausliefern müßten.

In einem Bericht heißt es, daß man um das Jahr 1319 die Leiche in kochendes Wasser warf und so die Fleischreste ablöste. Dadurch konnte man die Reliquien an einem kleineren, besser zu verbergenden Platz (etwa in einem Kästchen) unterbringen.

Am 28. Januar 1369 ließ Urban V. die Gebeine nach Toulouse schaffen.

Dieses Datum wurde für seinen Namenstag gewählt.

PS: (vielleicht) der Liste der Zehn Gebote hinzuzufügen: »Du sollst nicht den Körper eines Toten kochen, damit du ihn besser unterbringen kannst.«

Attila

Geboren um 395, wahrscheinlich in Südungarn.
Bekannt durch die Geschichte, daß dort, wo er entlangkam, kein
Gras mehr wuchs.

WANN: am 15. März 453, mit etwa 60 Jahren.
WIE: an Nasen- und Rachenbluten.
WO: in seinem Hochzeitsgemach in Pannonien (Mitteleuropa).
LETZTE RUHESTÄTTE: ein dreifacher Sarg (aus Eisen, Silber und Gold),
der an einem geheimgehaltenen Ort begraben wurde.

Nach seiner Hochzeitsnacht klopfte man an seine Tür, und niemand antwortete.

Seine Gefährten waren besorgt, weil sich ihr Führer nicht zeigte, denn gewöhnlich unternahm er morgens einen Ausritt. Sie schlugen die Tür ein und entdeckten, daß Attila in seinem Blut schwamm. Seine junge Frau weinte neben ihm und hatte das Gesicht mit einem Schleier bedeckt. Sie erzählte, er wäre eingeschlafen, und auf einmal wäre ihm Blut aus Nase und Rachen geflossen.

Dieses Ende stürzte die Hunnen in solche Verzweiflung, daß die rituellen Totenklagen nicht ausgereicht hätten, ihren Schmerz zu bekunden. Daher rasierten sie sich den Kopf und schnitten sich als Zeichen der Trauer die Wangen auf.

Alle, die beim Bau des Grabmals mitgearbeitet hatten, wurden getötet oder schieden freiwillig aus dem Leben, denn es war eine Ehre, zusammen mit seinem Herrn zu sterben.

Hier ein Auszug aus dem Lied, das die Heldentaten des Kriegers feierte: »Attila, der trefflichste Hunnenkönig [...], verschied ohne Schmerzen, nicht an einer Wunde, die ihm ein Feind geschlagen hatte, nicht durch Verrat der Seinen, sondern am Blut seines Geschlechts, fröhlich inmitten seiner Freunde. Wer würde das einen Tod nennen, wenn niemand Sühnegeld verlangen kann?«

PS: Die Vorstellung, daß ihr Anführer an seinem eigenen Blut und in seinem Bett erstickte, war für die Hunnen sicherlich etwas schwer zu verdauen.

Johann Sebastian Bach

Geboren am 21. März 1685 in Eisenach (Thüringen).
Bekannt durch seine Kompositionen, Präludien, Fugen oder Passionen. Die angehenden Pianisten kennen ihn gut, weil sie ihr Publikum schnell beeindrucken können, indem sie einfache, jedoch sehr schöne Stücke von ihm spielen.

WANN: am Dienstag, dem 28. Juli 1750, ein Viertel vor acht, mit 65 Jahren.

WIE: Damals sprach man von einem Schlaganfall oder einer Hirnblutung. Der Star, an dem er erkrankt war, ist vielleicht auf eine Niereninsuffizienz zurückzuführen, als deren Folge vermutlich der Tod eintrat.

WO: in seiner Leipziger Wohnung.

LETZTE RUHESTÄTTE: Die Trauerfeier fand am 31. Juli in der Leipziger Johanniskirche statt. Er wurde auf dem Johanniskirchhof begraben. Als Schumann das Grab wiederfinden wollte, um dort in stillem Gedenken zu verharren, antwortete ihm der Totengräber: »Es gibt so viele Bachs.«

Anna Magdalena, Bachs Frau, berichtete in ihrer *Kleinen Chronik*: »Nie wurde seine Melodie so schön und leidenschaftlich, als wenn sich in seinen Kantaten die Vorstellungen Tod und Scheiden von dieser Welt aussprachen.«

Bach hatte sein eigenes Leben lang die Werke anderer Komponisten kopiert, denn so, dachte er, lernte man Musik. Diese Beschäftigung hatte gewiß seine Augen überbeansprucht. »Und so wurden seine Augen immer matter ... Doch rief er nur nach mehr Kerzen, ... als ob ein größeres äußeres Licht die zunehmende Verdunkelung seines Gesichtes hätte wieder wettmachen können.« (*Kleine Chronik*)

Eines Tages erzählte man ihm, ein berühmter Londoner Wundarzt komme nach Leipzig. Dieser Mann, John Taylor, leistete Wunderdinge bei Augen, bei denen man jede Hoffnung verloren hatte. Bach lehnte eine Operation zunächst ab (er scheute die große Ausgabe und fürchtete auch, die Sache könnte übel verlaufen), weil seine Angehörigen ihn jedoch drängten, entschloß er sich dazu. Die Operation wurde am 27. März durchgeführt. Sie bestand in einem »Herabdrücken der Linse mit einer ganz besonderen Nadel«.

Während der gewiß sehr schmerzhaften Operation schwieg Bach.

Als man ihm die Verbände abnahm, hatte seine Sehkraft noch weiter nachgelassen. Der Wundarzt empfahl einen neuen Versuch ..., der den Komponisten vollständig erblinden ließ.

Alles ist wohl eine Frage der Auslegung, denn in Taylors Memoiren kann man lesen: »Ich habe eine Unmenge von kuriosen Tieren gesehen, als wie Dromedare, Kamele, Giraffen etc., und besonders in Leipzig, wo ein berühmter Meister der Musik, der bereits sein 88. Jahr erreicht hatte, von meiner Hand sein Augenlicht wieder erhielt.«

(Derselbe Taylor behandelte ein paar Monate später Händel, und die Operation war ebenso erfolglos.)

Man kann den Eindruck haben, daß sich Bachs Blindheit weniger hinderlich als Beethovens Taubheit auswirkte. Doch Bach komponierte nicht am Klavier: er schrieb direkt in die Partitur.

Bach beklagte sich nicht, er sagte:

»Seien wir nicht traurig, daß wir leiden müssen; es bringt uns näher an unsern Herrgott, der für uns alle gelitten hat.«

Da man ihn behandeln wollte, ließ man ihn oft zur Ader und verabreichte ihm dazu noch zahlreiche gewaltsam wirkende Arzneimittel. Seine Frau sagte, daß seine Gesundheit seit jener Zeit nicht mehr dieselbe war.

Bach hatte damals das Amt eines »Kantors« inne, das heißt, er war für die musikalische Leitung zweier Leipziger Kirchen verantwortlich. Die Kirchenbehörden nutzten die Gerüchte über den Gesundheitszustand des Komponisten und beschlossen am 2. Juni, den nächsten Kantor zu ernennen, der bereit war, unverzüglich

Bachs Nachfolge anzutreten. Dieser Mann stand in dem Ruf, wenig scharfsinnig und sehr entgegenkommend zu sein. Bach erfuhr davon. Gewiß ermutigte diese übergroße Eile den Komponisten nicht besonders, gegen seine Krankheit anzukämpfen.

Ab Anfang Juli mußte er das Bett hüten. Seinem Schwiegersohn und Schüler Christoph Altnikol diktierte er weitere Werke. Nachts wachte seine Frau bei ihm.

Am 18. Juli konnte er plötzlich wieder sehen. Anna Magdalena reichte ihm eine rote Rose. Er sagte:

»Magdalena, wo ich hingehe, da werde ich schönere Farben sehen und die Musik hören, von der wir, du und ich, bislang nur geträumt haben. Und schauen wird mein Auge den Herrn selbst!«

Hierauf bat er: »Macht mir ein wenig Musik! ... Singt mit ein gutes Lied vom Tode, denn nun ist es Zeit dafür.« Man sang für ihn: »Alle Menschen müssen sterben.«

Am 22. Juli empfing er das Abendmahl, und am Abend des 28. Juli entschlief er für immer.

Die Bachspezialisten sind sich nicht einig, welches letzte Werk Bach seinem Schüler diktiert hat. Seine Frau erklärte, er habe *Vor Deinen Thron tret' ich hiemit* komponiert, doch offenbar handelte es sich vielmehr um die Neubearbeitung eines bereits geschriebenen Werks. Sie können sich auch nicht darauf einigen, daß es *Die Kunst der Fuge* war, ein Werk, mit dem sich Bach seit 1749 beschäftigte.

Doch es ist offensichtlich, daß dieses rätselhafte Buch die anrührende Form eines Vermächtnisses, eines Nachlasses hat.

In einer Fuge (vielleicht seiner letzten) spielt Bach mit dem Wert seiner Namensbuchstaben: b-a-c-h.

Niemals, bei keinem einzigen Werk, hatte Bach eine Komposition mit seinem Namen »signiert«. Als hätte er am Ende seines Lebens und damit seines Werks sich selbst die Erlaubnis gegeben zu sterben, nachdem seine Aufgabe erfüllt war.

PS: eine erhabene Inszenierung der Kunst, für immer zu fliehen, denn ›Fuge‹ heißt ja ›Flucht‹.

Charles Baudelaire

Geboren am 9. April 1821 in Paris, in der Rue Hautefeuille.
Bekannt vor allem durch seine Blumen des Bösen *und insbeson-*
dere durch seinen Weltschmerz.

WANN: am 31. August 1867, mit 46 Jahren.
WIE: an der Syphilis.
WO: in der Klinik des Dr. Duval, Rue du Dôme, in Paris, in der
Nähe der Place de l'Étoile.
LETZTE RUHESTÄTTE: der Friedhof Montparnasse, in der 6. Abteilung.

Am 20. Januar 1866 schrieb Baudelaire in Brüssel eine »Ordnung
seiner Gefühle«: »Leere im Kopf. Erstickungsanfälle. Schreckliche
Kopfschmerzen. Schwere; Blutandrang; ständiges Schwindelge-
fühl. Wenn ich stehe, falle ich um; wenn ich sitze, falle ich um.«

Und einen Monat vorher: »Ich fühle eine gewisse Leere im Kopf,
Nebel und Zerstreutheit. Der Grund dafür ist die lange Folge von
Anfällen und auch der Genuß von Opium, Digitalis, Belladonna
und Chinin.« (Ja, da kommt viel zusammen.)

Doch Baudelaire wollte lieber glauben, schuld an seinem
schlechten Gesundheitszustand könne ganz einfach Belgien
sein ...

Etwa am 15. März schlugen ihm zwei Freunde vor, die Kirche
Saint-Loup in Namur zu besichtigen. Baudelaire stürzte auf eine
Steinplatte der Kirche. Seine Freunde stellten eine Störung seines
Allgemeinzustands fest. Am 31. März war seine ganze rechte Kör-
perseite gelähmt.

Er verließ sein Zimmer im Hôtel du Grand Miroir und wurde am
3. April in die Klinik Saint-Jean-et-Sainte-Élisabeth wegen eines
Schlaganfalls eingeliefert (die Adresse dieses Instituts war: 7,Rue
des Cendres: *Aschenstraße* ...).

Seine Mutter traf Mittel April ein. Seit drei Tagen hatte er nicht mehr gesprochen. Die einzigen Worte, die ihm über die Lippen kamen, waren Flüche, vor allem »Crénom!«, das er in Anwesenheit der Ordensschwestern hinausschrie.

Am 19. April verließ er die Klinik, vielleicht, weil die Schwestern diesen lachenden und fluchenden Mann nicht mehr ertragen konnten. Vielleicht auch, weil seine Mama ihren wieder zum Kind gewordenen Sohn gern für sich allein haben wollte.

Mai und Juni, die er im Hôtel du Grand Miroir zubrachte, vergingen ruhig. Man stellte sogar eine Besserung fest, und Baudelaire konnte etwas spazierengehen, obwohl ihn Wutanfälle packten und er sehr reizbar war. Seine Mutter wollte ihn zu sich nach Honfleur nehmen. Baudelaire hatte Honfleur stets verabscheut, wollte aber in seinem Zustand auch nicht nach Paris zurück: Dann hätte er seine Freunde wiedersehen und sich ihnen in diesem hinfälligen Zustand zeigen müssen. Schließlich willigte er ein, sich in die hydrotherapeutische Klinik des Dr. Duval bringen zu lassen, der ein Werk über die heilende Wirkung kalten Wassers geschrieben hatte.

Er traf dort am 4. Juli ein. In seinem Zimmer hängte er ein Gemälde seines Freundes Manet auf.

Er empfing zahlreiche Besuche, und zu ihm kam auch oft seine Mutter, deren ständige Anwesenheit ihn maßlos erregte.

Bei einem Spaziergang traf er Feydeau. Anstatt ihm die Hand zu drücken, zog er ihn am Bart. Feydeau sagte:

»Ich wäre hundertmal lieber tot, als daß es so weit mit mir käme.«

Ende 1866 gelang es ihm kaum noch zu sprechen. Er konnte noch den Namen seines Arztes sagen, außerdem: »Der Mond ist so ... schön.« Und: »Reichen Sie mir den Senf.«

Bis zu seinem Tod verließ er das Bett nicht mehr. Seine Mutter wachte bei ihm.

Man entdeckte »eine Wunde in der Nierengegend, die gangränös werden [könnte]«.

An den zwei letzten Tagen vor seinem Tod schien er mit offenen Augen zu schlafen.

Sein treuer Freund Nadar schrieb: »Und als ich ihn zum letzten

Mal in der Klinik Duval sah, sprachen wir über die Unsterblichkeit der Seele. Ich sage ›wir‹, weil ich in seinen Augen ebenso deutlich las, als hätte er reden können:

›Also, wie kannst du an Gott glauben?‹

Baudelaire entfernte sich von der Brüstung, auf die wir uns gelehnt hatten, und zeigte mir den Himmel. [...]

›Crénom! O Crénom‹, protestierte er noch einmal und machte mir empörte Vorwürfe, während er dem Himmel energisch mit der Faust drohte.«

Anscheinend empfing Baudelaire die Sterbesakramente »auf eigenen Wunsch«.

Es war ein Sonnabend, ein Sonnabend im Sommer. Es kam nicht in Frage, die Leiche bei dieser Hitze längere Zeit aufzubahren. Das Begräbnis wurde auf den Montag festgesetzt. Alle seine Freunde waren aufs Land gefahren und konnten nicht rechtzeitig benachrichtigt werden. Sie erhielten die Todesanzeige erst nach der Trauerfeier.

In dem Augenblick, als der Trauerzug den Friedhof betrat, riß ein Windstoß, so heißt es, das Laub von den Bäumen, und die Blätter bedeckten den Sarg des Dichters.

PS: Kann man allein deshalb verstummen, damit man nicht mehr mit seiner Mutter sprechen muß?

Ludwig van Beethoven

Geboren am 16. oder 17. Dezember 1770 in Bonn.
Bekannt durch die wirre Haartracht seiner Büsten, seine Sonaten,
das »TA TA TA TA«, das man singt, wenn das Geheimnis immer un-
durchdringlicher wird oder wenn man einen Geburtstagskuchen
überreicht, und selbstverständlich durch das schreckliche Bild des
taub gewordenen Musikers.

WANN: am Nachmittag des 26. März 1827, mit 56 Jahren.
WIE: an Wassersucht. Man weiß nicht, ob er Syphilis, Krebs oder
Zirrhose hatte.
WO: in seinem »Schwarzspanierhaus«, in einem Vorort Wiens.
LETZTE RUHESTÄTTE: der Währinger Friedhof in Wien. Sechzig Jahre
später wurden seine sterblichen Überreste auf den Zentralfriedhof
überführt.

Im Dezember 1826 kehrte Beethoven nach einem Familienzwist
im Wagen eines Milchhändlers nach Wien zurück. Er übernachtete
in einem ungeheizten Wirtshaus und wurde krank. Als er wieder in
Wien war, mußte er mit einer doppelseitigen Lungenentzündung
das Bett hüten.

Am 10. Dezember fand ihn Dr. Wawruch, sein Arzt, »verstört,
am ganzen Körper gelbsüchtig; ein schrecklicher Brechdurchfall
drohte ihn die verflossene Nacht zu töten. [...] Von diesem Zeitpunkt an entwickelte sich die Wassersucht [...].«

Vom 20. Dezember an nahm man bei ihm Punktierungen vor,
um ihm etwas von seinen Körpersäften zu entziehen, die ihn auf-
schwemmten. Da er 1819 taub geworden war, entstanden die
»Konversationshefte«, die ihn ein wenig aus seiner Isolation her-
ausführten: Man schrieb hinein, was man ihm zu sagen hatte. Nach
der Operation notierte der Chirurg: »Sie haben sich ritterlich gehalten.« Beethoven antwortete, er komme ihm vor wie Moses, der mit

seinem Stab an den Felsen schlage, um Wasser herausspritzen zu lassen.

Am 8. Januar, nach einer zweiten Punktierung, äußerte Beethoven erste Beschwerden über seinen Arzt, wollte einen anderen hinzuziehen und fragte einen Freund um Rat. Dieser empfahl ihm, »Punschgefrorenes« zu essen ..., das bei dem Musiker trefflich wirkte. Es verbreitete sich das Gerücht, an Beethovens Krankheit sei schuld, daß er das Rezept seines Freundes allzu genau befolgt habe: Beethoven, hieß es, gehe über die verordnete Dosis hinaus. Wahrscheinlich ist jedoch, daß sein Hausarzt selbst dieses Gerücht unter die Leute brachte, um sich für die Zurückweisung durch seinen Patienten zu rächen.

Die dritte Punktierung entzog ihm noch etwas mehr von seinen Körperflüssigkeiten, und am 18. Februar schrieb er: »Ich verzage nicht, nur ist alle Aufhebung meiner Tätigkeit das Schmerzhafteste.«

Ein junger Freund stellte fest, daß man zwar den Körper punktierte, daß der Körper des Kranken aber zusätzlich mit Wunden übersät war (was später bei der Autopsie bestätigt wurde), und er schrieb ins Heft: »Ich werde dir etwas bringen, um die Wanzen zu vertreiben.«

Im März war Beethoven verzweifelt, weil er sich nicht rühren konnte, er beklagte sich über den »jetzigen Kunstgeschmack« und über den »hier alles verderbenden Dilettantismus«.

Obwohl er untröstlich war, bewahrte er seinen Humor. Man erzählte ihm von einem neuen Arzt, und er antwortete: »Mein Tagwerk ist vollbracht; wenn hier noch ein Arzt helfen könnte, *his name shall be called wonderful ...*«

Das eingemachte Obst und der Wein des Barons Pasqualati, seines alten Freundes, brachten ihm eine gewisse Stärkung.

Eine Stärkung, die noch von einer positiven Antwort der Philharmonischen Gesellschaft Englands auf Beethovens Bitte um finanzielle Unterstützung gefördert wurde. Doch die Erholung hielt nicht lange an: »Durch die freudige Gemütsbewegung veranlaßt, sprang in der Nacht eine der vernarbten Punktionen auf, und alles

Wasser, das sich seit vierzehn Tagen gesammelt hatte, floß von ihm.«

Am 18. März fand er die Kraft, seinen englischen Freunden einen Dankesbrief zu schreiben, der ewige Anerkennung versprach. Da er sich besser fühlte, wollte er die Entwürfe seiner zehnten Sinfonie sehen. Man tadelte ihn, weil er einen »Großvaterstuhl« gekauft hatte, in dem er sich ausruhen konnte, wenn er das Bett verließ.

Am 20. März schrieb er: »Ich werde wohl bald den endgültigen Schritt tun«, und am 21. März teilte er einem Freund mit: »Gott sei Dank, wenn die Rolle bald ausgespielt wäre.«

Am 23. März beschloß Dr. Wawruch, obwohl er ihn schonen wollte (wie er jedenfalls sagte), ihm die verzweifelte Lage begreiflich zu machen, in der er sich befand: »Mit der zartesten Schonung schrieb ich die mahnenden Zeilen auf ein Blatt Papier [...]. Beethoven las das Geschriebene mit einer beispiellosen Fassung [...].«

Der Komponist antwortete, man solle einen Priester rufen lassen, und er legte die Beichte ab. Vielleicht muß man dieses Ereignis in Zusammenhang damit sehen, daß man ihn dann die klassische Formel äußern hörte, mit der die antiken Komoedien endeten:

»Plaudite, amici! Finita est comoedia.«

Hierauf brachte man ihm Rheinwein, den ein Freund geschickt hatte. Er sagte:

»Schade, schade, zu spät!«

Aber er trank von dem Wein.

Am Abend jenes Tages besuchte ihn ein Sänger. Beethoven sagte ihm:

»Hört Ihr die Glocke? Die Dekoration wechselt ...«

(In den Wiener Theatern kündigte eine Glocke den Szenenwechsel an.)

Und da er Glocken hörte, nutzte das seine Familie, um ihn zu einigen Szenenwechseln zu bewegen, diesmal jedoch in seinem Testament.

Der 25. März verging im Koma. Er röchelte.

Anselm Hüttenbrenner, der an seinem Bett saß, erzählte: »Nachdem Beethoven [...] bis nach fünf Uhr röchelnd im Todeskampfe bewußtlos dagelegen war, fuhr ein von einem heftigen Donner-schlage begleiteter Blitz hernieder und erleuchtete grell das Sterbe-zimmer (vor Beethovens Wohnhause lag Schnee). Nach diesem un-erwarteten Naturereignisse, das mich gewaltig frappierte, öffnete Beethoven die Augen, erhob die rechte Hand und blickte starr mit geballter Faust mehrere Sekunden lang in die Höhe mit sehr ern-ster, drohender Miene. [...] Als er die erhobene Hand wieder aufs Bett niedersinken ließ, schlossen sich seine Augen zur Hälfte. Meine rechte Hand lag unter seinem Haupte, meine linke ruhte auf seiner Brust. Kein Atemzug, kein Herzschlag mehr!«

PS: eine Idee für Eiskonditoren: Sie könnten in diesem Sommer ein Punscheis kreieren und es »Ludwig van« nennen.

Sarah Bernhardt
Geboren als Rosine Bernard

Geboren (das ist beinahe sicher) am 23. Oktober 1844 in Paris.
Doch vielleicht auch am 22. April 1843 im Faubourg Saint-Honoré
oder am 22. November 1843 oder auch am 23. August 1844 bzw.
1841.
Andernfalls in der Rue de l'École-de-Médecine oder in der Rue de
la Michodière.
Oder vielleicht auch in der Bretagne, in der Normandie bzw. in
Algerien.
Bekannt als sehr große Schauspielerin und in ihren letzten Jahren
als sehr große einbeinige Schauspielerin.

WANN: am 26. März 1923, mit etwa 78 Jahren.
WIE: an einer akuten Harnvergiftung.
WO: in ihrer Wohnung am Boulevard Péreire in Paris, in den Armen ihres Sohnes.
LETZTE RUHESTÄTTE: Sie ruht auf dem Friedhof Père-Lachaise, in der 44. Abteilung.

Sarah Bernhardt kam aus London zurück, wo sie erklärt hatte:
»Ich werde auf der Bühne sterben, das ist mein Schlachtfeld.«
Im Dezember 1922 bot ihr Sacha Guitry ein Stück mit dem Titel *Ein Romanthema* an. Nach einer Probe mußte sie sich in ihrer Garderobe ausruhen. Gegen 19 Uhr litt sie unter Atemnot, und man brachte sie nach Hause. Sie konnte das Stück nicht spielen, doch sie bat einen Bühnenarbeiter, sie am Tag der Premiere bei Beginn der Vorstellung anzurufen. Vom Bett aus sagte sie nun ihren Text am Telefon, vermochte indes nicht bis zum Ende durchzuhalten.
Sarah Bernhardt verließ das Bett kaum noch, doch legte sie sich manchmal in den Sarg, den sie seit ungefähr dreißig Jahren besaß. Sie schlief von Zeit zu Zeit in ihm oder probte ihre Rollen.

Am Ende des Winters 1923 bot ihr ein Hollywood-Agent einen Film an, dessen Drehbuch Sacha Guitry geschrieben hatte. Sie empfing ihn in ihrer Wohnung, im Bett, und da er sich besorgt nach ihrem Gesundheitszustand erkundigte, teilte sie ihm mit, das sei nur eine harmlose Grippe. Doch sie fügte hinzu, es wäre eine gute Idee, den Film in ihrer Wohnung am Boulevard Péreire zu drehen.

Am 15. März wurde ihre Wohnung zum Aufnahmeatelier. Sie konnte nur einige Szenen spielen und brach zusammen. Man brachte sie in ihr Zimmer. Mehrere Ärzte kamen, doch die Menge unter ihren Fenstern wartete bereits auf die Bekanntgabe ihres Todes.

Sorgfältig bereitete sie das Begräbnis vor, sie prüfte nach, ob ihr Sarg gut erhalten war, und sie wählte sechs junge Schauspieler aus, die ihn tragen sollten. Sie fragte:

»Sind Journalisten unten?«

»Ein paar«, antwortete man.

»Sie haben mich mein ganzes Leben genug gequält. Ich kann sie auch ein bißchen ärgern und sie warten lassen.«

Dann entschlummerte sie, auch wenn das in diesem Zusammenhang eine sehr farblose Zustandsbeschreibung ist: Sarah Bernhardt war vollständig weiß gekleidet, ihr Kopf ruhte auf einem Lager aus Parmaveilchen, in den Händen hielt sie ein silbernes Kruzifix, und an der Brust glänzte die Ehrenlegion. Die Wohnung war mit Tonnen von Blumen überfüllt, die ihre Verehrer geschickt hatten.

Auf dem Weg zum Friedhof blieb der Zug einen Augenblick vor dem Théâtre Sarah-Bernhardt stehen. Vom Dach warfen ihre Bewunderer bergeweise Blumenblätter in allen Farben, die den Sarg der Schauspielerin bedeckten. Alle Pariser Theater hielten an diesem Abend eine Schweigeminute ein.

Die Trauerfeier fand in der Kirche Saint-François-de-Sales statt. Es gab keine Grabrede. Während der Feier rief eine junge Frau:

»Die Götter sterben nicht!«

PS: Sarah Bernhardt hatte sich nicht geirrt, als sie ankündigte, daß sie auf der Bühne sterben werde.

Lucrezia Borgia

*Geboren am 18. April 1480 in dem hundert Kilometer von Rom
entfernten Subiaco. Ihr Vater, Papst Alexander VI., nannte sie Lucrezia, um an eine Römerin zu erinnern, die geschändet worden
war und sich hierauf das Leben genommen hatte.*
Bekannt durch ihren Familiennamen.

WANN: am 24. Juni 1519, mit 39 Jahren.
WIE: an Kindbettfieber.
WO: in ihren Gemächern zu Ferrara.
LETZTE RUHESTÄTTE: das Corpus-Domini-Kloster, wo ihr letzter Ehe-
mann an ihrer Seite begraben wurde.

Mit 39 Jahren war Lucrezia Borgia zum elften Mal schwanger und
brachte am 5. Juni ein Mädchen zur Welt, das am Tag darauf starb.
Sie hatte hohes Fieber, und die Sommerhitze verschlimmerte ihre
Atemnot. Da sie das Gewicht ihrer Haare nicht mehr ertragen
konnte, bat sie, daß man sie ihr abschnitt. Sie wollte die Wahrheit
über ihre Krankheit erfahren, und die Ärzte teilten ihr mit, daß sie
sterben müsse.

Am 22. Juni diktierte sie einen Brief an Papst Leo X., in dem sie
erklärte, daß sie ihr Ende gefaßt erwarte. Außerdem schrieb sie:
»Mit größter Verehrung küsse ich die Füße Eurer Heiligkeit.«

Man gab ihr die Letzte Ölung. Sie wollte ihre Kinder nicht an ihrem Bett sehen, um ihnen nicht einen derart schmerzlichen Anblick zuzumuten. Man schor ihr den Kopf kahl. Ihre Nase blutete.

Am Abend trank sie eine Fleischbrühe und sagte ihre letzten
Worte:

»Auf immer gehöre ich Gott.«

Sie konnte nichts mehr sehen und war vollständig gelähmt. Am
23. und 24. Juni schien sie nicht mehr wirklich von dieser Welt zu
sein. Am späten Abend entschlief Lucrezia für immer. Ihr Gemahl

hielt bis fünf Uhr früh ihre Hand. Ihr letzter Wille war, daß er sich nach ihrem Tod um ihr Amarantbeet kümmern sollte, denn über alles liebte sie diese Blumen, die das Sinnbild der Unsterblichkeit waren.

Lucrezia Borgia hatte 1518 die Gelübde einer Franziskanerin abgelegt und wollte in der Ordenskleidung begraben werden. Daher kam sie als Nonne in ihre letzte Ruhestätte.

PS: Wenn man einen Papst als Papa hat, ist es das Mindeste, daß man als Nonne stirbt.

Rodrigo Borgia

Papst unter dem Namen Alexander VI.
Geboren 1431 in Játiva (Spanien).
Bekannt als fleischlichen Genüssen zugeneigter Papst.

WANN: am 18. August 1503, mit 72 Jahren.

WIE: Die Legende behauptet, er sei an einer plötzlichen Vergiftung gestorben, und zwar sogar an dem berüchtigten (hauptsächlich aus Arsen bestehenden) Gift der Borgias. Wahrscheinlicher ist, daß er einer Nahrungsmittelvergiftung oder der Malaria erlag.

WO: in seinem Gemach im Vatikan.

LETZTE RUHESTÄTTE: die Kapelle Santa Maria delle Febbri in Rom.

In jenem Sommer 1503 war es sehr heiß in Rom. Abends suchte man am Stadtrand und auf dem Lande etwas Abkühlung; außerdem, um dem bedrückenden Dunstkreis der Malariaepidemie zu entfliehen. Der Papst hatte keinen glücklichen Frühling hinter sich; man stellte fest, daß er mißlaunig und erschöpft war. Anfang August hatte er dem Begräbnis seines rundlichen Cousins beigewohnt, und Rodrigo hatte die Trauerfeier mit den folgenden Worten kommentiert: »Dieser Monat ist überhaupt nicht gut für die Dicken.« (Er selbst war ebenfalls wohlbeleibt.) In jenem Augenblick fiel ihm eine Eule vor die Füße, was er als ein schlechtes Vorzeichen auffaßte.

Der Papst, sein Sohn Cesare (Lucrezias Bruder) und einige Kardinäle waren zum Abendessen in die Weingärten Adriano Castellis eingeladen. Rodrigo wurde während der Mahlzeit von einem leichten Unwohlsein befallen, und als er in den Vatikan zurückkam, war das Fieber gestiegen. Am nächsten Tag erbrach er sich, und das Fieber ließ nicht nach. Dann besserte sich sein Zustand. Die Krankheit brach am 16. August in der Form eines »Tertianafiebers« wieder aus. Man ließ ihn zur Ader (»vierzehn Unzen Blut«).

Das Fortschreiten seiner Krankheit und deren Folgen werden wunderbar anschaulich von Bischof Burchardus geschildert, der im Vatikan für die Zeremonien zuständig war. Er berichtet, Rodrigo-Alexander habe am Donnerstag, dem 17. August, eine Medizin eingenommen und am Freitag, dem 18., gebeichtet. Dann saß der Papst im Bett und hörte die Messe in Gegenwart von fünf Kardinälen, von denen einer Casanova hieß. Der Papst Borgia fühlte sich immer schlechter, er litt unter Atemnot, und »zur Vesperstunde wurde ihm die Letzte Ölung gegeben, und er starb«.

Auch Cesare war krank, ebenso andere Leute, die an der Mahlzeit in den Weingärten teilgenommen hatten, was die Hypothese einer Nahrungsmittelvergiftung nahelegt (mehr als die eines sofort tödlichen Giftes, das mit einwöchiger Verzögerung gewirkt hätte).

Burchardus teilt uns mit, daß Cesare den kranken Vater nicht besuchte, weil er sich selbst nicht wohl fühlte, doch er fügt hinzu, daß er »auch nicht zum Papst ging, als dieser gestorben war«. Das alles ist normal, denn »der Papst erwähnte während seiner Krankheit den Herzog oder Lucrezia, seine Tochter, mit keinem einzigen Wort«.

Als Cesare erfuhr, daß sein Vater im Sterben lag, schickte er seine Schergen in dessen Gemächer. Sie zwangen Casanova, die Schlüssel des »Papstschatzes« herauszugeben, ansonsten würden sie ihm die Kehle durchschneiden, und sie stahlen alles, was sie finden konnten: »Sie verschonten nur die päpstlichen Thronsessel, ein paar Kisten und die an der Wand befestigten Teppiche.«

Während man den Papst noch ausraubte, starb dieser. Man zog ihm gewöhnliche Wäsche an (die Diebe hatten sich auch seine Garderobe angeeignet), darüber eine weiße Soutane »ohne Schleppe«. Man suchte nach einem Ring, den man ihm an den Finger hätte stecken können, vergebens. Burchardus, der örtliche Zeremonienmeister, fand trotz alledem etwas, um den armseligen Leichnam mit Purpur und Gold zu bedecken. Man trug ihn in den Nachbarraum, den Papageiensaal.

Niemand (von zwei Fackeln abgesehen) hielt in der Nacht für ihn die Totenwache, kein Gebet half seiner Seele, den Weg ins Paradies zu finden. Man brachte ihn in den Petersdom, wie es der Brauch verlangte, doch die Hitze trug dazu bei, daß der Verwesungsprozeß rasche Fortschritte machte. Bis zur päpstlichen Trauerfeier stellte man ihn in der Ecke einer benachbarten Kapelle ab, die Santa Maria delle Febbri – *Sankt-Marien-vom-Fieber* – hieß ...

Als er im Petersdom aufgebahrt wurde, drehte man sogar, wie es heißt, den Körper um, so daß die Besucher nur die Füße sehen konnten, denn ein derart widerwärtig gewordener Papst hätte einige Gläubige erschrecken können. Burchardus klärt uns in dieser Hinsicht auf: Das Gesicht des Papstes war schwarz, »so sehr, daß er einem ganz schwarzen Tuch oder einem Mohren glich, als ich ihn in der elften Nachtstunde sah. Das Gesicht war aufgeschwemmt, ebenso die Nase. Der Mund stand weit offen, und die geschwollene Zunge füllte den ganzen Mund aus. Jeder sagte, noch nie habe man etwas derart Grauenhaftes gesehen.«

Der Körper war so aufgedunsen, daß der Sarg, den die Tischler angefertigt hatten, zu klein war. Sie rollten den Toten in einen Teppich, und unter Beschimpfungen drückten sie ihn mit Faustschlägen in den Kasten. Der Papst hatte recht gehabt: Es war ein schlechter Monat für die Dicken.

PS: der kleine Führer der großen Mohren, die ihre Schuldigkeit getan haben?

Giordano Bruno

Geboren im Januar oder Februar 1548 in Nola, östlich von Neapel.
Bekannt durch sein tragisches Ende, an dem seine antiaristoteli-
schen Ideen schuld waren.

WANN: am 17. Februar 1600, mit 52 Jahren.

WIE: lebendig verbrannt.

WO: in Rom, auf der Piazza Campo dei Fiori.

LETZTE RUHESTÄTTE: die Luft, das Meer, das Feuer, der Äther, kurz
und gut, all jene Dinge, die er so sehr liebte.

Bruno, den man wegen seines Wissens hofiert, wegen seines skan-
dalösen Betragens und seiner diabolischen Ideen (unendlich viele
Welten, Heil der verworfenen Engel usw.) aus allen Staaten verjagt
hatte, wurde von Giovanni Mocenigo nach Venedig eingeladen,
der die Mnemotechnik kennenlernen wollte, eine Kunst, die der
Eingeladene ausgezeichnet beherrschte.

1591 nahm Bruno die Einladung an, und Mocenigo bemühte
sich so eifrig um Bruno, daß er in seinem Palazzo wohnen
mußte. Vielleicht wollte Mocenigo in tiefere Mysterien als die
der Gedächtniskunst eingeweiht werden, vielleicht wollte er
hartnäckig »von Schmelzöfen, Achatmörsern, Quecksilberwasser
und der Reifung des alchimistischen Eies« sprechen (so hat es
Yvonne Carouth genannt), doch da teilte ihm Bruno mit, daß er
bestimmte Angelegenheiten in Frankfurt erledigen müsse, denn
dort wollte er den Druck einiger seiner Werke überwachen. Außerdem erklärte er, anschließend werde er nach Venedig zurück-
kommen. Mocenigo, der neidisch auf die Geheimnisse war, die
Bruno möglicherweise anderen offenbaren würde, schrieb einen
Brief an die Inquisition und denunzierte Bruno als Ketzer, Feind
der Religion und Gründer einer Sekte. Hierauf fesselte er ihn und
sperrte ihn auf dem Dachboden ein. Die Antwort der Kirche ließ

nicht auf sich warten: Am nächsten Tag, dem 23. Mai 1592, holte ihn ein Offizier ab und brachte ihn in den Kerker des Heiligen Offiziums.

Am Monatsende erschien er vor den Richtern. Die Sache hätte sich noch bereinigen lassen, aber Rom verlangte Brunos Auslieferung.

Er wurde ins Verlies der Heiligen Inquisition nach Rom gebracht und bereitete acht Jahre lang seine Verteidigung vor. Man gab ihm Schreibzeug, verzweigerte ihm aber den Zirkel, um den er gebeten hatte. Von seinem zweiten Prozeß ist nur ein »Kurzprotokoll« erhalten, weil die anderen Schriftstücke unter Napoleon vernichtet wurden (anscheinend hielt man sie irrtümlich für unnützen Papierkram). Er wurde beschuldigt, an das Ende der Zeiten zu glauben, man legte ihm »das fabelhafte Wesen seiner Schriften« zur Last, und die Kirche verzieh ihm vor allem nicht sein astronomisches Bild des Weltalls.

Am 8. Februar verlas man das Urteil. Er hätte sein Leben retten können, wenn er sich zu dem Widerruf bereit gefunden hätte, den man ihm nahelegte. Doch er beendete die Disputation endgültig, als er sagte:

»Mit größerer Furcht verkündet ihr vielleicht das Urteil gegen mich, als ich es entgegennehme!«

Hierzu brachte Monsignore Mercanti 1942 eine Hypothese vor: Er hielt »diese neue Haltung für das unzweifelhafte Indiz einer geistigen Verwirrung und vielleicht sogar einer psychischen Störung«.

Giordano Bruno wurde also zum Scheiterhaufen verurteilt. Eigentlich war es Brauch, daß man die Opfer trotz dieser Verurteilung in ihrer Zelle tötete und daß dann ihre Leiche oder (und) ihr Bild verbrannte, um ihnen den schmerzhaften Flammentod zu ersparen.

Bei Giordano indes stellten die Zeugen eindeutig fest: Gefesselt, nackt und geknebelt verbrannte er in den Flammen der Inquisition.

PS: Ob es den Inquisitoren gefällt oder nicht, die alle Spuren des Ketzers auslöschen wollten, nachdem seine Asche auf dem Campo dei Fiori – das heißt »Blumenfeld« – verstreut war: Giordano hat doch ein Grab, und es ist das am reichsten mit Blumen geschmückte Grab der Welt.

Alessandro Graf von Cagliostro
Geboren als Giuseppe Balsamo

Geboren im Juni 1743, wahrscheinlich in Palermo. Bekannt als imaginäre Gestalt, die Alexandre Dumas unsterblich gemacht hat.

WANN: am 26. August 1795, mit 52 Jahren.

WIE: Der Totenschein spricht von einem »Schlaganfall, einer natürlichen Erscheinung bei einem hartherzigen Menschen«. Zahlreiche Legenden ranken sich um diese beinahe mythische Gestalt: Seine Kerkermeister sollen ihn umgebracht haben, oder es war ihm angeblich gelungen, aus dem Gefängnis zu fliehen.

WO: in seiner Zelle im Kastell San Leo (nahe bei San Marino).

LETZTE RUHESTÄTTE: »Er wurde gleich an der höchsten Stelle [des Kastells] verscharrt, dort, wo der Westhang beginnt«, zwischen den Bergfestungen Casino und Palazzetto, am 28. August, um elf Uhr abends.

Der Mann, der sich Alessandro Graf von Cagliostro nennen ließ, wurde von seiner Frau Serafina als Ketzer denunziert und daraufhin auf Verlangen des Heiligen Offiziums in der Engelsburg in Rom eingesperrt. Man verhaftete ihn am 27. Dezember 1789 wegen verschiedener Anschuldigungen, insbesondere der, ein Sektenführer zu sein. Die Päpste hatten einige Bullen erlassen, die freimaurerische Sitzungen verboten, und der Graf mußte verurteilt werden.

In der eiskalten Gefängniszelle (da man ihm seinen ganzen Besitz abgenommen hatte, bat er um die Rückgabe seines Mantels, doch dauerte es sehr lange, bis auf dem Dienstweg entschieden wurde, ihm diesen Wunsch zu erfüllen) beging Cagliostro mehrere Selbstmordversuche. Um ihn zu bestrafen, wurde er in Ketten gelegt.

Das große Ansehen dieses Mannes, von dem es hieß, er sei ein

Alchimist, erregte die Gemüter so sehr, daß die Behörden die traditionellen Karnevalsfeste auf eine Mindestzahl beschränkten.

Nach vier Monaten verhörte man ihn endlich. Er erklärte, er habe seine Fähigkeiten von Jesus, und seine Praktiken hätten nichts mit dem Teufel zu tun. Wie es damals häufig vorkam, widerrief er später (wahrscheinlich nach einem brutalen Verhör) und gestand, er hätte »im Abgrund des Irrtums« gelebt. Einer seiner Verteidiger wollte dem Gericht erklären, daß dieser Mann geistesgestört sei und daß man ihn nicht allzu ernst nehmen dürfe, doch das Heilige Offizium verstand so leicht keinen Spaß. Das Urteil wurde am 7. April gesprochen: Er verdiente den Tod; aber zehn Beisitzer stimmten dafür, daß seine Strafe in lebenslängliche und unaufhebbare Haft umgewandelt werden sollte. Anscheinend soll ein Mitglied des Heiligen Offiziums sogar vorgeschlagen haben, daß Cagliostros Haft nicht länger als drei Jahre dauern dürfe ... Alle seine Schriften wurden am 4. Mai auf der Piazza della Minerva verbrannt.

Am 16. April kam er aus der Engelsburg in das Kastell San Leo. Man erteilte Kardinal Doria, dem Verantwortlichen der Festung, die folgenden Weisungen: Cagliostro dürfe mit niemandem sprechen und unter keinem Vorwand die Möglichkeit zum Schreiben erhalten. Am Tag nach seiner Einlieferung wurde der Gefangene von diabolischen Zuckungen gepackt, und man ließ ihn zur Ader. Es heißt, daß er in seiner ungesunden, stickigen Zelle eine Mischung aus Urin und Rost erfand und damit an die Mauern schreiben konnte. Behauptet wurde auch, daß er sich Bußübungen widmete und sich hierfür einen Rosenkranz aus Kirschkernen herstellte. Doch die Haft führte zu endlosen Anfällen, bei denen er schrie und weinte, was seinen Kerkermeistern den letzten Nerv raubte. Daher verlegte man ihn in eine andere Zelle, die »il Pozzetto« (die Wassergrube) genannt wurde. Man gelangte von oben in sie hinein. Eine Art Glasscheibe über dem Gefangenen ermöglichte es den Wärtern, ihn ständig zu überwachen. Der Wahnsinn war sein ständiger Begleiter; er überzeugte sich, daß seine Frau in der Festung lebte und wollte ihr die Nachricht zukommen lassen, daß er ihr verziehen habe ... Nachdem dieser als furchterregend verschriene Mann fünf Jahre unter solchen Bedingungen zugebracht hatte, gab er letztendlich auf. Anfang August befiel ihn eine halbseitige Lähmung, die seinen am 26. August eintretenden Tod ankündigte.

Der offizielle Bericht stellt fest, daß »Giuseppe Balsamo, der die christliche Taufe empfangen hatte, jedoch ungläubig, häretisch und zu traurigem Ruhm gelangt war, nachdem er in ganz Europa die gottlosen Lehren der ägyptischen Sekte verbreitet hatte«, starb, »ohne ein Zeichen der Reue von sich zu geben und ohne Bedauern zu erregen, aus der Kirchengemeinschaft ausgeschlossen«.

PS: Bastelt zum Vatertag anstelle eines Terrakotta-Aschenbechers oder einer Nudelkette lieber einen Rosenkranz aus Kirschkernen.

Lewis Carroll

Geboren als Charles Dodgson

Geboren am 27. Januar 1832 in Daresbury bei Manchester. Bekannt dafür, daß er viele »kleine Freundinnen« hatte, darunter ganz besonders eine: Alice Liddell.

WANN: am 14. Januar 1898, mit 65 Jahren.

WIE: an der »Influenza«, das heißt einer bösartigen Grippe.

WO: in den »Chesnuts« in Guildford, bei seinen Schwestern.

LETZTE RUHESTÄTTE: der Friedhof von Guildford. Unter dem Kreuz auf seinem Grab kann man lesen, daß hier Charles »Dodgson-Carroll« ruht.

Der Schriftsteller-Reverend-Mathematiker führte ein sehr gesundes Leben: Fußmärsche (manchmal fünfundzwanzig Kilometer am Tag) und ausgewogene Ernährung. Er beunruhigte sich nicht allzusehr, als er erkrankte; dann stellte sein Arzt die Symptome einer Bronchitis fest. Am 6. Januar verordnete er ihm Bettruhe. Da er mühsam atmete, zog man seine Kopfkissen höher. Er sagte:

»Nehmen Sie die Kopfkissen fort, ich brauche sie nicht mehr.«

Das war am Tag vor seinem Tod. Er entschlief am 14. Januar, nachmittags gegen 14.30 Uhr.

Damals arbeitete er an einem Werk über die symbolische Logik. Am 19. Dezember schrieb er in sein Tagebuch: »Letzte Nacht bis 4 Uhr früh durchgewacht und über einer spannenden Aufgabe gegrübelt, die man mir aus New York zugeschickt hat: drei rechtwinklige Dreiecke finden, deren rationale Seiten gleich sind. Ich habe zwei gefunden, die 20, 21, 29 und 12, 35, 37 als Seite haben, aber ich konnte nicht drei finden.«

Am 8. November 1897, zwei Monate vor seinem Tod, schrieb er: »Ein Brief ist eingetroffen für L. Carroll, Christ Church, Oxford. Es kommen jetzt so viele, daß ich beschlossen habe, ihre Annahme

zu verweigern, und ich habe ihn Telling ungeöffnet zurückgegeben, damit er ihn wieder auf die Post bringt. Von jetzt an werden
alle derartigen Briefe mit der Bemerkung ›unbekannt‹ an den Ab-
sender zurückgeschickt.«

PS: Lewis-Charles unterzeichnete seine wissenschaftlichen Werke
mit »Dodgson« und seine »Geschichten« mit »Carroll«. Erst nach
seinem Tod offenbarte sich seine Identität auf dem Grabstein, wo
seine beiden Namen miteinander verbunden sind.

Casanova
Geboren als Giacomo Girolamo Casanova de Seingalt

Geboren am 2. April 1725 in Venedig.
Bekannt durch seine Abenteuer.

WANN: am 4. Juni 1798, mit 73 Jahren.
WIE: an den Folgen verschiedener Krankheiten, darunter der Gicht, einer Prostataerkrankung und einer Harnröhrenverengung.
WO: im Schloß des Grafen von Waldstein, im böhmischen Dux.
LETZTE RUHESTÄTTE: der Friedhof der Duxer Kirche.

Im April 1789 verfiel Casanova in einen tiefen Erschöpfungszustand, der auf eine Vielzahl von Symptomen zurückzuführen war. Sein Arzt verordnete ihm eine Zeitlang absolute Ruhe und die Unterbrechung seiner mathematischen Studien. Ihm wurde vorgeschrieben, »einige Monate lang auf die trübsinnigen, das Gehirn ermüdenden Studien und auf die Geschlechtslust zu verzichten«.

»Sie müssen ausruhen, und damit Sie eine gewisse Erholung finden, brauchen Sie sich nur die schönen Tage zu vergegenwärtigen, die Sie in Venedig und an anderen Orten der Welt verbracht haben.«

Casanova, der damals ein zurückgezogenes Leben als Bibliothekar im Schloß Dux führte, begann die Niederschrift seiner *Memoiren*, »um nicht wahnsinnig zu werden oder vor Kummer zu sterben«.

Nachdem er um eine letzte Hummersuppe gebeten hatte, die er nicht mehr hinunterbekam, empfing er kurz vor dem Ende die Sterbesakramente, er gestikulierte eindringlich und sagte:

»Großer Gott, und ihr, die ihr Zeugen meines Todes seid: Ich habe als Philosoph gelebt, und ich sterbe als Christ.«

PS: So erfahren wir denn von Casanova, daß Schreiben einem das Leben retten, aber nicht vor dem Tod bewahren kann.

Miguel de Cervantes

Wahrscheinlich 1547 in Alcalá de Henares bei Madrid geboren.
Vor allem bekannt durch seinen Helden Don Quijote.

WANN: am 23. April 1616, mit etwa 68 Jahren.
WIE: an Wassersucht (deren Ursache vielleicht Tuberkulose war).
WO: in Madrid, in seiner Wohnung, in der Calle León, der heuti-
gen Calle de Cervantes.
LETZTE RUHESTÄTTE: das Kloster der unbeschuhten Trinitarierinnen
in Madrid, ohne Grabstein oder sonstigen Schmuck.

In [der Schlacht von] Lepanto hatte Cervantes 1571 die linke Hand
verloren, und ein Plagiator, der sich Avellaneda nannte und 1614
den ersten Teil des *Don Quijote* mit einem eigenen Buch fortsetzte,
beschimpfte Cervantes zwar als Einarmigen (genauer gesagt, als
»Zunge ohne Hand«), doch das war er eigentlich nicht. Familiäre
Probleme (seine Frau machte ein Testament zugunsten ihres Bruders, und er hatte sich mit seiner Tochter entzweit) veranlaßten
Cervantes, sich allmählich von der Außenwelt zurückzuziehen.
1609 trat er in eine religiöse Bruderschaft ein, die den lieblichen
Namen »Unwürdige Sklaven des Allerheiligsten Sakraments«
führte und der sich poesiebegeisterte adlige Herren anschlossen.
Cervantes leistete »humanitäre Hilfe«, wie man es heute nennen
würde, er machte Krankenbesuche in den Spitälern. Diese Bruderschaft wurde ein beliebter gesellschaftlicher Treffpunkt. Cervantes,
der sich um Reinheit bemühte, sah das mit Bedauern.

Die Fortsetzung der Abenteuer des gegen Windmühlen kämp-
fenden Ritters erschien im Februar 1615 und hatte Erfolg, Cervantes war jedoch verschuldet. Die bescheidenen Vorschüsse, die er erhielt, reichten bei weitem nicht für die Bedürfnisse seiner Familie
aus. Damals schrieb er *Persiles und Sigismunda* und wurde von
Kardinal Sandoval und dem Grafen von Lemos unterstützt.

Am 26. März schrieb er Sandoval einen Brief, in dem er seine Krankheit erwähnte, die »[ihn] in letzter Zeit derart stark befallen [hatte], [daß er] das Gefühl [hatte], sie [werde sein Ende herbeiführen], obwohl [er] durchaus nicht damit einverstanden [war]«.

Er blieb zu Hause, im »Viertel der Musen«, schrieb weiter und konnte einige Theaterstücke verkaufen. Dann trat Anfang April eine deutliche Besserung ein, und der Arzt riet ihm, die gute Luft in dem sechs Meilen entfernten Esquivias zu genießen. Es heißt, Cervantes sei aufs Pferd gestiegen, nach Esquivias geritten und erschöpft heimgekehrt.

Am 18. April empfing er die Letzte Ölung. Als er den *Persiles* beendet hatte, schrieb er am 19. April eine Widmung für den Grafen von Lemos: »Mir wäre es lieber gewesen, daß jenes alte Lied, das seinerzeit berühmt war und mit diesen Worten beginnt:

›Da ich schon reisefertig bin‹,

sich nicht so gut für diesen Brief eignete, den ich Euch schicke, denn ich kann ihn beinahe mit den gleichen Worten beginnen und sagen:

›Da ich schon reisefertig bin,
und Todesangst mich nun ergreift,
hochedler Herr, schreib' ich Euch dies:‹

Gestern gaben sie mir die Letzte Ölung, und heute schreibe ich diesen Brief: ›Die Zeit ist kurz, die Angst wächst, die Hoffnung schwindet, und gleichwohl hält mich nur das Verlangen am Leben, daß ich leben will [...]‹.«

Da Cervantes dem Franziskanerorden angehörte, kamen die Ordensbrüder zu ihm, um an seinem Bett und zusammen mit ihm zu beten (bei der Begrüßungszeremonie mußte er eine Kerze in der rechten Hand und den Gürtel sowie die Kutte des Tertiarierordens in der anderen halten, die er nicht mehr hatte, doch er wußte sich wohl zu helfen).

Er las denen, die zuhören wollten, Absätze aus dem *Persiles* vor. Er schrieb (oder diktierte) noch ein Vowort dazu, so etwas wie eine Vorrede an den Leser. Es heißt dort, als er aus Esquivias zurückkehrte, wäre er jemandem begegnet: einem Medizinstudenten, der ihn erkannt und ihm gesagt hätte, wie sehr er ihn bewundere. Dann kamen sie in ein Gespräch. Cervantes erzählte dem angehenden Arzt von seinen Gesundheitsproblemen, und der Student, der die Symptome der Wassersucht feststellte, riet ihm, sich im Trinken zu mäßigen. Cervantes antwortete, sein Durst sei unstillbar. Der andere erwiderte, »das ganze Wasser des Weltmeeres« werde ihn nicht gesund machen. Cervantes beendete den Wortwechsel mit der Erklärung, das alles habe nicht mehr viel zu bedeuten, denn sein »Leben [gehe] zu Ende, und dem Tageskalender [seines] Pulses entsprechend [werde] dieser seinen Lauf spätestens am nächsten Sonntag [abschließen], wie [er selbst] den Weg [seines] Lebens«. Cervantes hatte sich nur um einen Tag verrechnet, er starb am Sonnabend.

Am Ende des Vorworts schrieb er: »Leb wohl, Frohsinn, lebt wohl, Witzworte, lebt wohl, ihr lustigen Freunde, denn ich sterbe und hoffe, euch bald glücklich im Jenseits wiederzusehen.« In jener Nacht versank er in tiefe Bewußtlosigkeit (in ein diabetisches Koma, wie es heißt), und ohne das Bewußtsein wiederzuerlangen, starb er am 23. April.

PS: Wir danken Cervantes, weil er hofft, uns »bald glücklich im Jenseits« wiederzusehen. Wenn Gott existiert, soll er aber wissen, daß nicht alle es so eilig haben.

Frédéric Chopin

Geboren am 22. Februar 1810 in Żelazowa Wola (Polen).
Chopin behauptete, er wäre am 1. März geboren.
Bekannt durch sein »zartes Aussehen« sowie seine Mazurkas, Polonaisen, Préludes, Nocturnes usw.

WANN: am 17. Oktober 1849, mit 39 Jahren.
WIE: an Tuberkulose
WO: an der Place Vendôme in Paris, in einer Wohnung, die er gerade bezogen hatte.
LETZTE RUHESTÄTTE: Sein Leichnam wurde einbalsamiert und auf dem Friedhof Père-Lachaise beigesetzt. Auf seine Bitte (er hatte Angst, lebendig begraben zu werden) schnitt man ihm das Herz heraus, das in sein Heimatland zurückgeschickt wurde. Man mauerte es in eine Säule der Warschauer Heiligkreuzkirche ein. Während desZweiten Weltkrieges wurde dieses Gebäude zerstört.

Als sich Chopin im April 1848 in London aufhielt, spuckte er Blut.
Anfang Juni sagte er:
»Morgens glaube ich oft, daß ich mir die Seele aus dem Leib huste.«
Als er nach Schottland abreiste, schrieb er: »Die Welt versinkt vor meinen Augen. Ich vergesse mich, ich habe keine Kraft mehr.«
Sein Arzt, ein Homöopath, riet ihm, das feuchte englische Klima zu verlassen. Chopin sagte:
»Noch einen Tag hier, und ich bin zwar nicht gerade tot, aber verrückt.«
Am 23. November verließ er London.
In Paris erfuhr er vom Tod des Arztes, den er besonders schätzte und der ihm früher einmal das Leben gerettet hatte. Er konsultierte nun mehrere Ärzte, ohne jemals mit ihnen wirklich zufrieden zu sein. Am 30. Januar 1849 schrieb er: »Die Ärzte sind sich alle einig

über Klimawechsel, Erholung und Ruhe. Ruhe werde ich eines Tages ohne sie finden ...«

Er langweilte sich, schrieb nichts mehr, zerriß und verbrannte mehrere Kompositionen. Der Maler Delacroix, der ihn oft besuchte, nannte ihn »meinen armen großen Sterbenden«.

Die Ärzte rieten ihm, in einer weniger staubigen und stickigen Atmosphäre als der im Pariser Zentrum zu leben. Er hatte Umzüge sehr gern, und im Mai fand man eine Wohnung für ihn in Chaillot (damals war das auf dem Land). Aber in der letzten Juniwoche hatte er einen Blutsturz (das heißt, er spuckte viel Blut). Seine Beine waren geschwollen und schmerzten. Am 25. Juni schrieb er seiner Schwester Louise: »Kommen Sie, wenn Sie können, ich fühle mich schwach, und kein Arzt wird mir so guttun wie Sie.« In diesem letzten Jahr komponierte er insgesamt nur zwei Mazurkas und begann ein »Lehrbuch« der Musik, das er nie fertigstellte.

Im Juli spielte er beinahe überhaupt nicht mehr. Manchmal fuhr er in den Bois de Boulogne.

Dr. Cruveillher, ein Spezialist für Tuberkulose, stellte fest, daß Chopin sich im Endstadium dieser Krankheit befand. Liszt kam oft, um mit Chopin zu sprechen, und er sagte, Chopin habe »sich ruhig und mit einer ganz christlichen Resignation über sein Ende unterhalten«. (Das trifft vielleicht für die Ruhe zu, was jedoch die christliche Resignation angeht, so ist das eine Frage der Interpretation. Der gute Liszt war so fromm.)

Dann wurden die Anfälle immer häufiger, und jedesmal glaubte man, daß der zarte Junge es nicht überleben würde, doch er widerstand, und diese Widerstandskraft unterscheidet sich beträchtlich von dem äußerst rührseligen Bild, das uns im Lauf der Jahre überliefert wurde. Wenn seine Atemnot aufhörte, war er wieder bei klarem Verstand und ruhig. Er äußerte den Wunsch, in der Nähe Bellinis begraben zu werden, mit dem er »während der Parisaufenthalte sehr häufige und enge Beziehungen unterhalten hatte«.

Im August schrieb er: »Ich bekomme keine Luft, ich huste und dämmere vor mich hin; ich tue nichts, ich will nichts tun.«

Endlich traf seine Schwester Louise ein. Das machte ihn glücklich. Dr. Cruveillher kam nun jeden zweiten Tag. Er konsultierte zwei Kollegen, und sie faßten den Entschluß, Chopin jede Reise zu verbieten, abgesehen von einer großen und letzten Ortsveränderung: dem Umzug nach Paris, in eine warme und sonnige Wohnung. Und diese fand sich an der Place Vendôme.

Ein mit Chopin befreundeter Abbé, den er lange nicht gesehen hatte, konnte ihn überzeugen, die Beichte abzulegen. Chopin erklärte sich bereit, wobei er klarstellte, er wolle sich durchaus einem so ehrenwerten Mann anvertrauen, das bedeute für ihn aber kein Sakrament. Als der Abbé am nächsten Tag wiederkam, soll ihm Chopin gebeichtet, eine große Geldsumme gegeben und dazu erklärt haben:

»Ohne dich, mein Freund, wäre ich wie ein Schwein krepiert.«

Chopin bat inständig, daß man ihm nach seinem Tod das Herz aus dem Leib schneiden möge, und er wollte, daß man Mozarts *Requiem* bei seiner Trauerfeier spielte. Er ordnete auch an, daß man seine unveröffentlichten Werke zerstörte. Dieser Wunsch wurde nicht respektiert.

Dann, am Tag seines Todes, verlangte er, daß man unaufhörlich Musik spielte. Man rollte das Klavier vor seine Tür. Er wollte seine *Sonate für Violoncello und Klavier* hören, doch bei den ersten Takten bekam er einen Erstickungsanfall. Man mußte seine Sonate unterbrechen ...

Am Abend war er leichenblaß, der Arzt untersuchte ihn und erklärte, daß »er den Gebrauch seiner Sinne verloren hatte«.

Trotzdem fragte er Chopin, ob er leide, und Chopin antwortete: »Nicht mehr.«

Man ist sicher, daß er am 17. Oktober gegen zwei Uhr früh wirklich nicht mehr litt.

Die Trauerfeier fand erst am 30. Oktober statt, denn man brauchte mehrtägige Wortgefechte, um dem Pfarrer der Madeleine-Kirche die Genehmigung abzuringen, daß man in seiner Kirche das *Requiem* singen durfte: Zu den Interpreten gehörten einige Frauen.

PS: Daß man einen Erstickungsanfall bekommt, wenn man seine eigene Musik hört ... welch schöne Lektion der Demut.

Auguste Comte

Geboren am 19. Januar 1798 in Montpellier.
Bekannt durch seine Lehre, den Positivismus, der nicht die Kunst ist, das Leben in rosigen Farben zu sehen, sondern ganz im Gegenteil eine wissenschaftliche Weltanschauung.

WANN: am 5. September 1857, mit 59 Jahren.
WIE: an einem Krebs des Verdauungskanals.
WO: In seiner Pariser Wohnung, in der Rue Monsieur-Le-Prince.
LETZTE RUHESTÄTTE: der Friedhof Père-Lachaise, er ruht inmitten einiger Schüler.

Als Comte am 21. Mai 1857 vom Tod seines Freundes Vieillard erfuhr, eilte er zum Friedhof. Er strengte sich so sehr an, daß er erschöpft heimkam. Er legte sich ins Bett und zitterte am ganzen Körper. Doch jemand wie er, der ein entschiedener Anhänger des wissenschaftlichen Experiments war, ließ sich nicht einfach ärztlich behandeln. Er wollte zum eigenen Forschungsobjekt werden und verordnete sich daher selbst eine entsprechende Therapie: Ruhe, Ernährung mit Milchprodukten und vor allem keine Medikamente. Es muß gesagt werden, daß dieser Mann seine Prinzipien ein wenig umgestaltet hatte, als er sich für etwas aufgeschlossen zeigte, was er bei der Ausarbeitung seiner ursprünglichen Theorie sorgfältig außer acht gelassen hatte: die Religion. Oder vielmehr *die Religion*: Im Zeichen dieses einzigartigen und schönen Wortes sollten sich alle Menschen vereinigen. Der Tod seiner Muse Clothilde (sie war nicht seine Ehefrau, von der er getrennt lebte) hatte sehr viel mit dieser neuen Sichtweise zu tun: In seiner Wohnung hatte er einen Altar, an dem er täglich zu genau festgelegten Zeiten für das Seelenheil der Geliebten betete.

Ende Juli hatte das Zittern nachgelassen, er nahm seine Tätigkeit wieder auf, doch am 26. spuckte er fast einen halben Liter Blut. Als umsichtiger Beobachter kam er zu der Schlußfolgerung: »Man hat meine Schleimhaut verleumdet, und diese gute Schleimhaut hat sich durch eine reichliche Blutentleerung auf die natürlichste und würdigste Art erleichtert.« Da er ganz Herr der Lage war, fühlte er sich immer besser, so daß er seiner Kost sogar wieder etwas Fleisch beigab (und außerdem »genau einen Kaffeelöffel des besten Rums«).

Dr. Robinet, einer seiner treuen Anhänger, hatte schon im Juli die »Bildung eines Ergusses im Unterleib« vermutet. Im August stellte er das »Vorhandensein einer bestimmten Flüssigkeitsmenge im Bauch« fest, außerdem in den Füßen, den Unter- und Oberschenkeln.

Am Abend des 4. September wurde Comte von einem Unwohlsein befallen, und er konnte nichts zu sich nehmen. Am Morgen spuckte er Blut.

Am Tag darauf entdeckte man ihn an seinem Altar, wo er zusammengebrochen war. Es war vier Uhr, die Stunde seines ersten Morgengebets. Man legte ihn auf den Teppich und schob ihm ein Kissen unter den Kopf. In der Mittagszeit brachte man ihn ins Bett. Er sagte:

»Wie schwach ich doch bin, meine Kinder.«

Er verlangte nach einem Arzt. Er hatte Appetit auf Rebhuhn mit Kohl.

Um 16 Uhr verstummte er. Zwei Stunden später war er in das große Ganze eingegangen.

Er hatte ausdrückliche Anweisungen hinterlassen: »Sobald man annimmt, daß ich nicht mehr lebe, soll man mich wie jeden anderen Patienten im Bett liegen lassen, bis mein Körper eindeutig in Verwesung übergegangen ist, denn dieser Zustand ist das einzige wirklich sichere Zeichen des Todes.« Er lehnte es kategorisch ab, einbalsamiert zu werden. Auch eine Autopsie kam nicht in Frage, denn ein derartiger Eingriff sei nur »vergebliche Neugier«.

Deshalb wurde sein Leichnam sechzig Stunden aufgebahrt.

Man legte ihm ein Medaillon mit einer Haarlocke Clothildes in die rechte Hand. Sein Grab auf dem Friedhof Père-Lachaise sollte

»mit einer eisernen Balustrade umgeben« werden, »an deren beiden Seiten außen je eine Holzbank mit Rückenlehne aufgestellt
werden [sollte]«.

PS: Auguste Comte oder das Heilmittel gegen die Selbstbehand-
lung.

Condorcet

Geboren als Marie-Jean-Antoine-Nicolas Caritat,
Marquis de Condorcet

Geboren am 17. September 1743 in Ribemont (Picardie).
Bekannt als Philosoph und Abgeordneter.

WANN: am 29. März 1794, mit 50 Jahren.

WIE: an einer »Hirnblutung«, erklärte der Sanitätsoffizier.

WO: in einer Zelle des Gefängnisses von Bourg-Égalité, heute Bourg-la-Reine.

LETZTE RUHESTÄTTE: Er wurde auf dem Friedhof von Bourg-la-Reine beerdigt. Seine sterblichen Überreste wurden 1989 ins Pariser Panthéon überführt.

Da Condorcet angeklagt war, zur politischen Gruppe der Girondisten zu gehören, wurde er bereits seit einigen Monaten gesucht. Er fand Zuflucht bei einer gewissen Madame Vernet, einer engen Vertrauten seiner Freunde Cabanis und Pinel. Er zog also heimlich in die Rue des Fossoyeurs – die »Straße der Totengräber« (!) –, Nr. 21, bei der Kirche Saint-Sulpice. Das Leben Madame Vernets war in Gefahr, weil ein Dekret bestimmte, daß alle Personen, die Geächtete unterstützt hatten, ebenfalls hingerichtet werden sollten. Er wollte die Frau verlassen, die er nun als seine zweite Mutter ansah, wobei er als Grund anführte, er stehe außerhalb des Gesetzes, und auch sie stelle sich außerhalb des Gesetzes, wenn sie ihm Hilfe leiste. Sie antwortete jedoch:

»Nein, Sie bleiben; der Wohlfahrtsausschuß kann jemanden außerhalb des Gesetzes stellen, aber nicht außerhalb der Menschheit.«

Aus einem Versteck schrieb er Sophie, seiner Frau: »Das ist kein Leben. Ich lebe nur äußerlich, mein Inneres ist tot.« Sie ließ sich übrigens scheiden, doch anscheinend aus gutem Grund, nämlich wegen ihrer Tochter: Condorcet war nun ein »Emigrant«, und alle Verwandten derjenigen, die sich nicht den Behörden stellten, waren ebenfalls von der Todesstrafe bedroht. Als er ihr mitteilte, daß er seinen Unterschlupf verlassen wolle, schrieb sie: »Du bist in Sicherheit, ich bitte dich inständig, daß du dort bleibst.«

Am 24. März erregte ein merkwürdiger Besuch in der Rue des Fossoyeurs die Aufmerksamkeit Condorcets. Es hieß, man werde Bauarbeiten in dem Gebäude durchführen. Am 25. März schrieb Condorcet mehrere letztwillige Verfügungen auf das Vorsatzblatt eines Buches über spanische Geschichte. Vor allem wünschte er, daß seine Tochter »genug zeichnen, malen und gravieren« lernte, »um ohne allzuviel Mühe und Widerwillen ihren Lebensunterhalt zu verdienen«, außerdem sollte sie Englisch lesen und schreiben können. Danach nahm er sein Buch mit den Werken des Horaz, seine Uhr, ein Rasiermesser und einen Bleistifthalter und entfloh heimlich. Die eng mit ihm befreundete Familie Suard wohnte in Fontenay-aux-Roses. Er ging zu Fuß und war vier Stunden unterwegs, bis er ihr Haus erreichte.

Als er ankam, waren seine Freunde nicht da. Er mußte sich weiter ohne Papiere auf den Straßen herumtreiben und im Freien schlafen. Am nächsten Tag, dem 26. März, kam er wieder, und es war immer noch niemand da. Man weiß nicht, was er getan hat, bevor er sich am 27. März um etwa neun Uhr erneut bei ihnen einfand. Man nahm ihn auf und gab ihm zu essen; weil das Dienstmädchen jedoch nicht zuverlässig war, beschloß Suard, seinen Freund nicht bei sich zu behalten. Condorcet übergab ihm seine Brieftasche mit Zeichnungen seiner Frau (sie war Zeichnerin von Beruf) und seine »Manschettenknöpfe, die Haarlocken [seiner] Tochter und [seiner Frau] enthielten«, damit Suard sie Condorcets Frau überbringen konnte. Der Hausherr fuhr nach Paris, weil er versuchen wollte, für Condorcet einen Paß zu besorgen. Gegen elf Uhr verließ Condorcet die Wohnung der Familie.

Er lief nach Clamart, wo er in einem Gasthof einkehrte. Wie konnte schon ein Mann aussehen, der nicht geschlafen hatte, der auf der Flucht war und Angst hatte – vielleicht kam dem Gastwirt die äußere Erscheinung des Mannes ohnehin verdächtig vor. Möglicherweise verriet das Buch, das Condorcet bei sich hatte, die *Herkunft* dieses Mannes ... Es heißt, daß er ein Omelett »aus zwölf Eiern« bestellte und daß sich der Wirt einen Mann, der solchen Hunger hatte, doppelt genau ansah. Er stellte fest, daß der Gast nicht die blauweißrote Kokarde trug. Man zeigte ihn beim Überwachungskomitee an, und er wurde in einer Kirche verhört. Er sagte, er heiße Pierre Simon und sei Kammerdiener. Man prüfte die Sachen, die er bei sich hatte: »Silberuhr, silberner Bleistifthalter, Rasiermesser mit Elfenbeingriff, Buch eines gewissen Horaz auf lateinisch« ... Das alles war nicht sehr revolutionär. Man übergab ihn der Gendarmerie von Bourg-la-Reine. Während seiner Flucht hatte er sich am Bein verletzt, deshalb mußte man ihn auf einem Karren hinbringen. Am 28. März wurde er ins Gefängnis eingeliefert.

Am nächsten Tag machte der Gefängniswärter etwa um 16 Uhr einen Kontrollgang durch die Zellen. Er fand Condorcet »mit dem Gesicht zur Erde, die Arme am Körper ausgestreckt«, und vor allem entdeckte der Wächter, daß er tot war.

Um 22 Uhr vermerkte ein Offizier: »Die besagte Leiche hatte ein scheinbares Alter von etwa 50 Jahren, kastanienbraune Haare und Augenbrauen, graue Augen, einen braunen, sehr dichten Bart, eine dicke Stumpfnase, eine freie Stirn mit vielen Pockennarben, [...] es bestand kein Zweifel daran, daß der Mann an den Folgen einer Hirnblutung gestorben war, wie er [der Arzt] uns erklärt hat, weil Blut aus den Nasenlöchern floß.«

In seinen Händen fand man keine »Waffen oder Instrumente, die an einen Selbstmord hätten denken lassen«.

»Wir haben unsere Untersuchung damit beendet, daß wir unseren Stempel auf die Stirn der besagten Leiche gedrückt haben.«

Der Arzt Cabanis, Condorcets Schwager und Freund, hatte in den vergangenen Jahren mehreren Leuten ein hauptsächlich aus Opium bestehendes Gift überlassen, das er das »Brot der Brüder« nannte. Dieses Gift war bereits mehrmals verwendet worden. Hatte Condorcet es bei sich? Blieb ihm Zeit, es einzunehmen, wenn er es hatte, oder starb er an Erschöpfung? Überliefert ist die

Version, daß er sich nach griechischer Sitte in seiner Zelle vergiftete.

PS: Vorsicht, wenn es um mindestens zwölf Eier und ein Buch geht, machen wir uns verdächtig.

Marie Curie
Geborene Maria Skłodowska

Geboren am 7. November 1867 in Warschau.
Bekannt durch ihre Forschungen über Radium, die sie das Leben
kosteten. Und als die bessere Hälfte des Ehepaars Curie erhielt sie
zweimal den Nobelpreis.

WANN: am 4. Juli 1934, mit 66 Jahren.
WIE: an Strahlungen.
WO: im Sanatorium von Sancellemoz in Savoyen.
LETZTE RUHESTÄTTE: Sie wurde am Mittag des 6. Juli auf dem Fried-
hof von Sceaux beerdigt, anwesend waren ihre Angehörigen (das
Tor des Friedhofs blieb für die Schaulustigen verschlossen). Sie
hatte den Wunsch geäußert, zusammen mit ihrem Ehemann, je-
doch »über ihm« begraben zu werden. Ihre Familie warf ein paar
Handvoll polnischer Erde auf den Sarg. Das legendäre Paar wurde
vor kurzem ins Pariser Panthéon überführt.

Die Physikerin ließ sich nicht davon beeindrucken, daß ihre Hände
von der lang anhaltenden Strahlenbelastung verbrannt waren.
Trotz ihres Rheumas, ihrer nachlassenden Sehkraft und ihres Oh-
rensausens kümmerte sie sich nicht um die Gefahr. Ihre große Wil-
lenskraft trieb sie oft zu Leibesübungen, die ihre Töchter erschreck-
ten. Als sie mit einer Tochter eine Urlaubsreise machte, verbrachte
sie ihre Zeit auf der Eisbahn und wanderte lange auf den Bergen
umher, damit sie zusehen konnte, wie die Sonne über dem Mont-
blanc unterging ... Todmüde, aber stolz kam sie von ihrem Ausflug
zurück. Sie schrieb so etwas wie eine letztwillige Verfügung, die
vor allem das »Gramm Ra« betraf.

Ostern fuhr sie mit ihrer Schwester Bronia in ihr Haus nach Ca-
valaire-sur-Mer. Das Haus war nicht geheizt, sie erkältete sich und
ließ sich weinend in die Arme ihrer Schwester sinken. Ihr einziger

Wunsch war, daß sie ihr Buch beenden könnte (das den Titel *Die Radioaktivität* erhalten sollte).

Nach diesem eintägigen Schwächeanfall erholte sie sich wieder und kehrte nach Paris zurück. Sie wurde ein leichtes Fieber nicht los. Man hielt es für die Folge einer Grippe. Trotz ihrer Schwäche ging sie weiter ins Radiuminstitut.

Sie arbeitete damals mit radioaktiven Elementen, die sie selber ganz unbesorgt transportierte. Wenn sie sich übermäßig erschöpft fühlte, schrieb sie zu Hause an ihrem Buch. Doch das Fieber hielt sich hartnäckig. Ein Arzt untersuchte sie und fand, sie sei derart blaß, daß er ihr riet, wirklich auszuruhen und möglichst im Bett zu bleiben. Das Ohrensausen hinderte sie wohl daran, auf diese vernünftigen Worte zu hören, und bald lief sie wieder durch die Korridore des Instituts.

An einem Nachmittag im Mai, als sie über drei Stunden im Labor zugebracht hatte, sagte sie ihren Kollegen, sie fühle sich nicht wohl und müsse nach Hause fahren. Die Ärzte machten diesmal Röntgenaufnahmen und stellten das Wiederaufleben einer früheren Tuberkulose fest. Sie sollte sich bei einem Sanatoriumsaufenthalt in den Bergen erholen.

Es war eine anstrengende Fahrt. Im Bahnhof von Saint-Gervais wurde sie ohnmächtig, sie sank in die Arme ihrer Tochter Ève, die sie begleitete. Im Sanatorium zeigten weitere Röntgenaufnahmen, daß die Lungenkavernen nicht der Grund für ihre Krankheit waren. Madame Pierre (man hatte sie unter diesem Namen eingetragen, um Aufsehen zu vermeiden) hatte die beschwerliche Reise vergebens unternommen, die Bergluft konnte ihr nicht helfen.

Blutuntersuchungen ergaben, daß sich die Zahl ihrer weißen und roten Blutkörperchen vermindert hatte. Madame Pierres Krankheit nannte sich »aplastische perniziöse Anämie«. Das Fieber stieg auf 40°. Marie verlangte, selber den Fieberstand abzulesen. Man konnte ihr nichts vorenthalten.

Am 3. Juli sank das Fieber. Was Marie Curie für ein Besserungszeichen hielt, war die Ankündigung ihres baldigen Endes. Sie sprach beinahe überhaupt nicht mehr, sie murmelte nur noch unverständliche Sätze. Von Jacques, dem Bruder ihres Mannes, bekam sie einen Brief, der sie amüsierte. Auch er bot eine Diagnose an: Sie sollte darauf verzichten, am Abend manchmal lediglich einen Tee zu sich zu nehmen, denn sie habe eine »energische Seele«, und eine energische Seele brauche Kalorien, wie allgemein bekannt sei.

Ihre Tochter Ève wich nicht mehr von ihrer Seite. Sie schrieb einige Worte auf, die sie verstehen konnte. »Ich kann mich nicht klar äußern, ich bin geistesabwesend.« – »Ich will mich geradehalten, mir dreht sich alles im Kopf.« Ève stellte fest, daß sie nicht nach ihrer Familie verlangte und ihre Gedanken vielmehr damit beschäftigt waren, einzelne Kapitel ihres Buches vorzubereiten … Marie fragte sie, ob die Tasse Tee, die man ihr reichte, aus Radium oder Mesothorium sei … Ein Arzt kam zu ihr, um ihr eine Spritze zu geben, und sie sagte: »Ich will nicht. Ich möchte, daß man mich in Ruhe läßt.« Das tat man, und Marie starb.

PS: Nein, du warst nicht in Hiroshima dabei.

Cyrano de Bergerac

Geboren am 6. März 1619 in Paris, im Quartier des Halles.
Sein Vorname war Savinien.
Bekannt durch seine sehr lange Nase und weniger als Schriftsteller, der er ungeachtet seiner Nase war. Er schrieb unter anderem zwei Reisegeschichten, die erste schildert eine Fahrt zum Mond, die zweite eine zur Sonne.

WANN: am 28. Juli 1655 in Sannois bei Paris, mit siebenunddreißig Jahren.

WIE: Der Balken, der ihn ein Jahr zuvor am Kopf getroffen hatte, hat vielleicht etwas mit diesem Tod zu tun.

WO: bei seinem Cousin in Sannois.

LETZTE RUHESTÄTTE: die Kirche von Sannois, in der er am Tag nach seinem Tod beigesetzt wurde.

Das Schreiben war die wirkliche Leidenschaft Saviniens, bevor Rostand ihn in seinem Theaterstück zu einer Karikatur machte. Nachdem er sich im Krieg ruhmreich geschlagen hatte und zweimal verwundet worden war, durfte er sich der Wortkunst widmen. Da er arm war, förderte ihn der Herzog von Arpajon, der ein Herrenhaus im Pariser Stadtviertel Marais bewohnte. Als Savinien gerade dorthin zurückkam, wurde er von einem Balken getroffen. Man erfuhr nie, ob es sich um einen Unfall oder ein Attentat handelte, doch man weiß, daß er sich damals mit seinem Herzog überwarf.

Savinien Cyrano, der nun sich selbst überlassen war, fand Zuflucht bei Monsieur de Boisclairs. Der mit Savinien seit der Kindheit befreundete Le Bret hatte Mitgefühl mit dem Vereinsamten und regelte dessen Übersiedlung. Derselbe Le Bret berichtet, daß ein ihm bekannter Arzt »die wirkliche Ursache für dessen Krankheit entdeckte und zusammen mit allen seinen Freunden eifrig nach einem Mittel suchte, womit er ihn davon befreien konnte«.

Er verschweigt den Namen dieser Krankheit. Können Freunde, selbst wenn sie große Zuneigung haben, die Verletzung durch einen Balken »rückgängig machen«, der einem auf den Kopf fällt?

Der gute Le Bret (der sein Leben als Geistlicher beschloß) ertrug es nicht, seinen Freund leiden zu sehen, und er wollte sich auch nicht mit der Möglichkeit abfinden, daß dieser Freigeist aus der Welt schied, ohne den Fingerzeig Gottes ein wenig verspürt zu haben. Daher brachte man ihn ins Kloster von Charonne, in dem sich eine Tante und eine Cousine Cyranos befanden, damit sie seine Bekehrung unterstützten.

Der Pfarrer von »Centnoix« schrieb ins Kirchenbuch, Cyrano sei »als guter Christ« gestorben, »nachdem man ihn mit Gott versöhnt hatte«.

Merkwürdig ist jedoch, daß der Kranke fünf Tage vor seinem Tod fortwollte. Er sehnte sich »nach frischer Luft«. Jedenfalls ist das die Erklärung Le Brets, der sagt, er habe die Nonnen verlassen, »weil ihn das lebhafte Verlangen nach einer Luftveränderung überkam, wie es dem Tod vorausgeht«. Deshalb brachte man ihn am 23. Juli zu Pierre de Cyrano nach Sannois. Dort konnte er seine letzten Tage in einer anderen Atmosphäre verbringen.

Der Dichter Ménage schließt diese Geschichte auf seine Weise ab: »Als er seine Reise zum Mond unternahm, war er bereits, wie ich glaube, reichlich mondsüchtig. Er ist als Wahnsinniger gestorben.«

PS: Ménage hätte zunächst einmal den Balken entfernen sollen, den er selber im Auge hatte.

Dante Alighieri

Geboren im Mai oder Juni 1265 in Florenz.
Bekannt durch das lange Versepos »Die Göttliche Komödie«,
worin Dante von der Hölle ins Paradies wandert und dabei ver-
schiedene »Kreise« durchquert (selbstverständlich ist es seine Bea-
trice, die ihm die Tore des Paradieses öffnet). Und wie er selbst ge-
schrieben hat: »Denn ein Beginnen ist's, nicht leicht zu neh-
men, / des Weltalls Fundament zu schildern . . .«

WANN: in der Nacht vom 13. zum 14. September 1321, mit 56 Jahren.

WIE: Man nimmt an, daß er der Malaria erlag, mit der er sich
wahrscheinlich auf dem Weg von Ravenna nach Venedig an-
gesteckt hatte.

WO: in Ravenna.

LETZTE RUHESTÄTTE: die Kirche San Francesco in Ravenna, wo seine
Begräbnisfeier stattfand.

Nach der Verbannung aus Florenz fand Dante schließlich Zuflucht
in Ravenna, wo er sich unter den Schutz von Guido da Polenta
stellte, der Bücher und Kultur liebte. Dante stand im Ruf eines ge-
bildeten Mannes, und die ersten Teile der *Göttlichen Komödie* waren ein Erfolg. Er leistete Polenta einige Gegendienste, und dieser
bat ihn eines Tages, sich als Botschafter zum Dogen nach Venedig
zu begeben, weil er die aufgeregten Gemüter beruhigen sollte: Ein
Streit, in dem sich vor kurzem Männer aus Ravenna und Venedig
gegenübergestanden hatten, konnte einen Krieg heraufbeschwö-
ren.

Er mußte eine dreitägige Land- und Seereise unternehmen, um
nach Venedig zu kommen. Man glaubt, daß sich Dante während
dieser Fahrt die Malaria zuzog. Als er am ersten Tag über die La-
gune fuhr, bekam er einen Fieberanfall, wollte die Reise jedoch

nicht abbrechen. Damals schrieb er weiter an der Fortsetzung seiner *Komödie*, die diesmal im Himmel spielte. Er konnte den Dogen nicht treffen und mußte den Rückweg antreten. In Ravenna empfingen ihn seine Kinder. Er legte sich ins Bett, weil ihn das Fieber entkräftet hatte, und es entkräftete ihn so sehr, daß er daran starb. Die Mönche Ravennas kümmerten sich um das Begräbnis im Minoritenkloster hinter der Marienkapelle. Guido da Polenta beschloß, für ihn ein prächtiges Grabmal zu errichten, aber er selbst starb im Jahre 1330, und das Grabmal wurde nicht weitergebaut.

Die *Göttliche Komödie* allerdings war vollendet, doch Dantes Kinder und Freunde konnten dreizehn Paradiesgesänge nicht finden, die, wie sie wußten, fertiggestellt waren. Nachdem man gründlich gesucht hatte, entschloß man sich, die Nachforschungen aufzugeben. Jacopo, ein Sohn Dantes, hatte acht Monate später einen Traum: Sein Vater erschien ihm in einem weißen Gewand, nahm ihn an die Hand und führte ihn zu einer Stelle in seinem Zimmer, wo sich eine Zwischenwand befand. Dann verschwand Dante. Als Jacopo aufwachte, berichtete er von diesem Traum und ging zu der Zwischenwand. Dort hing eine Matte vor einer kleinen Nische. Die feuchten Papiere, die man darin entdeckte, waren die dreizehn fehlenden Gesänge.

Der Kardinal der Lombardei ließ *Über die Monarchie* – eine politische Streitschrift des verstorbenen Dante – verbrennen, und ihm kam außerdem die Idee, daß man dessen sterbliche Überreste ausgraben und in alle Winde verstreuen könnte. Diese Anordnung gelangte aber nicht bis nach Ravenna.

Florenz, die Stadt, die Dante nicht nur verbannt, sondern auch mit dem Scheiterhaufen und dem Beil des Henkers bedroht hatte, besann sich im Jahre 1373 eines Besseren. Boccaccio und Petrarca ruhten in Florenz, und nun sollte sich Dante ihnen hinzugesellen. Man schlug den Dom Santa Maria del Fiore als letzte Ruhestätte vor. Ravenna weigerte sich kategorisch, den Toten herauszugeben. Im Jahre 1519 mischte sich der Papst ein und unterstützte Florenz nachdrücklich. Sogar Michelangelo schrieb ein paar Zeilen, in denen er versicherte, er werde den Bau des Grabmals persönlich übernehmen. Ravenna war nicht mehr in der Lage, weiter abzulehnen. Eine florentinische Abordnung traf ein. Man ging zum Grab. Man öffnete es. Die Überraschung war riesengroß: Man fand lediglich zwei oder drei Knochen.

Als Rechtfertigung, daß alles übrige verschwunden war, erklärten die Mönche Ravennas seelenruhig, Dante befinde sich wohl auf seiner Wanderung zwischen Hölle und Paradies. Durfte sich der Papst einer derartigen Deutung widersetzen – sprach die Heilige Schrift nicht von der Auferstehung?

Ein Klempner bohrte im Jahre 1865 ein Loch zwischen der Rasponi- und der Bracciaforte-Kapelle, und dabei entdeckte er einen von der Feuchtigkeit zerstörten Kasten. Er enthielt Knochen und einen Beglaubigungsschein, den der Prior des Klosters ausgestellt und auf den Juni sowie den Oktober 1677 datiert hatte; darin beurkundete er, daß diese Gebeine die des großen Dante waren und daß sie »entwendet« wurden, als der Papst die Überführung des Leichnams beschlossen hatte.

Man untersuchte die Gebeine und stellte fest, daß tatsächlich diejenigen Knochen fehlten, die man bei der Graböffnung im Jahre 1519 gefunden hatte. Als die Überführung nach Florenz bevorstand, hatten die Mönche Ravennas ein Loch in die Mauer geschlagen, die Gebeine eingesammelt, in das Kästchen gelegt und in der Trennwand zwischen den beiden Kapellen versteckt.

1878 übergab der soeben pensionierte Sekretär des Stadtrats von Ravenna seinem Nachfolger »mehrere Knochen, sterbliche Überreste des göttlichen Dichters, die bei ihrer Wiederentdeckung im Jahre 1865 entwendet worden waren«. Diese Knochen wurden in der Bibliothek verwahrt.

1886 traf im Rathaus ein Glaskästchen ein, das einen Knochensplitter und ein Blatt Papier enthielt. Auf dem Papier stand: »Ehrenwerter Leser, entrüste dich nicht, sondern verneige dich und verehre diese kleine Urne. Am 16. Oktober MDCCCLXV habe ich, Filippo Mordani, diesen Knochensplitter Dantes hier deponiert. Gegeben hat ihn mir derjenige, der ihn heimlich aus dem Sarg nahm, in den Pater Antonio Santi, Min. Conv. Rav., die Überreste des göttlichen Dichters gelegt hatte. Ich möchte, daß diese einzigartige Reliquie nach meinem Tod allezeit in der Bibliothek Ravennas aufbewahrt wird.«

1921 beschloß man, das Skelett wieder zusammenzusetzen. Das dauerte drei Tage. Nachts hielt man Wache.

Sobald man diejenigen Knochen ausgesondert hatte, die man als »abartig« bezeichnete (Kaninchenknochen, einige Schädel usw.), konnte man sich ein Bild machen, wie der Körper des Dichters ausgesehen hatte, und man legte das Skelett in einen schönen neuen Sarg.

PS: Tatsächlich gehörten die als abartig bezeichneten Knochen doch zu Dante. Man kommt eben nicht unversehrt aus den Kreisen der Hölle zurück.

Charles Darwin

Geboren am 12. Februar 1809 in Shrewsbury, in der Grafschaft Shropshire.
Bekannt dafür, daß er uns von den Tieren abstammen ließ.

WANN: am 19. April 1882, mit 73 Jahren.

WIE: an einem Herzstillstand. Er wurde vielleicht von der Chagas-Krankheit bewirkt (diese Tropenkrankheit wird von einem Parasiten hervorgerufen, der mit dem Erreger der Schlafkrankheit verwandt ist).

WO: in seinem Herrenhaus in Down (Grafschaft Kent), inmitten eines Naturparks.

LETZTE RUHESTÄTTE: die Kathedrale von Westminster.

Unterschiedliche Diagnosen *post mortem* der Krankheit Darwins:

1946. Dr. Hubble: »Die Krankheit Darwins entstand also aus der Verdrängung und Nichtanerkennung einer unangenehmen Emotion. Eine derartige Emotion besteht immer aus Angst, Schuldgefühlen oder Haß ... Bei Charles Darwin entwickelte sich diese Emotion aus seiner Vaterbeziehung.«

1947. Dr. Alvarez: »Er litt unter Funktionsstörungen, die auf eine besondere erbliche Belastung des Nervensystems zurückgingen. [...] Mütterlicher- und väterlicherseits schlechte Erbanlagen des Nervensystems.«

1954. Dr. Good: »Die Krankheit bestand aus hysterischen und Angstsymptomen, Obsessions- und Depressionserscheinungen, und überwiegend traten diese gleichzeitig auf.«

PS: Die Fundamentalisten, die Darwin und seine Evolutionstheorie bekämpfen, berufen sich trotzdem auf ihn, um die Ungleichheit der Rassen nachzuweisen.

René Descartes

Geboren am 31. März 1596 in La Haye (Touraine), dem heutigen
Descartes im Department Indre-et-Loire.
Bekannt durch seinen Zweifel.

WANN: am 11. Februar 1650, mit 53 Jahren.

WIE: an einer Erkältung.

WO: in Stockholm, im Haus seines Freundes Pierre Chanut, des
französischen Botschafters in Schweden.

LETZTE RUHESTÄTTE: Er wurde auf dem Friedhof begraben, der aus-
schließlich für »Ausländer sowie ohne Taufe oder vor dem vernünftigen Alter gestorbene Waisenkinder« bestimmt war.

1667 wurden seine sterblichen Überreste nach Frankreich zurückgebracht und in der Kirche Saint-Étienne-du-Mont beigesetzt.

Zwei Dekrete des Nationalkonvents vom Oktober 1793 erwiesen
ihm die »großen Männern gebührenden Ehren« und ordneten an,
»seinen Leichnam ins Panthéon zu bringen«. Diese Anordnung
wurde nicht ausgeführt.

Heute ruht er in der Kapelle der Kirche Saint-Germain-des-Prés,
doch Teile seiner Gebeine wurden gestohlen. Ein Schädel, der seinen Namen trägt, befindet sich im Museum für Naturgeschichte.

Die schwedische Königin Christine hatte Descartes nach Stockholm kommen lassen, weil sie von ihm die Anregung zu neuen
Ideen erwartete. Die von ihr festgesetzten Zusammenkünfte fanden fünf Uhr morgens in ihrer Bibliothek statt, und das mitten im
schwedischen Winter. Es war eiskalt, und der Philosoph vertrug das
nicht besonders. Gleichwohl hatte er zeitlebens immer wieder erklärt, er hoffe, hundert Jahre zu leben.

Als er am 1. Februar aus der Bibliothek zurückkam, fröstelte er
und trank Branntwein. Am nächsten Tag – es war Lichtmeß – empfing er die Kommunion, und am Abend mußte er sich hinlegen.

Sein Freund Chanut berichtete: »Das Fieber stieg ihm zunächst ins Gehirn und nahm ihm die Fähigkeit, seine Krankheit zu beurteilen.«

Tatsächlich glaubte Descartes, er leide an Rheumatismus. Zwei Tage lang wollte er nichts essen und trinken. Er lehnte den ihm vorgeschlagenen Aderlaß ab, denn, wie er sagte, »ein Aderlaß verkürzt unser Leben, und [...] ich habe vierzig Jahre ohne ihn gelebt«. Wenn der Arzt in den folgenden Tagen von einem Aderlaß sprach, sagte er:

»Meine Herren, verschonen Sie das französische Blut.«

Dr. Weuilles, der ihn behandeln sollte, war sein Intimfeind und wollte ihn bei der Königin diskreditieren. Die Haltung Descartes' gab ihm diesen Satz ein:

»Es heißt, jemanden zu töten, wenn man ihn gegen seinen Willen rettet.«

Er wurde entlassen.

Am achten Tag besann sich Descartes und sah ein, daß er Fieber hatte. Er gab zu, daß er sich über das Wesen seiner Krankheit getäuscht hatte. Er erklärte, da Gott ihm den Gebrauch der Vernunft zurückgegeben habe, werde er ihm folglich auch erlauben, den Geboten der Vernunft zu folgen.

Um acht Uhr morgens ließ ihn der Chirurg des Botschafters zur Ader, doch diese Operation senkte das Fieber nicht. Der Kranke »lief nur noch mühsam, und der Schleim, den er aushustete, war lediglich schwärzliches Blut«.

Am Abend verlangte Descartes nach einem Gemisch aus Wein und darin eingeweichtem Tabak, um sich übergeben zu können. Doch um Mitternacht litt er unter Atemnot und konnte die Augen nicht schließen.

Am 10. Februar fühlte er sich besser, er aß und unterhielt sich mit Chanut. Er sagte ihm im Vertrauen, er könne »recht lange Zeit« durchhalten.

Während die anderen das Abendessen einnahmen, stand er auf und ging zum Kamin. In seinem Sessel wurde er ohnmächtig, nachdem er seinem Diener zugeflüstert hatte:

»Ach, mein lieber Schulter, diesmal heißt es Abschied nehmen!«

Der erschrockene Diener brachte ihn ins Bett zurück und ließ den Geistlichen holen. Pater Viogue kam, doch er konnte Descartes nicht die Beichte abnehmen, da dieser nichts mehr sagte.

Dann sprach man auf Knien das Sterbegebet, und diesen Augenblick wählte der Philosoph für sein Hinscheiden.

Chanut berichtete: »Da er nicht richtig sprechen konnte, bekundete er uns mehrmals durch Zeichen, daß er bei seinem Hingang zufrieden mit dem Leben und den Menschen sei und auf Gottes Güte vertraue.«

Königin Christine wollte eine prunkvolle Begräbnisfeier in der Stockholmer Kirche ausrichten, doch Chanut war damit nicht einverstanden. Vielleicht meinte er, daß ein französischer Katholik nicht in lutherischer Erde ruhen dürfe.

Die Antwerpener Zeitung meldete, daß »in Schweden [soeben] ein Narr gestorben [ist], der behauptet hatte, er könne so lange leben, wie er wolle«.

PS: Am 15. Januar, einen Monat vor seinem Tod, schrieb Descartes seine letzten Zeilen. Darin äußerte er den Wunsch heimzukehren: »Hier bin ich nicht in meinem Element, und ich sehne mich nur nach Ruhe und Frieden, denn das sind Güter, welche die mächtigsten Könige der Erde nicht jenen geben können, die es nicht verstehen, sie selbst zu gewinnen.«

Die Königin Christine half ihm dennoch, diese (ewige) Ruhe zu finden, die er nicht selbst gewinnen konnte ...

Denis Diderot

Geboren am 5. Oktober 1713 in Langres.
Bekannt durch die fünfundzwanzigjährige Arbeit, die er der Herausgabe der »Enzyklopädie« widmete: »Enzyklopädie oder Kritisches Wörterbuch der Wissenschaften, Künste und Gewerbe, verfaßt von einer Schriftstellergesellschaft, zusammengestellt und veröffentlicht von Monsieur Diderot« ...

WANN: am 31. Juli 1784, mit 70 Jahren.

WIE: an den Folgen eines Schlaganfalls.

WO: in der Pariser Rue de Richelieu, Nr. 39, in der luxuriösen Parterrewohnung, die die Zarin Katharina II. für ihn gemietet hatte.

LETZTE RUHESTÄTTE: »Monsieur Denis Diderot, Mitglied der Akademien von Berlin, Stockholm und Sankt Petersburg, Bibliothekar Ihrer kaiserlichen Majestät Katharina der Zweiten, der Kaiserin Rußlands«, wurde am 1. August in der Marienkapelle der Kirche Saint-Roch beigesetzt.
1879 baute man ein Belüftungsrohr in diese Krypta ein, und man entdeckte, daß seine sterblichen Überreste verschwunden waren. Der Sturm der Französischen Revolution war bis hierher gelangt, und sie hatte die Gräber entweiht, um deren Blei wiederzuverwerten.

Im Sommer 1781 klagte Diderot über Magenbeschwerden, die er »eher für lästig als schmerzhaft« hielt und die ihn nötigten, »wenigstens zehnmal täglich zu Stuhle zu gehen«.

Er sagte, sein Kopf sei verbraucht, ihm falle nichts mehr ein. Seine Gesundheit erlaubte ihm nicht mehr, soviel wie bisher zu arbeiten, doch er ordnete nun seine Papiere. Er gab gern zu, daß er für den Gedanken empfänglich war, seine Werke könnten ihn überleben. Das letzte Werk war wahrscheinlich ein Zusatz zum *Brief über die Blinden*, eine Arbeit, die er dreiunddreißig Jahre zuvor geschrieben hatte. Er wurde scharf überwacht und war selbst im Alter sehr gefürchtet, was ihn von manchen Autoren unterscheidet, die ihr Feuer mit den Jahren verlieren.

1783 mußte Diderot das Bett hüten, weil er an Wassersucht erkrankt war. Im März ließ man ihn bis zu dreimal täglich zur Ader. Der Abbé de Tersac von Saint-Sulpice (der bereits Voltaire aufgesucht hatte, weil er ihn zu einem Widerruf bewegen wollte) erschien oft bei Diderot. Eines Tages erklärte ihm der Abbé, daß ein Widerruf seiner Werke einen guten Eindruck machen würde, und Diderot antwortete, wenn er dieser Aufforderung nachkäme, würde er eine »schamlose Lüge« äußern.

Am 19. Februar 1784 führte ein zeitweiliger Herzstillstand dazu, daß das Blut nicht ins Gehirn strömen konnte, und das schwächte ihn noch mehr. Die geschwollenen Beinen taten ihm weh, und seine Freunde meinten, daß für ihn die im vierten Stock liegende Wohnung in der Rue Taranne nicht mehr zumutbar sei. Katharina II. fand für ihn jene schöne Wohnung, in der er seine letzten Tage verbrachte.

Diderot zog im Juni ein. Er war sich bewußt, daß sich seine Krankheit verschlimmerte. Ein Zeuge berichtete: »Er plauderte, und seine Gedanken verwirrten sich; er bildete einen unsinnigen Satz, er bemerkte es, fing den Satz von neuem an und irrte sich wieder: Dann stand er auf. ›Ein Schlaganfall‹, sagte er zu mir, während er sich im Spiegel besah.« (Er legte sich ins Bett und verabschiedete sich von den Seinen.) »Er erklärte, an welcher Stelle man einige Bücher finden werde, die ihm nicht gehörten, und er verstummte.«

Man legte ihm Zugpflaster auf die Unter- und Oberschenkel.

Am Tag vor seinem Tod lieferte man ihm ein neues Bett. Er sagte:

»Meine Freunde, Sie machen sich viele Umstände wegen eines Möbelstücks, das keine vier Tage gebraucht wird.«

An demselben Tag sagte er auch diesen philosophischen Satz:

»Der erste Schritt zur Philosophie ist der Unglaube.«

Als Diderot am Sonnabend, dem 31. Juli, mittags ein Kompott aß, hustete er leicht und fiel auf der Stelle tot um.

PS: Die Wechselfälle des Lebens (und der Revolution) führten dazu, daß die Marienkapelle in »Tempel des Genies« umbenannt wurde ...

Fjodor Michailowitsch Dostojewski

Geboren am 30. Oktober 1821 (nach dem alten Kalender) in Moskau.
Bekannt durch seine Romane »Schuld und Sühne«, »Die Brüder Karamasow«, »Der Spieler« usw. und durch die Bewunderung, die ihm viele andere Schriftsteller zollen.

WANN: am 28. Januar 1881, um 20.30 Uhr. Er war 59 Jahre alt.

WIE: an einem Riß der Lungenarterie.

WO: in seiner Wohnung, in der Sankt Petersburger Kusnetschny-Gasse (der »Gasse der Schmiede«).

LETZTE RUHESTÄTTE: der Friedhof der Sankt-Alexander-Newski-Lawra in Sankt Petersburg.

Dostojewski empfand große Bewunderung für Puschkin. Vor sechs Monaten hatte er in Moskau eine Rede über den Schriftsteller gehalten und war sehr glücklich nach Sankt Petersburg zurückgekehrt. Doch die Presse gab derart scharfe Kommentare darüber ab, daß Dostojewski deshalb zwei epileptische Anfälle bekam. Am 7. September 1880 schrieb er: »9.15 Uhr, recht starker Anfall. Bruchstückhafte Gedanken, Rückfall in die Zeit vor mehreren Jahren, geistesabwesender, gedankenversunkener Zustand, Schuldgefühl. Ich habe mir wohl einen Wirbel ausgerenkt oder eine Muskelzerrung zugezogen.«

Er hatte sich einverstanden erklärt, am Todestag seines Lieblingsautors einen Text zu verlesen, doch vier Tage zuvor kam es zu einem unglücklichen Zwischenfall. In der Nacht vom 25. zum 26. Januar schrieb Dostojewski in seinem Arbeitszimmer (er schrieb ununterbrochen, er selbst sprach von seiner »Sträflingsarbeit«). »Die Kappe seines Federhalters fiel zu Boden und rollte unter das Bücherregal – ihm lag sehr viel an dieser Kappe: Sie leistete ihm nicht nur die üblichen Dienste, sondern er benutzte sie auch, um seine russischen Zigaretten zu stopfen.« (Diese Einzelheiten wurden von seiner Frau berichtet.) Mühsam hob er das Regal an, bückte sich, und als er sich wieder aufrichtete, wunderte er sich, daß er einen ungewohnten Geschmack im Mund hatte. Es war Blut.

Die Blutung hörte bald auf und beunruhigte ihn nicht so sehr, daß er seine Frau geweckt hätte. Am nächsten Tag fühlte er sich besser und erzählte ihr, was vorgefallen war. Am Abend kam seine Schwester Vera zum Essen, und er freute sich darüber. Die Mahlzeit verlief in sehr heiterer Stimmung, der Schriftsteller scherzte und erinnerte sich an Kindheitserlebnisse. Doch Vera war nicht deshalb gekommen. Bei ihrem Besuch wollte sie eine Geldsumme einfordern, die zur Erbschaft einer Tante gehörte, und sie versäumte nicht, dies ihrem Bruder mitzuteilen. Dostojewski wurde von maßloser Wut gepackt, er war zutiefst enttäuscht und verletzt, und er mußte vom Tisch aufstehen, um nicht die Fassung zu verlieren. Er setzte sich aufs Sofa, und seine Frau entdeckte entsetzt, daß ihm Blut über Gesicht und Bart gelaufen war. Sie rief einen Arzt. Bevor dieser eintraf, hatte der Anfall aufgehört.

Dostojewski wollte Frau und Kinder beruhigen. Er nahm eine Witzzeitung, die sich *In tausend Stücke* nannte, und las ihnen eine kleine Geschichte vor. Deshalb kennt man die beinahe letzten Worte, die Dostojewski sagte:

»Hilfe! Wir fallen! Plumps! Ein Polizist war da, Gott sei Dank! Er hat sie herausgeholt, ohne etwas zu verlangen. Ein Bravo auf unsere Polizei.«

Dr. Bretzel kam und hörte den Kranken ab. Die Blutung begann wieder. Es floß viel Blut, und Dostojewski verlor das Bewußtsein. Bald ging es ihm wieder besser, und er bat seine Frau, einen Priester zu holen, weil er die Kommunion empfangen und beichten wollte. Das tat er mit sehr einfachen Worten.

Bretzel hatte einen Kollegen konsultiert, der es nicht wagte, den Schriftsteller zu untersuchen, weil er fürchtete, daß die geringste Bewegung zu einer neuen Blutung führte. Doch er hoffte, daß sich ein Blutpfropf bildete und Dostojewski überleben könnte (er hatte insgesamt etwa »zwei Glas Blut« verloren).

Die Nacht verlief ruhig, seine Frau legte sich in ein kleines Bett neben dem seinen. Man hatte ihm absolute Ruhe verordnet, doch am Morgen erhielt er die Korrekturfahnen zum *Tagebuch eines Schriftstellers* und fand nicht die Ruhe, still liegenzubleiben. Er aß das mit Kaviar bestrichene Weißbrot, das seine Frau für ihn gemacht hatte, und trank ein Glas Milch.

Sie ging zu den Nachbarn hoch und bat sie, die Schuhe auszuziehen, weil der Lärm den Kranken störte. Als sie am Mittwoch, dem 28. Januar, aufwachte, sah Dostojewski sie an. Er sagte ihr:

»Weißt du, Anja, seit drei Stunden schlafe ich nicht mehr und denke nach, und erst jetzt begreife ich, daß ich heute sterben werde.«

Er bat sie, ihm sein Evangelienbuch zu geben. Dieses Buch war das einzige, das er während seines Strafaufenthaltes in Sibirien behalten durfte. Er hatte es sich zur Gewohnheit gemacht, es aufs Geratewohl zu öffnen und die Botschaft zu lesen, die Gott ihm mitzuteilen hatte. Er fand diesen Satz: »Doch Jesus antwortete ihm: ›Laß es jetzt zu; denn so geziemt es sich für uns, alle Gerechtigkeit zu erfüllen.‹«

Er deutete dieses »Laß es zu« als die Gewißheit seines baldigen Todes. Dann dankte er seiner Frau für das Glück, das sie ihm gegeben hatte, und er fügte hinzu, daß er sie nie betrogen habe, »selbst nicht in Gedanken«.

Gegen 9 Uhr schlief er ein, während er die Hand seiner Gefährtin drückte. Um 11 Uhr nachts kam es wieder zu einer starken Blutung. Er konnte schlafen, und am Morgen verlangte er, sich selbst die Socken anziehen zu dürfen. Eine erneute Blutung war die Folge.

Die Zeitungen hatten seine Erkrankung publik gemacht, und seine Freunde sprachen einer nach dem anderen in seiner Wohnung vor. Er empfing sie nicht, war aber über ihre Zuneigung sehr gerührt. Er legte seiner Frau ans Herz, seine Schuldner auszuzahlen. Seinem Sohn Fedja schenkte er das Evangelienbuch. Seine letzten Worte sind uns nicht überliefert. Gewiß waren es ganz alltägliche Worte, solche, wie sie von seiner Frau aufgeschrieben wurden: »Der Tee ist zu stark.« Oder: »Ist der Ofen richtig zu?«

Zwei Tage lang ehrten zahlreiche Freunde und Bewunderer die sterbliche Hülle des großen Mannes, der auf dem Tisch seines Arbeitszimmers aufgebahrt war. Sie waren so zahlreich, daß die Kerzen aus Sauerstoffmangel erloschen. Er hinterließ kein Testament, doch beim Begräbnis eines Freundes hatte er seiner Frau anvertraut, daß er gern auf dem Nowodewitschje-Friedhof ruhen würde. Er hatte gesagt:

»Bring mich nicht auf den Wolkowo-Friedhof, in die Allee der Schriftsteller. Ich will nicht mitten unter meinen Feinden liegen, sie haben mich mein Leben lang genug gequält.«

Da die Dostojewskis keineswegs reich waren, bat man um die Unterstützung der Vorsteherin des Friedhofs, den sich der Tote ausgesucht hatte. Die Frau antwortete:

»Ihre Berühmtheiten haben in unseren Augen nicht den geringsten Wert. Wir haben feste Preise, und die können wir für niemanden ändern.«

Man schlug vor, in mehreren Raten zu bezahlen, doch die Vorsteherin hatte sich um anderes zu kümmern.

Ein Vertreter der Sankt-Alexander-Newski-Lawra bot einen Platz auf seinem angesehenen und teuren Friedhof an. Die Trauerfeier verlief außerordentlich bewegt, da sich so viele Leute in der Heiliggeistkapelle drängten (beinahe hätte man die Witwe und die Kinder nicht hereingelassen, denn mehrere Frauen hatten schon behauptet, die Witwe zu sein). Im allgemeinen zog sich eine derartige religiöse Zeremonie in die Länge, und man rauchte diskret ein paar Zigaretten, um die Zeit totzuschlagen. Nach dem Gottesdienst für Dostojewski fand man keinen einzigen Zigarettenstummel auf dem Kirchenboden.

PS: Was wäre geschehen, wenn Dostojewski nicht die Evangelien zu Rate gezogen hätte, sondern statt dessen die Zeitschrift *In tausend Stücke* aufs Geratewohl aufgeschlagen hätte?

Thomas Alva Edison

Geboren am 11. Februar 1847 in Milan (Ohio).
Bekannt durch seine vielen Erfindungen. Und auch dadurch, daß
er viele Erfindungen anderer weiterentwickelt hat.

WANN: am 18. Oktober 1931, mit 84 Jahren.
WIE: an einer Nierenerkrankung, die man als Bright-Krankheit
bezeichnet (»BRIGHT« ganz gewiß im Sinne von »LEUCH-
TEND«).
WO: in seiner Wohnung in Glenmont, West Orange (einem Vor-
ort New Yorks).
LETZTE RUHESTÄTTE: der Rosedale-Friedhof in der Nähe von Glen-
mont.

Der Erfinder, der sich leidenschaftlich für Nachrichtenübermitt-
lung interessierte, lernte einige Jahre vor seinem Tod ein »Spiel«
kennen, das sich »OUIJA« nannte. Es bot gewisse Möglichkeiten,
die, wie es in der Anleitung hieß, die Zwiesprache mit den Toten er-
leichterten.

Edison beschloß, daraus etwas »Wissenschaftlicheres« zu machen. Als ihn die Presse verspottete, entgegnete er:

»Ich behaupte nicht, daß wir in ein Jenseits oder eine andere
Welt eingehen. Ich behaupte nichts, weil ich absolut nichts weiß.
Übrigens weiß niemand etwas über dieses Thema. Aber ich behaupte, daß man einen Apparat bauen kann, der so empfindlich ist,
daß, wenn es Wesen in einer anderen Welt gibt, die mit uns in dieser Welt eine Verbindung aufnehmen wollen, die Chancen sehr viel
besser sein werden, es mit diesem Apparat zu tun, als mit Tischrük-
ken, ›Ouija‹-Alphabettafeln und allen grob primitiven Methoden,
deren man sich, wie man behauptet, zu diesem Zweck bedient.«

Ich weiß nicht, was aus dieser Methode wurde, doch ich glaube,
daß Edison nicht durch sie berühmt wurde.

Als man dem alten Mann 1921 nahelegte, in den Ruhestand zu gehen, antwortete er: »einen Tag vor meiner Beerdigung« – oder auch: »sobald der Arzt die Sauerstoffflaschen bringt«. Trotzdem sah er mit 71 Jahren ein, daß er etwas weniger arbeiten sollte, denn er plante nun kleine Mittagspausen ein.

Als er die 80 erreicht hatte, legte man ihm behutsam die Idee nahe, daß es vielleicht vernünftig wäre, einen Arzt aufzusuchen. Da man ihm empfahl, nach einer Diät zu leben, beanspruchte er, selber herauszufinden, was bei seiner Ernährung fehlte oder zuviel war. Er kam zu dem Schluß, daß eine Milchdiät für ihn nützlich sei.

Als er mit 81 eine Lungenentzündung hatte, hinderte ihn das nicht am Weiterarbeiten. Er lehnte jedes Medikament ab, da er nur ein einziges Heilmittel kannte: den Schlaf. Dieser mußte wohl seine Kräfte ausreichend wiederherstellen, denn er beschäftigte sich fortan mit der Erforschung des Kautschuks. Seine beiden Mitverschworenen (Henri) Ford und Firestone machten ihn darauf aufmerksam, wie teuer dieses Produkt sei. Außerdem befürchtete man einen Krieg, und die Engländer hatten das Monopol. Edisons Frau berichtete, daß man damals im Haus kein anderes Wort als »Kautschuk« aussprechen durfte. Erst eine Nierenerkrankung zwang ihn, die Forschungsarbeit über den Kautschuk aufzugeben.

Ford war auf den Gedanken gekommen, zum fünfzigsten Jahrestag der Entdeckung des elektrischen Lichts ein Licht-Museum einzurichten, hatte das erste Laboratorium seines Freundes Edison nachbauen lassen. In Anwesenheit des Präsidenten Hoover und seiner Gattin wurde das Museum am 21. Oktober 1929 mit großem Pomp eröffnet.

Auf die Frage Fords, was er von seinem Laboratorium halte, antwortete Edison, er habe nur einen Einwand: Der Fußboden sei zu sauber. Der freudestrahlende, jedoch ziemlich erregte Erfinder wurde beim Bankett gleich nach seiner Ansprache von einem leichten Unwohlsein gepackt. Eine Adrenalinspritze brachte ihn wieder auf die Beine, aber in den folgenden Monaten ließ seine Spannkraft etwas nach.

Am 1. August 1931 erlitt Edison einen Zusammenbruch. Die

Presse veröffentlichte diese Meldung: »Mr. Edisons Lage gleicht ein wenig der eines Schiffes, das eine gefährliche Durchfahrt bewältigt. Er kann durchkommen, aber er kann auch mit einem Eisberg zusammenstoßen.« Er konnte ihm gerade noch ausweichen, bis zum September, wo er einen Rückfall hatte. Der Papst schickte ihm zwei Briefe, um sich nach seinem Befinden zu erkundigen. Die Handelskammer von Fort Myers führte einen Bettag durch, um seine Genesung zu erbitten. Neun Tage später versank er in tiefe Bewußtlosigkeit.

Der Tod des Erfinders erregte beträchtliches Aufsehen. Man schlug Hoover vor, den Toten zu ehren, indem man in ganz Amerika eine Minute lang den elektrischen Strom abschaltete. Eine derartige Schweigeminute erwies sich als eine zu weitgehende Belastung, denn die Elektrizität hielt zu viele unentbehrliche Apparate in Gang. Deshalb empfahl man denen, die dazu bereit waren, am 21. Oktober, dem Gedenktag der Erfindung, ihre Lämpchen zur Erinnerung an den großen Elektriker auszuschalten. Die Botschaft kam an: Wie in einer riesigen Wellenbewegung tauchte Amerika von einer Küste zur anderen ein paar Minuten lang in die Nacht ein.

PS: Ich bitte die Handelskammer von Fort Myers in allem Ernst, nicht für mich zu beten, wenn ich krank werden sollte.

Epikur

Geboren Ende Januar 341 v. Chr. auf der Insel Samos oder in Athen (Griechenland).
Bekannt durch seine Lehre, von der nur ein Teil überliefert ist. In »Über das Lebensziel« schrieb er: »Ich wenigstens weiß nicht, was ich mir als das Gute vorstellen soll, wenn ich die Lust des Geschmacks, die Lust der Liebe, die Lust des Gehörs und auch die lustvollen Bewegungen beim Anblick einer schönen Gestalt beiseite lasse.« Doch schrieb er auch, daß es »die höchste Lust« sei, sich mit »Wasser und Brot« zufriedenzugeben.

WANN: im Jahre 270 v. Chr., mit 71 Jahren.
WIE: an Harngrieß oder einem Harnsteinleiden, also einer Blaseninfektion.
WO: in Athen, in seiner bronzenen Badewanne.
LETZTE RUHESTÄTTE: unbekannt.

Als Epikur seit vierzehn Tagen krank war, schrieb er einem seiner Schüler einen Brief: »Wir schreiben Dir dies an einem Tag meines Lebens, der glücklich und zugleich der letzte ist. Ich fühle solche Schmerzen in der Blase und den Gedärmen, daß ihre Heftigkeit durch nichts vergrößert werden könnte. Das wird aber von all jenen Freuden der Seele aufgewogen, die ich empfinde, wenn ich mich unserer vergangenen Unterhaltungen erinnere.«

In seinem Testament gab er sorgfältig und genau die Tage an, an denen man seinen Geburtstag feiern und sein Gedächtnis ehren sollte.

Am letzten Tag legte er sich in eine bronzene, mit warmem Wasser gefüllte Badewanne und wollte reinen Wein trinken. Er empfahl seinen Schülern, seine Lehren nicht zu vergessen, und gleich nachdem er den Wein getrunken hatte, hauchte er sein Leben aus.

PS: Allzu reiner Wein tötet.

Benjamin Franklin

Geboren am 17. Januar 1706 in Boston.
Bekannt als Staatsmann (er arbeitete an der Unabhängigkeitser-
klärung mit) und durch eine Erfindung, die ihm übrigens während
eines Frankreichaufenthaltes das Leben rettete: den Blitzableiter.

WANN: am 17. April 1790, gegen 23 Uhr, mit 84 Jahren.
WIE: an einem Lungenabszeß.
WO: in Philadelphia, in seinem Haus in der Market Street.
LETZTE RUHESTÄTTE: der Christ-Church-Friedhof.

Benjamin Franklin war 1787 Mitglied der Verfassunggebenden Versammlung, und er selbst sagte, er verbringe seine Zeit zwischen
»der KAMMER und [seiner] Kammer«. Als er im April 1788 einmal
zwischen seiner Kammer und dem Salon hin- und herlief, stürzte er
auf der Treppe. Er verstauchte sich das Handgelenk und hatte in
dieser Zeit erstmals Schmerzen, die auf Harnsteine zurückzuführen
waren. Er war beunruhigt und verfaßte im Juli sein Testament. Um
seine Schmerzen zu lindern, nahm er Opium ein und erfand eine
neue Fortbewegungsart: den Transport in einem Tragsessel, wobei
Häftlinge als Träger dienten.

1789 war er dem Tode nahe. Immer wieder hatte er die Niederschrift seiner Memoiren hinausgeschoben, doch die Anwesenheit
seines Enkels und seine Erfindung der »Kopiermaschine« bewogen
ihn, nun damit zu beginnen. Die beiden stellten zwei Exemplare
der ersten drei Teile der Autobiographie her. 1789 war auch das
Jahr der Französischen Revolution, und Benjamin Franklin äußerte
die Hoffnung: »Gott gebe, daß sich die Freiheitsliebe und zusammen damit die gründliche Anerkennung der Menschenrechte bei
allen Nationen der Welt durchsetzen, so daß ein Philosoph überall
hingehen und sagen kann: ›Das ist meine Heimat.‹«

Er hatte so vieles erfunden, wie etwa einen Sessel, der, wenn

man mit dem Fuß einen Hebel betätigte, einen Fächer hin- und her-
bewegte, der sich aber ebenfalls zu einer Fußbank umbauen ließ,
außerdem eine holzschuhförmige kupferne Sitzbadewanne (auch
Marat schätzte so etwas sehr). Doch wahrscheinlich dachte er
selbst als Erfinder nicht an die Guillotine, als er sich die freie Erde
der Philosophen vorstellte.

Anfang 1790 bat ihn der Rektor der Yale-Universität, seine Ansichten über Jesus schriftlich zu formulieren. Er antwortete, daß er
dessen sittliche und religiöse Prinzipien »für die besten« halte,
»welche die Welt je kennengelernt hat«, setzte aber hinzu, daß er
an dessen Göttlichkeit zweifle.

Mehrere Krisen folgten aufeinander, doch sobald der Schmerz
vorüber war, fand Franklin im Familien- und Freundeskreis seine
Heiterkeit wieder. Jefferson (der noch nicht Präsident der Vereinig-
ten Staaten, indes schon eine bedeutende Persönlichkeit war) besuchte ihn. Franklin lag im Bett, und Jefferson bat ihn noch einmal
dringend, die Memoiren fertigzustellen.

Ende März hatte er Fieber. Sein Arzt zeigte wenig Verständnis für
eine Neigung seines Kranken, die er die »Liebe zur frischen Luft«
nannte. Banjamin verbrachte ganze Stunden am offenen Fenster,
ohne sich zu rühren. Wenig später klagte er über Brustschmerzen
und begann zu husten. Er atmete mühsam. Er bat seine Tochter, das
Bett zu machen, damit er anständig sterben könne. Sie bat ihn, er
solle lieber weiterleben, und Franklin erwiderte:

»Ich hoffe nicht.«

Als man ihm riet, sich anders hinzulegen, damit er leichter atmen konnte, sagte er:

»Einem Sterbenden fällt nichts leicht.«

Einige Tage zuvor hatte er darum gebeten, daß man ihm einen alten, das Jüngste Gericht darstellenden Stich vom Dachboden holte.

Sein Lungenabszeß brach auf, was dazu führte, daß die Atmung
blockiert wurde. Er verfiel in Lethargie. Der Vater des Blitzableiters
lebte nicht mehr.

Das Repräsentantenhaus beschloß eine einmonatige Trauer. Jefferson reagierte darauf, indem er George Washington vorschlug, für

den Senat das gleiche zu veranlassen. George lehnte ab, weil er befürchtete, daß ein solcher Brauch allgemein üblich würde. In Frankreich trauerten die Mitglieder der Verfassunggebenden Versammlung – und zwar drei Monate.

PS: Es gibt trotzdem etwas, was einem Sterbenden leichtfallen kann: zu sterben.

Sigmund Freud
Geboren als Schlomo Sigismund Freud

Geboren am 6. Mai 1856 in Freiberg (Mähren).
Bekannt als Begründer der Psychoanalyse. Nach Kopernikus und
Darwin demütigte er den menschlichen Stolz, indem er ent-
deckte, daß ich ein anderer und sich dessen nicht bewußt ist.

WANN: am 23. September 1939, um 3 Uhr morgens, im Alter von
83 Jahren.

WIE: an zwei Morphiuminjektionen, die auf zwei Zentigramm
dosiert waren und in einem zwölfstündigen Abstand gegeben wurden.
Seit 1923 hatte sich Freud dreiunddreißig Operationen wegen einer Krebserkrankung an Kiefer und Gaumen unterzogen. 1929 hatte er seinen Arzt Max Schur gebeten, »ihn
nicht unnötig quälen zu lassen«. Am 21. September 1939
erinnerte ihn Freud an diese Verpflichtung: »Sie haben mir
damals versprochen, mich nicht im Stich zu lassen, wenn es
soweit ist. Das ist jetzt nur noch Quälerei und hat keinen
Sinn mehr.« Im Einverständnis mit Freuds Tochter erfüllte
der Arzt sein Versprechen. Die Dosen, die er ihm injizierte,
waren nicht tödlich, doch Freud fiel in ein Koma und
wachte nicht mehr auf.

WO: in seiner Londoner Wohnung, im Haus Maresfield Gardens
20, in dem er seit seiner Flucht aus Wien lebte.

LETZTE RUHESTÄTTE: Seiner ausdrücklichen Anweisung entsprechend, wurde er eingeäschert.
Seine Asche wurde auf dem Friedhof Golder's Green beigesetzt.

Im August 1939 wurde die Haut über dem Backenknochen gangränös, bis ein Loch entstand, das den Krebs offen hervortreten ließ.
Über sein Bett mußte ein Moskitonetz gespannt werden, um ihn

vor den Fliegen zu schützen, die der Geruch der Wunde anlockte. Selbst sein geliebter Hund wollte nicht mehr zu ihm kommen.

Er las ein letztes Buch, Balzacs *Chagrinleder*, und vertraute seinem Arzt an:

»Das war das richtige Buch für mich; es handelt von Einschrumpfen und Verhungern.«

PS: Mit dem todgeweihten Mund Freuds schließt sich ein trauriger Kreis, denn mit dem Mund kann das Wort gesagt werden und die Psychoanalyse existieren.

Galilei
Geboren als Galileo Galilei

Geboren am 15. Februar 1594 in Pisa.
Bekannt dafür, daß »er eine falsche und der göttlichen Heiligen
Schrift widersprechende Lehre geglaubt und verteidigt hat, näm-
lich, daß die Sonne das Zentrum des Universums sei, daß sie sich
nicht von Ost nach West bewege und daß die Erde sich bewege
und nicht das Zentrum der Welt sei« (Auszug aus dem Verdam-
mungsurteil des Heiligen Offiziums vom Juni 1633).

WANN: am 8. Januar 1642, mit 78 Jahren.

WIE: an Herzschwäche.

WO: in seiner Villa in Arcetri, wo die Inquisition ihn unter Haus-
arrest gestellt hatte.

LETZTE RUHESTÄTTE: Seine sterbliche Hülle wurde nicht in der Florentiner Kirche Santa Croce, sondern in einer benachbarten Kapelle vorläufig beigesetzt. Seine Heiligkeit lehnte es ab, daß man
»ein ehrwürdiges und prunkvolles Grabmal an einer auffälligeren
Stelle der besagten Kirche« errichtete, wie es der Großherzog
wünschte, weil »es nicht angebracht ist, ein Mausoleum für den
Leichnam eines Mannes zu bauen, der vom Tribunal der Heiligen
Inquisition verurteilt wurde«.
Erst im Jahre 1734 genehmigte das Heilige Offizium, den Leichnam
in ein Mausoleum zu überführen, das INNERHALB der Kirche errichtet werden sollte.
Und im Jahre 1737 konnte Galilei endlich Ruhe finden.

In den ersten Novembertagen 1641 mußte Galilei das Bett hüten.
Er hatte Fieber, Nierenschmerzen und starkes Herzklopfen. Da er
vollständig erblindet war und sein Gesundheitszustand immer
schlechter wurde, erlaubten ihm die Kirchenbehörden, Besuche zu
empfangen.

Als 1636 der junge Wissenschaftler Viviani zu Galilei kam, fühlte sich dieser in seinem Lebensmut und Forscherdrang bestärkt. Viviani war beim Tod seines Lehrers anwesend und schrieb hierüber: »Galilei empfahl dem Schöpfer seine Seele mit der Standhaftigkeit eines Christen und Philosophen. Wie man glauben darf, entschwebte seine Seele, um aus größerer Nähe den Anblick der ewigen und unwandelbaren Wunder zu genießen, jener Wunder, die sie unseren sterblichen Blicken so eifrig und leidenschaftlich mit einem schwachen Instrument näher rücken konnte.«

Der Mond war der letzte Himmelskörper, den Galilei beobachtete, bevor er erblindete.

PS: endlich jemand, der wirklich seinen Platz im Himmel hat.

Geronimo

Geboren (wie es in seinen »Erinnerungen« heißt) ungefähr im Juni 1829, im Cañon No-Doyon (Arizona).
Bekannt für seine Federn.

WANN: am 17. Februar 1909 um 6.15 Uhr morgens, etwa 80 Jahre alt.

WIE: an einer Lungenentzündung.

WO: im Lazarett von Fort Sill in Oklahoma.

LETZTE RUHESTÄTTE: Er wurde am Tag nach seinem Tod auf dem indianischen Friedhof von Fort Sill beerdigt.

Geronimo lebte als Kriegsgefangener in Fort Sill. Am 11. Februar begab er sich in die Nachbarstadt Lawton, um dort Bogen und Pfeile zu verkaufen. Mit dem Verkaufserlös erwarb er Schnaps und vertrank alles, was er eingenommen hatte. Der Schnaps war übler Fusel, und Geronimo ließ sich maßlos vollaufen.

Auf dem Rückweg fiel er entweder vom Pferd oder aus seinem *Buggy*, und die ganze Nacht blieb er allein auf der Straße liegen. Es war Winter, und es regnete. Erst am Morgen entdeckte man den auf die Erde Gestürzten.

Im Lazarett schrie er, daß er gern im Kampf gefallen wäre.

Ein paar Jahre zuvor hatte er sich zur christlichen Religion bekehrt. Seine Grabrede wurde in der Sprache der Apachen gehalten.

Auf den Sarg legte man ihm seine Peitsche, seinen Schmuck und seine Satteldecke.

PS: Übler Fusel tötet.

Johann Wolfgang von Goethe

Geboren am 28. August 1749 in Frankfurt am Main.
Bekannt durch seine Werke, wie etwa »Faust« *oder* »Die Leiden des jungen Werther«. *Und wegen des Buches* »Die Wahlverwandt-schaften«*, das durch den Film* »Jules und Jim« *geistert.*

WANN: am 22. März 1832, mit 82 Jahren.
WIE: an einer Erkältung.
WO: in dem Lehnstuhl neben seinem Bett, in seinem Haus am Weimarer Frauenplan.
LETZTE RUHESTÄTTE: die Weimarer Fürstengruft.

1830 bemerkte Dr. Carl Vogel, ein mit Goethe befreundeter Arzt, daß dieser »vor allem nach dem Abendessen« schläfrig wurde und häufig zwei bis drei Minuten einschlummerte. Damals schrieb Goethe nur noch am Morgen. Der Dichter hatte stets erstaunliche Energie gezeigt: An seinem 64. Geburtstag hatte er einen sechsstündigen ununterbrochenen Ausritt unternommen. Bis zu seinem Lebensende übte er sein Gedächtnis. Was er zu vergessen glaubte, schrieb er auf.

Im Oktober 1830 teilte man ihm den Tod seines Sohnes mit. Er sagte lediglich:

»Ich wußte, daß ich einen Sterblichen gezeugt hatte.«

Doch vom 25. bis zum 29. November spuckte er Blut. Was der Gedanke verwarf, konnte der Körper vielleicht nicht abweisen.

Im August 1831 schloß er endlich das Manuskript des *Faust, zweiter Teil* ab. Er war glücklich, »das, was man im zwanzigsten Jahre konzipiert hat, im zweiundachtzigsten außer sich darzustellen und ein solches inneres lebendiges Knochengeripp mit Sehnen, Fleisch und Oberhaut zu bekleiden, auch wohl dem fertig Hingestellten noch einige Mantelfalten umzuschlagen«.

Doch vor seinem Tod sollte er das versiegelte Werk noch einmal öffnen: »Wieder den Faust aufgenommen, um Hauptmotive weiter auszuführen, die ich, um fertig zu werden, allzu lakonisch behandelt hatte.«

Vogel besuchte ihn gewöhnlich morgens gegen neun Uhr. Am 16. März ließ man ihn früher rufen. Goethe klagte, er habe sich am Vortag während einer Spazierfahrt erkältet. Er hatte eine schlechte Nacht hinter sich, er schwitzte und war appetitlos.

Ein paar Tage danach hatte er sich erholt. Vogel schrieb: »Ich traf ihn neben dem Bette sitzend, sehr aufgeräumt und nur noch körperlich etwas schwach. Er hatte in einem französischen Heft gelesen; fragte gewohntermaßen nach mancherlei Vorfällen und zeigte großes Begehren nach dem zum Frühstück ... herkömmlichen Glase Madeira.«

Am Abend teilte der Dichter mit, er sei glücklich, daß er am folgenden Morgen wieder mit der Arbeit beginnen könne.

Gegen Mitternacht wachte er auf und verspürte einen Druck in der Brust. Während der Nacht holte man den Arzt nicht. Vogel kam um halb neun. Er stellte die Diagnose: »Katarrhalfieber, Lungenblutsturz, Atemnot, Herzschwäche.« Er schilderte die Szene: »Fürchterlichste Angst und Unruhe trieben den ... Greis mit jagender Hast bald ins Bett, ... bald auf den ... Lehnstuhl. Die Zähne klapperten ihm vor Frost. ... Die Gesichtszüge waren verzerrt, das Antlitz aschgrau, die Augen tief in ihre lividen Höhlen gesunken, matt, trübe; der Blick drückte die gräßlichste Todesangst aus. Der ganze eiskalte Körper triefte von Schweiß; den ... Puls konnte man kaum fühlen, der Unterleib war sehr aufgetrieben, der Durst qualvoll.«

An diesem 22. März sagte Goethe:

»Da der Frühling begonnen hat, werden wir nur noch besser gesund.«

Am Mittwoch saß Goethe in seinem Sessel, seine Atmung wurde immer schwächer. Er malte Zeichen in die Luft. Der letzte Buchstabe, den er auf seine Decke »schrieb«, soll das W gewesen sein. Dann sagte er diese Worte, die in der Überlieferung als seine letzten bezeichnet werden:

»Mehr Licht!«

PS: Ging es um das mystische Licht, oder bat er, ein wenig die Fensterläden zu öffnen? Wir werden die Richtung wählen, in die uns die Intuition lenkt ...

Heinrich IV.

Geboren am 13. Dezember 1553 im Schloß Pau (Béarn).
Bekannt als französischer König, der ein Pferd von einer ganz be-
sonderen Farbe hatte.

WANN: am 14. März 1610, mit 56 Jahren.
WIE: an einem Messerstich, der ihm die Lunge durchbohrte.
WO: im Louvre, seinem Königspalast.
LETZTE RUHESTÄTTE: die Basilika Saint-Denis. Die Königsgräber wur-
den 1793 geplündert. Man sammelte ein, was von den königlichen
Gebeinen übriggeblieben war, und legte sie ohne jegliche Ordnung
in kleine Schachteln, die in der Krypta begraben sind.

Heinrichs Sohn hatte ihn gewarnt: Die Horoskope hätten einen Tag
vorausgesagt, an dem man besser zu Hause bleiben sollte. Das be-
eindruckte den König nicht, denn er antwortete:
    »Ihr seid töricht, wenn Ihr Eure Zeit mit solchen Vorhersagen
vergeudet: Seit dreißig Jahren kündigen mir die Astrologen und
Scharlatane alljährlich an, daß ich in Todesgefahr bin, und in meinem Todesjahr wird man dann auf alle Vorzeichen achten, die mich
in demselben Jahr gewarnt haben und auf die man viel geben wird,
und man wird nicht von jenen sprechen, die in früheren Jahren eingetreten sind.«
    Wie gewöhnlich wohnte er der Messe in der Kirche der Feuillan-
tinermönche bei, und er kehrte heim, um sich mit seiner Gattin
und seinen Favoritinnen zu amüsieren. Er scherzte über einen mit
Lilien verzierten Mantel, der seiner Frau gehörte, und erklärte, er
hätte auch gern einen solchen Mantel. Dann setzte er hinzu:
    »Aber das ist vielleicht unnütz. Könige werden in ihrem Krö-
nungsmantel begraben.«
    Seine Stimmung verdüsterte sich, er ging in sein Zimmer, legte
sich aufs Bett und sagte:

»Mein Gott, ich habe da drinnen etwas, was mich sehr verwirrt.«

Er bekam Lust spazierenzufahren, ließ seine Karosse kommen und besann sich. Er lief zu seiner Frau zurück und fragte sie:

»Liebste, soll ich gehen oder nicht?«

Sie riet ihm ab, und er ging trotzdem. Er schickte die Wache fort und stieg in den Wagen, zusammen mit einigen Gefährten, darunter dem Herzog von Épernon. Unberittene Lakaien folgten. Heinrich IV. ordnete an, an der Kreuzung Croix-du-Trahoir vorbeizufahren. Sie erblickten den Friedhof Cimetière des Innocents. Dort, in der Rue de la Ferronnerie, entdeckte der König einen Freund und rief ihn zu sich. Die Straße war eng und von zwei anderen Wagen versperrt. Die Lakaien mußten über den Friedhof laufen. Ein Diener befand sich weiter auf der Straße, band sich aber den Schuhriemen zu. Die Karosse mußte zwischen dem Büro eines Notars und der Herberge *Zum pfeildurchbohrten gekrönten Herzen* stehenbleiben. Der König las nun Épernon einen Brief vor. Ein rothaariger Mann machte sich den Halt des Wagens zunutze, sprang aus einem Versteck hervor, hielt sich am Kutschenschlag mit der rechten Hand fest, und mit der Linken stieß er dem König rasch ein Messer in den Leib. Heinrich blieb kaum die Zeit zu sagen: »Oh! Ich bin verletzt!«, da stieß Ravaillac noch einmal zu. Épernon wollte sich dazwischenwerfen, und Ravaillac zerriß ihm das Wams. Der Mörder stieß ein drittes Mal zu. Jemand in der Karosse fragte:

»Was ist das, Majestät?«

Und Majestät antwortete:

»Es ist nichts, es ist nichts«, und Blut rann dem König aus dem Mund. Es war 16 Uhr.

Ravaillac wurde festgenommen. Épernon glaubte, der König sei lediglich verwundet, und rief:

»Wein her! Einen Wundarzt!«

Eilig kehrte man zum Louvre zurück. Sobald der König im Bett lag, bat er, ihm ein Kreuz vor den Mund zu halten. Ärzte eilten herbei. Auch der Erzbischof kam. Er sagte ihm, er solle Jesus bitten, sich seiner zu erbarmen. Erzbischof und Arzt behaupteten, er hätte dann dreimal die Augen aufgeschlagen, bevor er gestorben wäre.

Er wurde einbalsamiert und in weißem Satin im Paradezimmer des Louvre aufgebahrt. Am 10. Juni konnte man dann im Karyatidensaal die Wachsnachbildung seiner Gestalt in königlicher Tracht bewundern. Täglich stellte man ihm Essen ans Bett, das man hierauf unter die Armen verteilte.

Es widersprach dem Brauch, einen König in Saint-Denis beizusetzen, wenn sein Vorgänger nicht bereits dort lag. Da Heinrich IV. sich nicht um den Leichnam Heinrichs III. gekümmert hatte, der in Compiègne auf seine Stunde wartete, ließ man dessen sterbliche Überreste schnell überführen.

Am 18. Juni wurde der im Sarg liegende Heinrich IV. zur Kirche Notre-Dame gebracht, und am 1. Juli wurde er beerdigt. Während der Überführung stritten sich die Amtsdiener und die Bischöfe um die Plätze, die dem Wachsbild am nächsten waren. »Sie liefen mit lautem Getöse und stießen sich dabei ständig.«

Heinrich hatte verfügt, daß sein Herz in seine Heimat, in das Jesuitenkolleg der Stadt La Flèche (Béarn) zurückgeschickt werden sollte. Im Jahre 1793, als die Gräber in Saint-Denis entweiht wurden, verbrannte man auch dieses Herz im Exil.

Am 27. Mai wurde Ravaillac auf der Place de Grève hingerichtet: Man verbrannte die Mörderhand. Man goß glühendes Blei in die Wunde. Danach wurde er geviertelt.

Der Biograph Philippe Erlanger berichtet von gewissen Vorfällen, die, wie er erklärt, notariell beglaubigt seien: In der Nacht vom 14. zum 15. Mai »verließen Hunderte Béarner Kühe ihre Weide, drangen in die Stadt Pau ein und liefen bis zum Schloß, dem Geburtsort Heinrichs IV. Dort blieben sie stehen, und gemeinsam begannen sie, kläglich zu muhen. Ein Stier, den man *Roi* [König] nannte, [...] zerbrach seine Hörner an der Tür und stürzte dann in den Graben, in dem er verendete.«

PS: Es heißt, daß das französische Volk den Tod des Königs tief betrauerte. Das war wirklich das GANZE französische Volk.

Friedrich Hölderlin

Geboren am 20. März 1770 in Lauffen (Schwaben).
Bekannt als emblematischer Inbegriff des wahnsinnigen Dichters.
Und auch, weil er einen sehr schönen Namen hat.

WANN: am 7. Juni 1843, mit 73 Jahren.
WIE: an einer akuten Lungenkrankheit.
WO: in Tübingen, im Turm seines Hauswirts und Freundes, des Tischlers Zimmer.
LETZTE RUHESTÄTTE: Sein Begräbnis fand am 10. Juni auf dem Tübinger Friedhof statt.

Hölderlins Vater starb mit 36 Jahren, als der Dichter zwei Jahre alt war. Und mit 36 Jahren trat Hölderlin in die zweite »Hälfte des Lebens« ein, die viele Biographen seine »Wahnsinnsperiode« nennen.

Ein »Wahnsinn«, den vor allem seine Mutter bemerkte, bewog diese, ihn am 15. September 1806 in eine Heilanstalt einliefern zu lassen. Man stellte bei ihm eine deratige Zerrüttung fest, daß man nach einigen Behandlungen, über die so gut wie nichts bekannt ist, zu der Ansicht kam, es gebe tatsächlich nicht die geringste Hoffnung auf Heilung. (Doch man erfuhr zum Beispiel, daß die Beruhigungsmittel, die er einnahm, den Durchfall bekämpfen sollten.)

Dr. Autenrich, der das Tübinger Klinikum leitete, glaubte, daß Hölderlin noch drei Lebensjahre blieben. Ein Tischler, der dort arbeitete, erkannte den Dichter wieder und war erschüttert, dem Autor persönlich zu begegnen, den er so sehr bewunderte (er hatte den *Hyperion* gelesen). Der Arzt schlug ihm vor, Hölderlin bei sich aufzunehmen, wobei er ihm klar sagte, daß er nicht gefährlich sei. Am 3. Mai 1807 verließ Hölderlin das Klinikum. Seine neue Wohnung, die seine letzte sein sollte, lag in einem Turm der alten Stadtmauer. Der Fluß strömte an seinem Fenster vorbei. Hölderlin verbrachte also seine letzten sechsunddreißig Lebensjahre bei Zimmer.

Hier einige Äußerungen Zimmers: »Zwei Jahre habe 's ihn dort g'habt und an ihm doctorirt und herumgeforscht, ohne etwas herauschz'kriege. Er hat es niemand nit sage könne, wo es ihm fehlt. Auch fehlt es ihm eigentlich an nix; an dem Zuviel, das er hatte, ischt er ebe toll geworde. [...] Oft aber spielt er auch recht schön [Klavier], nur stört einen das Klappern mit dene langgewachsene Nägele. Es hält schwer, sie ihm abzuschneide. [...] Sein drittes Wort ischt: ›'s g'schieht mer nix.‹« (Auszug aus einem Bericht des Schriftstellers Gustav Kühne über einen Besuch bei Zimmer.)

Hölderlin schrieb in seinem Turm immer weiter für sich selbst oder für Bewunderer, die ihm ein Thema vorschlugen, und so übte der Schriftsteller seinen Beruf aus. Zimmer überwachte ihn mit der Uhr, zwölf Minuten, vierzehn Minuten ...

Es heißt, zu Hölderlins Wahnsinn hätten solche Symptome gehört, daß er Wörter erfand, die es überhaupt nicht gab, daß er allein sprach, nicht an einem Fleck bleiben konnte und sich seinen Besuchern gegenüber außerordentlich höflich erwies. Diese wollten den »Fall Hölderlin« sehen, und er sprach sie als »Ew. Ehrwürden« oder »Ew. Majestät« an ...

Eine Zeitlang teilte man ihm das Papier zu, weil man glaubte, daß sein Wahnsinn auf übergroße geistige Anstrengung zurückzuführen sei. Er beschrieb Stoffetzen, die ihm in die Hand fielen.

Im April 1843, zwei Monate vor seinem Tod, bestellte man bei ihm ein Gedicht über den »Zeitgeist«, das er mit »Ihr ergebener Diener Scardanelli« unterzeichnete und auf den 24. Mai 1748 datierte. Vielleicht ein Beweis für seinen Wahnsinn ...

Zimmer starb, und seine Tochter Lotte trat die Nachfolge an. Sie schrieb den Brief, der dem Halbbruder Karl den Tod des Dichters mitteilte: »Seit einigen Tagen hatte er einen Chartharr und wir bemerkten eine besondere Schwäche an Ihn wo ich dann zu Professor Gmelin ging und Er eine Arznei bekam – spielte diesen Abend noch und aß in unserm Zimmer zu Nacht und ging Er ins Bett mußte aber wieder aufstehen und sagte zu mir Er könne vor Bangigkeit nicht im Bett bleiben.«

Dann erzählte sie, daß seine Angst zunahm und daß man ihm

weitere Arzneien gab. »[...] und verschied Er aber so sanft ohne noch einen besonderen Todeskampf zu bekommen.«

Professot Gmelin schrieb auch an Karl: »Er hatte seit einigen Tagen einen Husten, der aber nicht beachtet wurde, weil er öfters Ähnliches hatte. Abends um 8 Uhr bekam er Beengungen u. sah immer zum Fenster hinaus; ich verordnete ihm eine auflösende Arznei, u. befahl einen Wärter, ihn zu besorgen, allein die Beklemmung nahm zu, u. vor 11 Uhr starb er nach kurzem u. leichtem Todeskampf.«

Bei der Autopsie stellte man sehr überrascht fest, daß sein Gehirn völlig gesund und nicht erweicht war. Zum Glück war ein Hohlraum im Gehirn, der *Ventriculus septi pellucidi*, durch Wasser hypertrophiert, und die Hirnwände waren sklerotisch.

PS: Was soll heißen, »ohne noch einen besonderen Todeskampf« – und einen »kurzen und leichten Todeskampf« ... der 36 Jahre dauerte?

Victor Hugo

Geboren am 26. Februar 1802 in Besançon.
Bekannt dafür, daß man mit seinem Namen am häufigsten auf die
Aufforderung antwortet: »Nennen Sie einen französischen Dich-
ter.«

WANN: am Freitag, dem 22. Mai 1885, um 13.27 Uhr, mit 83 Jahren.

WIE: an einer Lungenstauung.

WO: in seiner Wohnung, an jener Avenue, die seinen Namen
   trägt. Zu seinem siebzigsten Geburtstag erhielt nur ein Teil
   der Avenue d'Eylau (an der sein Haus stand) den Namen des
   Dichters. Nach seinem Tod wurde die ganze Straße umbenannt.

LETZTE RUHESTÄTTE: Der Leichnam mußte zunächst neun Tage in
der Wohnung bleiben, damit man ein Begräbnis vorbereiten
konnte, das dem Ruhm des Toten entsprach. Daher mußte man ihn
auch einbalsamieren (eine unkonservierte Leiche hätte man nicht
neun Tage der Maiwärme aussetzen können).
Nach einer kurzen zweitägigen Aufbahrung unter dem Triumphbogen auf der Place de l'Étoile wurde er ins Panthéon gebracht ...,
das er nicht ausstehen konnte: »Die Kirche Sainte-Geneviève von
Monsieur Soufflot [also das heutige Panthéon] ist sicherlich das
schönste Biskuitgebäck, was je aus Stein hergestellt wurde.« (Der
Glöckner von Notre-Dame) Oder auch: »Das ist eine schlechte
Nachahmung des römischen Petersdoms.«

In seinem Testament vom 31. August 1881 bestimmte Victor: »Ich
möchte im Leichenwagen der Armen zum Friedhof gebracht werden.« (Er war zweifacher Milliardär). »Ich werde das irdische Auge
schließen, doch das geistige Auge bleibt offen, weiter offen als je zuvor. Ich weise das feierliche Gebet aller Kirchen zurück. Ich bitte

um ein Gebet für alle Seelen.« Am 2. August 1883 setzte er hinzu: »Ich glaube an Gott.«

Victor erblickte Engel, fürchtete sich vor Freitag, dem 13., liebte Gott, jedoch nicht die Religion. In der Nacht des 1. November 1882 schrieb er: »Zu Allerheiligen, am Totengedenktag, habe ich in meinem Zimmer, mitten in der Nacht, der Schatten war ganz tief, zweimal ein seltsames Geräusch gehört. Weil es sicher ist, daß unsere Erde nicht die ganze Welt ist, und weil es zwangsläufig Verbindungen zwischen den einzelnen Schöpfungen gibt, schweige ich und verneige mich.«

Am 25. April 1885 hatte er Herzschmerzen, die zu Erstickungsanfällen führten. Victor sagte: »Das dauert sehr lange, der Tod, das dauert zu lange.«

Am 14. Mai 1885 empfing er zum Abendessen einige Freunde, darunter Ferdinand de Lesseps. Im *Figaro* vom 19. Mai konnte man lesen: »Victor Hugo, der sich stets bester Gesundheit erfreut hatte, verhielt sich bekanntlich notwendigen gesundheitlichen Vorsichtsmaßnahmen gegenüber recht nachlässig. Ohne sich um das Wetter zu kümmern, kleidete er sich immer auf die gleiche Weise und zog nie einen Mantel an. An dem Tag, als sein Freund, Monsieur Ferdinand de Lesseps, in die Académie Française aufgenommen wurde, [...] setzten alle übrigen im Hof den Hut nicht ab, doch Victor Hugo hielt ihn als einziger in der Hand. Er blieb sogar mit bloßem Kopf stehen, als er ein zehn Minuten dauerndes Gespräch führte. Wer weiß, ob er sich seine Krankheit nicht ursprünglich an jenem Tag zugezogen hat?«

Nach dem Abendessen trank man den Kaffee im Salon, und Victor legte sich gegen 23 Uhr ins Bett. Mitten in der Nacht rief man den Arzt. Hugo litt. Am nächsten Tag fühlte sich der Dichter noch schwächer. Am Nachmittag wollte er eine Suppe haben und sich in einen Sessel setzen. Er sagte:

»Ich lege mich schon früh genug wieder hin, hier fühle ich mich wohler als in meinem Bett.«

Nach einem erneuten Schwächeanfall brachte man ihn in sein Zimmer im ersten Stock. Ein Bischof erschien, um so etwas wie einen »Widerruf« der Ansichten Hugos über die Kirche zu erwirken, wurde jedoch abgewiesen. Fortwährend litt er unter Atemnot. Am 20. Mai legte man im Hauseingang ein Buch aus, worin Unbekannte und Prominente dem Dichter eine kurze Mitteilung hinterlassen konnten.

Am 21. Mai fiel ihm das Atmen immer schwerer. Man gab ihm Beruhigungsmittel.

Man schreibt ihm diese letzten Worte zu:

»Das ist der Kampf zwischen Tag und Nacht.«

Oder:

»Das ist der Kampf zwischen Schatten und Nacht.«

Oder auch:

»Das ist der Kampf zwischen Morgenrot und Nacht.«

Sicher ist, daß er seine Enkel bei sich haben wollte.

Die Zeitung *La Croix* schrieb: »Victor Hugo war der größte Dichter unseres Jahrhunderts. Seit über dreißig Jahren war er wahnsinnig. Möge ihm sein Wahnsinn bei Gott als Entschuldigung dienen.«

PS: Auch im Mai sollte man sich nicht zu leicht anziehen.

Johanna von Orléans

Geboren 1412 in Domrémy.
Bekannt als Heldin, für ihre Jungfräulichkeit sowie durch die (un-
erforschlichen) Stimmen, die sie seit dem dreizehnten Lebensjahr
regelmäßig hörte, und durch ihren Kampf gegen die Engländer.

WANN: am 30. Mai 1431, mit 19 Jahren.
WIE: Sie wurde verbrannt.
WO: auf der Place du Vieux-Marché in Rouen.
LETZTE RUHESTÄTTE: Ihre Asche wurde in die Seine gestreut, »um
Zaubereien unmöglich zu machen, die sie hätte bewirken können«
(Chuffart).

Die Jungfrau von Orléans hatte Karl VII. gekrönt, und weil dieser
König den Engländern mißfiel, mußte man eine Möglichkeit finden, wie man ihn in Verruf bringen konnte. Jeanne, ihre Gefangene, sollte wegen Ketzerei zum Tode verurteilt werden, und danach könnte man erklären, daß eine Hexe den französischen König
zur Krönung geführt habe. Diesen Prozeß übertrugen sie der Geist-
lichkeit.

Vom 9. Januar bis zum 24. Mai stand sie vor Gericht, ohne einen
Verteidiger zu haben, und sie mußte auf alle möglichen Fragen antworten, wie etwa:

»In welcher Gestalt ist Euch der heilige Michael erschienen?
War er nackt?«

Da die bisherigen Anschuldigungen nicht stichhaltig waren, fand
man Ende März eine äußerst schwerwiegende: Sie trug Männerkleidung.

Im April wurde sie krank, doch ein natürlicher Tod hätte den
Engländern nicht ins Konzept gepaßt, deshalb sorgten sie für eine
ärztliche Behandlung. Dann ließ man sie einen Widerruf unterschreiben – wobei man ein wenig nachhalf –, in dem sie zugab,

Gott gelästert zu haben. Und vor allem verpflichtete sie sich, sich »als Frau« zu kleiden.

Der Organisator des Prozesses, der Bischof von Beauvais, der Cauchon hieß (was wie »Schwein« klingt), ließ am 28. Mai beurkunden, daß sie wieder ihre Männerkleidung angezogen hatte. Das war der Beweis für ihre Unbußfertigkeit: Sie war eine rückfällige Ketzerin. Cauchon besuchte die Engländer, die meinten, daß sich der Prozeß in die Länge zöge, und er erklärte ihnen:

»*Farewell*, laßt es euch gutgehen, es ist vollbracht.«

Am Tag darauf las man Jeanne ihren Widerruf vor, von dem sie nicht allzuviel verstand, denn offenbar war er inzwischen umgeschrieben worden. Die Kirche verurteilte sie nicht offiziell, sie übergab sie dem Arm der weltlichen Obrigkeit, die so verfahren sollte, wie sie es für richtig erachtete, wobei sich allerdings von selbst verstand: »Sooft die Ketzerei mit ihrem pestilenzialischen Gift ein Glied der Kirche ansteckt und es zu einem Glied Satans macht, ist es erforderlich, mit glühendem Eifer zu verhindern, daß die verderbliche Seuche auf die anderen Teile des mystischen Leibes Christi übergreift.« Sogleich nach der Urteilsverlesung verschwanden die nicht angesteckten Glieder der Kirche, denn die Sitte gebot: »Ecclesia abhorret a sanguine.« (»Die Kirche hat kein Verlangen nach Blut.«)

Den Scheiterhaufen hatte man lange vor dem Urteilsspruch aufgeschichtet. Man hatte ihn sehr hoch aufgetürmt, damit alle das Schauspiel genießen konnten, und er war wirklich so hoch, daß der Henker, der im allgemeinen die Leiden der Verurteilten verkürzte, indem er ihnen den Garaus machte (er erdrosselte sie oder versetzte ihnen ein paar Schläge auf die Halswirbel, nun ja . . .), den Körper nicht erreichen konnte.

Sie bat um die Sterbesakramente. Bischof Cauchon ließ bestellen, man könne ihr alles bewilligen, was sie wünsche, sofern man nur ein Ende mache. Die Fratres Ladvenu und Toutmouillé ließen sie auf einen Karren steigen. Jeanne flehte einen Engländer an, ihr ein kleines Kreuz zu geben, das er trug. (Der Gerichtsdiener Jean Massieu erzählte, sie habe »Zeichen tiefer Reue, Buße und gläubi-

105

ger Inbrunst gezeigt und mehrere Engländer so gerührt, daß sie lebhaft weinten und wehklagten«.) Der Engländer reichte ihr das Kreuz, das sie dann unter der Kleidung trug.

Auf einem Schild neben dem Blutgerüst konnte man verschiedene Anklagen gegen Jeanne lesen: »Lügnerin, Verderberin, Volksbetrügerin, Wahrsagerin, Abergläubische, Gotteslästerin, Prahlerin, Grausame, Lasterhafte, Teufelsanruferin« usw.

Der Henker band sie fest. Da sie das kleine Kreuz nicht mehr tragen konnte, bat sie den Gerichtsdiener, das riesige Holzkreuz aus der benachbarten Kirche zu holen und es ihr vors Gesicht zu halten, so daß es das letzte wäre, was sie von dieser Welt sehen könnte. Der Schatten dieses Kreuzes bedeckte Jeanne bis zum Ende. Der Henker entfachte das Feuer.

Jeanne rief ihre Heiligen an und schrie den Namen Jesu, bis sie den letzten Lebensfunken aushauchte. Als der Rauch dann den Ort verhüllte, befahlen die Engländer, die Flammen zu ersticken, damit jeder erkennen konnte, daß sie wirklich brannte. Es heißt, man habe sie nackt gesehen.

Der Henker hatte einige Gewissensbisse. Er vertraute seinem Bruder an, »obwohl [er] Jeannes Eingeweide und Herz mit Öl, Schwefel und Kohle bedeckt habe, konnte [er] Eingeweide und Herz durchaus nicht verbrennen und einäschern, worüber [er] ebenso erstaunt war wie über ein ganz offensichtliches Wunder«. (Aber was war wohl das Wunder – daß Jeannes Herz nicht brannte oder daß der Henker plötzlich ein Herz hatte?)

Gegen fünf Uhr nachmittags warf man Jeannes sterbliche Überreste in den Fluß.

Ein neuer Prozeß wurde in der Form einer Untersuchung im Jahre 1456 eröffnet. Durch die Aussagen von Zeugen, die bei Jeannes Tod anwesend waren, »entdeckte« man bestimmte Einzelheiten. So etwa bekannte Bruder Ladvenu, daß Jeanne »nach ihrem Widerruf und Verzicht in der Haft grausam gefoltert wurde [ja, denn sie wurde im Schloß eingesperrt und von den Engländern bewacht, sie befand sich also nicht in der Gewalt der Geistlichen], man quälte, schlug und mißhandelte sie; und ein englischer Mylord hatte ihr Gewalt angetan; sie sagte öffentlich, das sei der Grund, warum sie sich wieder Männerkleidung angelegt hätte.«

Am 7. Juli 1456 erklärte man den vorhergehenden Prozeß für null und nichtig.

Und weil das Schuldgefühl wohl unerträglich war, wurde sie 1909 selig- und 1920 heiliggesprochen.

Sogleich nach dem Urteil hatten sich Gerüchte verbreitet: Jeanne wäre nicht wirklich auf dem Scheiterhaufen gestorben, man hätte sie im letzten Augenblick durch eine andere ersetzt.

Seit 1439 kann man in bestimmten Chroniken verfolgen, wie sich das Gerücht entwickelte: »Schließlich ließ man sie oder eine andere, ihr ähnliche Person öffentlich verbrennen.«

1440 heißt es in der Bretagne: »Die Jungfrau wurde in Rouen verbrannt oder dazu verurteilt.«

In Metz: »Sie wurde im Feuer geröstet und verbrannt, so sagt man, doch hernach ward das Gegenteil entdeckt.«

Fünf Jahre nach ihrem Tod tauchte sie auch mit dem Vornamen Jeanne oder Claude wieder auf und heiratete einen Sire Robert des Armoises. Doch einer Hexe ist ja im Grunde nichts unmöglich.

Bleiben wir noch einen Augenblick bei Rauch und Feuer:

Am Anfang unseres Jahrhunderts – der Überlieferung zufolge an einem 8. Mai –, bevor Jeanne d'Arc heiliggesprochen wurde, beleuchtete man ihre Statue auf der Place du Martroi in Orléans. Die blau und golden schimmernden Gasflammen bildeten so etwas wie eine Aureole um die Statue. Jemand beschwerte sich, daß diese Flammen an einen Heiligenschein denken ließen, und verlangte, man solle die Lichter löschen, die falsche Vorstellungen nahelegten. Die Stadt Orléans zog sich aus der Affäre, indem sie argumentierte, daß die Statue der Republik gegenüber dem Pothier-Gymnasium von demselben Licht angestrahlt wurde ...

PS: Haben die Engländer, die anordneten, Jeannes Asche in die Seine zu streuen, daran gedacht, daß sich dieser Fluß in den Ärmelkanal ergießt, der die englische Küste bespült?

Joséphine de Beauharnais

Geborene Marie-Joséphe Rose Tascher de La Pagerie

Geboren am 23. Juni 1763 in Les Trois-Îlets auf Martinique.
Bekannt als Gemahlin Napoleons.

WANN: am 29. Mai 1814, mit 50 Jahren.

WIE: an einer eitrigen Angina.

WO: im Schloß Malmaison, ihrem Wohnsitz, den sie seit der Scheidung von Napoleon leidenschaftlich liebte.

LETZTE RUHESTÄTTE: Am 2. Juni wurde sie auf dem Friedhof von Rueil vorläufig beigesetzt, zusammen mit hundertunddrei anderen Personen, die auf der Rue Royale zerquetscht worden waren, als sie von dem Feuerwerk zurückkamen, das man zu Ehren des Hochzeitstags Ludwigs XVI. gegeben hatte.

Elf Jahre später wurden ihre Gebeine endlich innerhalb der Kirche von Rueil begraben.

Am 14. Mai erkältete sich Joséphine in Saint-Leu. Sie trank einen Orangenblütentee und aß am Abend nichts. Am Morgen kehrte sie nach Malmaison zurück.

Am 23. Mai führte sie ihre Besucher in die Menagerie und die Gewächshäuser. Ihr Sohn Eugène fand, sie sehe krank aus. Man meinte, es sei ein »einfacher Schnupfen«.

Am nächsten Tag hielt sie ein trockener Husten davon ab, die Großfürsten Nikolaus und Michael zu empfangen. Das übernahm ihre Tochter Hortense.

Am 25. Mai bekam sie Fieber, und der Arzt nahm an, daß sie einen Katarrh habe. Man hätte es für gut gehalten, ihr fünfundzwanzig Blutegel an den Hals zu setzen, doch da ihr Hausarzt verreist war, machte man ihr einen heißen Breiumschlag.

Der erste Hofchirurg des Zaren, der sich nach ihrem Gesundheitszustand erkundigen sollte, sagte der Tochter Joséphines, er finde, es gehe ihr sehr schlecht, und man müsse ihr Zugpflaster auflegen. Er stellte fest, daß sie »so benommen war, als hätte sie einen Rausch hinter sich«.

Hortense ließ die besten Ärzte kommen. Am 28. Mai teilten sie mit, es handele sich um eine eitrige Angina. Sie verbrachte eine schlechte Nacht, sie atmete mühsam. Hortense ruhte sich ein wenig aus, und das Zimmermädchen hörte Joséphine murmeln:

»Bonaparte ... Die Insel Elba ...«

Das waren die letzten verständlichen Worte, die sie sagte.

Am Sonntag, dem 29., dem Pfingstfest, wandte sich Joséphine an ihre Kinder, die nichts verstanden. Man gab ihr die Letzte Ölung. Hortense fiel in Ohnmacht, und ihre Mutter starb, während Hortense bewußtlos war.

In ihrem rosa Morgenrock und mit ihrer Haube glich Joséphine einem Engel.

Als Napoleon die Nachricht vom Tod seiner ehemaligen Frau erhielt, sagte er:

»Arme Joséphine, nun ist sie sehr glücklich.«

Und zwei Tage später schloß er sich ein.

PS: Ist es nicht normal, daß man einem Engel gleicht, wenn man an der Krankheit der Engel stirbt: der Angina?

109

Karl der Große

Geboren um 742 im Tal der Oise oder der Aisne.
Bekannt durch seinen Bart; tatsächlich hatte er jedoch einen
Schnurrbart.

WANN: am 28. Januar 814, »in der dritten Stunde des Tages, im
zweiundsiebzigsten Lebensjahr«.

WIE: an einer Pleuritis (im griechischen Wortsinn: einem »ent-
zündlichen Seitenstechen«).

WO: in seiner Aachener Pfalz (heute: Nordrhein-Westfalen).

LETZTE RUHESTÄTTE: die Aachener Pfalzkapelle. Da er 1165 heiliggesprochen wurde, findet man seine Reliquien in einem silbernen
Schrein im Chor der Kapelle.

Gegen Karls Krankheiten hatten die Ärzte vor allem eines verordnet: gekochtes Fleisch. Das heißt: Der Kaiser mußte dem von ihm
besonders geschätzten Braten entsagen, um statt dessen gekochtes
Fleisch zu genießen ... Mehrere Fieberanfälle veranlaßten ihn, im
Jahre 811 sein Testament zu machen. 813 stürzte er bei einem Ritt,
so daß er nunmehr hinkte, und seine Lebenskraft war zwar noch
ungebrochen, doch er bereitete seinen baldigen Abgang (seinen
Tod oder den Rückzug ins Kloster) vor, indem er seinen Sohn Ludwig von Aquitanien als Nachfolger vorschlug. Die hohen Würden-
träger des Staates stimmten zu; sobald sein Sohn gekrönt war,
schickte Karl ihn aber in dessen Länder zurück: Er konnte noch allein zurechtkommen.

Er jagte einige Zeit in den Ardennen und kam erschöpft nach
Aachen zurück, was ihn nicht daran hinderte, zu schwimmen und
zu reiten.

Trotz seiner beachtlichen Widerstandsfähigkeit konnte er im Januar 814 ein Bad in etwas zu kaltem Wasser nicht vertragen. Er
wurde vom Fieber befallen und bettlägerig. Man diagnostizierte bei

ihm Schmerzen in der Seite, »die von den Griechen mit Pleuritis bezeichnet werden« (Einhard). Er fastete nun freiwillig (das war ihm lieber als gekochtes Fleisch), und die Krankheit bemächtigte sich ungehindert dieses Körpers, dem Vitamine fehlten. Als er am 27. Januar seit sechs Tagen im Bett lag, ließ er sich die Sterbesakramente (und zwei zusätzliche Sakramente) geben. Es wurde viel gebetet. Am Tag darauf war er sehr geschwächt, er schlug ein Kreuz über Stirn und Brust und sang ganz leise: »Herr, dir empfehle ich meine Seele und lege sie in deine Hände.« Das war sein letztes Lied.

Einhard, sein Sekretär und Biograph, stellte betrübt fest, daß Karl der Große nicht die vielfältigen Zeichen beachtet hatte, die seinen Tod ankündigten: »In den letzten drei Jahren seines Lebens gab es sehr viele Sonnen- und Mondfinsternisse. Sieben Tage lang sah man einen schwarzen Fleck auf der Sonne.«

Er erzählt weiter, daß der Kaiser im Jahre 810 »den mächtigen Feuerstrahl einer Fackel« gesehen hätte, »die mit hellem Schein wunderbarerweise von rechts nach links über den klaren Himmel blitzte«. Dann stürzte sein Pferd, und Karl mit ihm.

Er spricht auch davon, daß die Dächer geknackt hätten, ein Blitz in den Dom eingeschlagen sei, Karls Name an der Wand dieses Doms gestanden hätte und von mehreren Zeugen gesehen worden sei, wie dieser Name allmählich verblaßte ...

PS: Ich bitte um Verzeihung, aber ich habe wirklich keine Zeit, an ein PS zu denken, weil es bei mir im Dach knackt, und ich glaube, daß ich gerade einen Sonnenfleck gesehen habe ...

Katharina von Medici

Geboren als Caterina Maria Romana de' Medici

Geboren am 13. April 1519 in Florenz. Sie wurde Waise im Alter von einem Monat. Das erwähne ich nicht, um sie zu entschuldigen.

Bekannt dafür, daß sie dreißig Jahre lang eine Politik vertreten hat, die sich über alle moralischen Werte hinwegsetzte. Ihrer Ansicht nach heiligte der Zweck alle Mittel (man denke an die Bartholomäusnacht).

WANN: am 5. Januar 1589, mit 69 Jahren.

WIE: an einer Rippenfellentzündung.

WO: in Blois.

LETZTE RUHESTÄTTE: In ihrem Testament wünschte und verfügte sie, daß man sie in Saint-Denis begraben sollte, doch als sie starb, tobten Unruhen in Paris. Sie wurde am 4. Februar 1589 in der Kirche Saint-Sauveur in Blois beerdigt. Nicht ihr Sohn, sondern Heinrich IV. ließ sie, als er König wurde, nach Saint-Denis überführen, wo sie neben ihrem Gatten ruht. Zwei liegende Figuren stellen die beiden dar. Der Bildhauer, der ihr Gesicht gestaltet hat, versetzte sie in eine frühere Zeit zurück: Man würde sagen, daß sie erst dreißig Jahre alt ist.

König Heinrich III., Katharinas Sohn, hatte vorgegeben, dem von seiner Mutter gewünschten Bündnis mit dem Herzog von Guise – dem Führer der (katholischen) Liga – zuzustimmen. Er war 37 Jahre alt, und vielleicht kam er langsam auf den Gedanken, daß er endlich allein regieren könnte: Er entließ acht Ratgeber Katharinas. Das empfand sie als eine tiefe Kränkung.

Während der Hochzeit ihrer Enkeltochter erkältete sie sich. Sie litt bereits an Gicht und Fettsucht, wurde nun aber auch noch vom Husten gequält. Das Fieber zwang sie, gerade vor Weihnachten zehn Tage das Bett zu hüten. Heinrich schwor ihr, alle bisher möglicherweise vorhandenen Gründe, sich über den Herzog von Guise zu beklagen, seien hinfällig – und insgeheim bereitete er dessen Ermordung vor. Seine Mutter, die sich vor den eiskalten Schloßgängen fürchtete, war deshalb gezwungen, ständig in ihrem großen Bett zu bleiben.

Am Donnerstag, dem 22. Dezember, plauderten Heinrich III. und der Herzog von Guise überaus höflich im Gemach der Königinmutter. Ein Zeuge hat die Szene geschildert: »Mit kurzen, heiteren Äußerungen bekundete der König dem besagten Fürsten höchst lebhaft und vertraulich sein Wohlwollen, und er reichte ihm Zukkerwerk, das er in einer Dose hatte, während er von den Süßigkeiten aß, die der Fürst bei sich hatte.« Katharina mußte sich im siebten Himmel fühlen. Am Tag darauf wurden der Führer der Liga und sein Bruder, der Kardinal von Guise, erstochen ... genau über dem Gemach der Kranken, die fragte, was dieser ganze Lärm zu bedeuten habe. Heinrich trat an ihr Bett und teilte ihr mit:

»Guten Tag, Madame, ich bitte Euch um Verzeihung, Monsieur de Guise ist tot, und darüber wird nicht mehr geredet. Ich will nun König sein und nicht mehr Gefangener und Sklave.«

(Mehrere Biographen wundern sich, daß diese »freudestrahlende Ankündigung« [Jean Héritier] die Königin töten konnte, »ohne daß sich Heinrich III. darüber im klaren war«. Ich erlaube mir, das Gegenteil zu denken, und selbst wenn er nicht vorsätzlich gehandelt haben sollte, gab es schon im Jahre 1589 das Unbewußte.)

Paris reagierte auf die Morde mit einem Aufstand. Obwohl die Nachricht von den Bluttaten auf Katharina wie ein Schock gewirkt hatte, fühlte sie neue Energie (doch im Grunde fand sie vielleicht gerade durch die Mordnachricht ihre Kräfte wieder.) Sie stand auf, um den Kardinal von Bourbon, einem Verbündeten der Liga, einen Besuch abzustatten. Sie suchte Trost bei ihm, und er beschuldigte sie, an den Morden mitgewirkt zu haben. Pasquier schildert die Szene mit hübschen Worten: »Da machten nun alle beide Fontänen aus ihren Augen. Und kurz darauf kehrte diese arme Dame in ihr Gemach zurück, ohne ein Nachtmahl einzunehmen.«

Am 3. Januar ließ sie ihr Testament aufsetzen. Sie enterbte ihre Tochter Margot (die heutige Filmheldin). Am Ende des Dokuments ist zu lesen: »Die besagte Erblasserin hat erklärt, ihrer Schwäche wegen nicht unterschreiben zu können.«

Dann bat sie, einen Priester zu holen, denn ihre eigenen waren nach den blutigen Ereignissen geflohen. Sie legte die Beichte ab, und weil sie den betreffenden Priester nicht kannte, fragte sie ihn hierauf nach seinem Namen. Es war Abbé Julien von Saint-Germain. Da sagte sie:

»Ich bin verloren.«

Katharina war sehr abergläubisch. So hatte sie stets einen Talisman bei sich, der mit kabbalistischen Zeichen vollgekritzelt war, und man glaubte, das verleihe ihr die Gabe des Zweiten Gesichts. Ein Jahr zuvor hatte ihr ein Astrologe vorausgesagt, daß sie »bei Saint-Germain« sterben würde, und sie hatte diese Warnung sehr ernst genommen. Und nun hatte sie, ohne es zu wissen, »bei« Saint-Germain gebeichtet ...

Am 4. Januar litt sie sehr unter dem Fieber, sie war am Ersticken. Am 5. Januar, dem Tag vor dem Dreikönigsfest, war um die Mittagszeit alles zu Ende.

Die Autopsie zeigte, daß die Lunge angegriffen und Blut ins Gehirn eingedrungen war, und an der linken Körperseite fand man einen Abszeß. Sie wurde einbalsamiert, doch nur notdürftig. Im Erdreich, unter der Kirche, mußte man ein Grab ausheben, und zwar schnell, weil die Verwesung fortschritt. Katharinas Körper war kaum erkaltet, da legte sich schon Heinrich den Talisman um den Hals. Ein paar Tage später zerbrach er ihn.

PS: Da Katharina keine Könige mehr töten konnte, starb sie einen Tag vor dem Fest, an dem man auslost, wer »Bohnenkönig« sein soll.

Kleopatra

Geboren im Jahre 69 v. Chr. in Alexandria.
Bekannt durch ihre Nase (»die bei ihr ungeheuer lang war«, wie
Asterix gesagt hat), durch ihr Liebesabenteuer mit Cäsar und An-
tonius sowie ihr legendäres Ende.

WANN: am 30. August des Jahres 30 v. Chr., mit 39 Jahren.
WIE: an einem Schlangenbiß oder einem Stich mit der Haarnadel,
die sie immer bei sich hatte und die mit Gift gefüllt war, also
unfehlbar den Tod bewirkte.
WO: in Alexandria, auf ihrem Bett.
LETZTE RUHESTÄTTE: Ihr Grab wurde nicht wiederentdeckt, jedenfalls bestattete man Kleopatra unmittelbar neben dem Leichnam
des Antonius.

Da Antonius und Kleopatra wußten, daß sie von der zerstöreri-
schen Macht des Alexandria belagernden Oktavian, Cäsars Adop-
tivsohn, bedroht wurden, taten sie ihr Bestes, um das Unglück ab-
zuwenden: Im Jahre 30 v. Chr. gründeten sie für sich und ihre
Freunde einen Club, das »Kränzchen der Zusammensterbenden«,
und in seinem Kreis schienen sie ihr Schicksal zu vergessen. Die
Clubmitglieder schlossen den Vertrag, daß, wenn einer von ihnen
getötet würde, sich alle übrigen gemeinsam töten müßten.
   Unterdessen ließ sich Kleopatra die Wirksamkeit unterschied-
licher Gifte vorführen: »Sie stellte mit jedem Gift an Verbrechern in
den Gefängnissen, die auf Vollstreckung des Todesurteils warteten,
Versuche an, um zu sehen, ob dessen Wirkung schmerzlos wäre.
[...] Sie machte noch Proben mit giftigen Tieren und ließ in ihrer
Gegenwart mehrere Menschen von verschiedenen Schlangen beißen. Dies tat sie täglich und fand dabei, daß beinahe unter allen nur
der Biß der Natter ohne Zuckung und Ächzen eine Betäubung und
unüberwindliche Neigung zum Schlafe bewirkt, so daß die Gebis-

senen unter einem leichten Schweiße des Gesichts und Verdunklung der Sinne nach und nach hinsterben und, wenn man sie aufwecken oder ermuntern will, ebenso unwillig werden wie die, welche im tiefen Schlafe liegen.« (Plutarch)

Kleopatra hatte sich mit ihren Schätzen und zwei Dienerinnen in ein unterirdisches Grabmal zurückgezogen und dort eingeschlossen; es lag in der Nähe ihres Palastes und war mit dem Grab der Isis verbunden. Gerade als Antonius gedacht hatte, er könne sich an Oktavian rächen, mußte er zu der Überzeugung gelangen, seine ägyptische Königin habe ihn verraten. In diesem Augenblick kam ein Offizier und teilte ihm mit, Kleopatra habe Selbstmord begangen. Antonius fiel zunächst in Ohnmacht, und hierauf bat er seinen Sklaven, ihn mit dem Schwert niederzustechen. Der Sklave weigerte sich, und Antonius stieß sich selbst das Schwert in den Leib. Da das Blut aufhörte zu fließen, kam er wieder zu sich und konnte nun eine zweite Meldung anhören: Kleopatra lebte. Er ließ sich zum Grabmal tragen. Kleopatra hatte dafür gesorgt, daß die Tür fest verschlossen war, deshalb mußten die Frauen den blutbesudelten Körper des Antonius mit Seilen durch ein kleines Fenster ziehen. Halb bewußtlos streckte er seiner Königin die Arme entgegen. Antonius gelangte schließlich ins Grab, und als er Kleopatra sah, brachte er noch die Kraft auf, sie zu trösten ... Dann starb er.

Als Oktavian in Alexandria eingedrungen war, konnte er das Grabmal betreten und Kleopatra herausholen. Man wand ihr einen Dolch aus der Hand. Sie warf sich ihm zu Füßen und flehte ihn an, ihren Sohn Caesarion zu verschonen. Er ließ sich von ihrer Verzweiflung nicht rühren und teilte ihr mit, wenn sie einen Selbstmordversuch mache, werde er ihre beiden anderen Kinder hinrichten. Dennoch erreichte sie, daß sie für Antonius ein Totenopfer bringen durfte.

Am Tag darauf schrieb Kleopatra an Oktavian einen Brief, in dem sie ihn bat, sie neben Antonius zu begraben.

Dann badete sie, setzte sich die Krone mit dem Schlangenemblem auf und nahm ein leichtes Nachtmahl ein. Man brachte ihr ein Körbchen mit Feigen, in dem eine Schlange versteckt war. Sie legte sich aufs Bett. Man weiß nicht, ob sich Kleopatra von dieser Schlange beißen ließ oder ob sie das Gift in ihrer Haarnadel benutzte.

Oktavian ließ einen Schlangenbeschwörer holen, der sich in Giften auskannte und versuchen sollte, sie wiederzubeleben, doch es war vergebens. Kleopatra lebte nicht mehr.

Sie wurde mit königlicher Pracht beerdigt, und ihrem Wunsch gemäß, legte man ihren Leichnam neben den des Antonius.

PS: Antonius und Kleopatra »starben zusammen an gebrochenem Herzen« ...

Christoph Kolumbus

Geboren um 1451 in Genua, doch es heißt auch, auf Korsika, in Portugal usw.
Bekannt dafür, daß er Amerika anstelle von Indien entdeckt hat. Die Indianer (die Ureinwohner Amerikas) sind ihm dafür nicht sehr dankbar.

WANN: am 20. Mai 1506, mit etwa 55 Jahren.
WIE: vielleicht an der Gicht, die ihn oft ans Bett gefesselt hatte.
WO: in Valladolid (Spanien).
LETZTE RUHESTÄTTE: Zunächst wurde er im Franziskanerkloster von Valladolid beigesetzt; drei Jahre später wurde sein Leichnam in das Kloster Las Cuevas bei Sevilla übergeführt. 1541 gelangten seine sterblichen Reste in die Kathedrale von Santo Domingo, bevor sie zum letzten Mal nach Sevilla übergeführt wurden. Nachdem seine Gebeine so viele Reisen gemacht haben, ist man nicht wirklich sicher, wo sie liegen.

Nach seinen vier großen Reisen war Kolumbus an der jamaikanischen Küste gestrandet, und seine Schiffe waren »wie Honigwaben durchlöchert«. Dort verbrachte er ein Jahr und schrieb an die Könige, um das zu verlangen, was ihm zustand, nämlich Abgaben von den entdeckten Ländern. Er erklärte: »Heute habe ich kein Haar am Kopfe, das nicht weiß geworden ist. Mein Körper ist krank und verbraucht. [...] Einsam mit meinem Leid, krank, täglich bereit, den Tod zu empfangen. Zehntausende von Eingeborenen haben mich umzingelt. Sie sind voll von Grausamkeit und unsere Todfeinde.«

Er konnte 1504 nach Spanien zurückkehren, doch die Gicht zwang ihn mehrere Monate zu völliger Ruhe.

Seine Gönnerin, die Königin Isabella, verließ ihn, als sie am 26. November 1504 starb. Sie war genauso alt wie Kolumbus.

Im Frühjahr 1505 begab sich der Seefahrer nach Segovia, um sich dem königlichen Hof, seinen beiden Söhnen und seinen Brüdern anzuschließen. Er ritt auf einem Maultier dorthin, was man als ein Zeichen der Armut gedeutet hat, doch war das in Wirklichkeit ein Frauen und Geistlichen vorbehaltenes Privileg. Seine Gelenkentzündung verschlimmerte sich.

Hierauf reiste er nach Salamanca und schließlich nach Valladolid. Als er sich am 19. Mai 1506 schwächer fühlte, ließ er einen Notar kommen. In seinem Kodizill nannte er sich »Vizekönig und Statthalter der entdeckten und noch zu entdeckenden Inseln und des Festlandes Indiens«. Er setzte seinen ältesten Sohn als Erben ein, wenn aber die direkten Nachkommen aussterben sollten, müsse das Erbe dem nächsten Verwandten zufallen, »vorausgesetzt, daß der Erbe ein Mann ist«. Seine Neffen sollten seiner Familie treu sein, wenn sie diese nämlich »mit Worten und Taten« angriffen, und zwar »bei Fragen, welche deren Ehre und das Gedeihen der Familie berühren, so daß dies zu Ärgernissen oder zur Schande für [deren] Familie führt, [...] [soll ihnen] alles aberkannt [werden].«

Er fügt auch eine Aufstellung bei und verlangt von seinem Sohn, daß er sich nach Genua begeben und Geld an bestimmte Personen auszahlen soll, ohne daß sie die Herkunft dieser Schenkung ahnen dürfen.

Am 20. Mai ließ er einen Priester kommen und empfing die Sterbesakramente. Dann fuhr er gen Himmel (das heißt: vielleicht ...).

PS: Das Zipperlein bringt den Seefahrer um, wenn er an Land bleibt.

Madame de La Fayette
Geboren als Marie-Madeleine Pioche de La Vergne

Geboren am 16. März 1634 in Paris.
Bekannt durch ihren Bestseller»Die Prinzessin von Clèves«.

WANN: am 25. Mai 1693, mit 59 Jahren.
WIE: an einem »schweren Schlaganfall«, hinter dem sich wahrscheinlich ein Infarkt verbarg.
WO: in Paris, in ihrem wunderschönen Haus an der Rue de Vaugirard, in ihrem »mit goldenen Borten« geschmückten Bett.
LETZTE RUHESTÄTTE: die Kirche Saint-Sulpice, in der sie die Taufe empfangen hatte.

Die Dinge standen für Madeleine nicht zum besten: Seit Jahren, vor allem seit dem Tod ihres innigen Freundes La Rochefoucauld, litt sie so sehr an Schwermut, daß man sie für eine eingebildete Kranke (und sogar für wahnsinnig) hielt. Kurz vor der Agonie, am 11. April 1690, entschloß sie sich, ihr Testament aufzusetzen. An letzter Stelle sah sie Schenkungen für ihre beiden Kammerfrauen vor, wobei sie erläuterte, diese brauchten sich nur die alten Kleidungsstücke zu nehmen, die ihre Kinder nicht haben wollten, und sie stellte es ihnen frei, den Rest unter das übrige Hausgesinde zu verteilen. Am Abend besann sie sich anders und strich diese Verfügung, da sie schließlich die Verteilung lieber selbst in die Hand nahm.

Ihre engste Freundin war Madame de Sévigné. (Im Januar 1692 schrieb sie ihr: »Glaubt mir, teuerste Freundin, daß Ihr der Mensch seid, den ich auf Erden am wahrhaftigsten geliebt habe.«) Eine Spezialität dieser Dame waren Nekrologe. Sie hat uns eine Schilderung der Depression hinterlassen, an der Madeleine litt.

Am 20. September 1690 erzählte ihr Madeleine von den »Vapeurs«, welche »die traurigsten und grausamsten Launen« seien, »die man haben kann«.

Ein Jahr später sagte sie, ihr Leben sei »zu widerwärtig, als daß man sich vor dessen Ende fürchten könnte«. Da sie ein Mittel suchte, um sich vom Lebensüberdruß zu befreien, wandte sie sich an den Oratorianer du Guet und legte ihm die Frage vor, welchen Sinn das Leben habe. Du Guet riet ihr, Gott zu lieben. Manche Biographen meinen, sie habe sich der jansenistischen Kirchenreformbewegung von Port-Royal angenähert, doch wahrscheinlicher ist, daß sie ihrer Teilnahmslosigkeit wegen nicht die erforderliche Inbrunst aufbrachte.

Von Madame de Sévigné erfahren wir außerdem, daß Madeleine im Sommer 1691 an »Darmverstopfung und unvorstellbar traurigen Stimmungen« litt und daß sie sich über die »unbedeutendste Sache der Welt« grämte. »Eine Fliege kommt mir wie ein Elefant vor.«

Im Oktober spricht sie von »grausamen Launen«, und am Jahresende sei es ihr »schlimmer als je zuvor« gegangen. Am 24. Januar: »Mein Körper und meine Seele finden keine Ruhe bei Tag und Nacht.« Auszehrung und Schwäche hinderten sie bald daran, das Bett zu verlassen. Doch um die Jahresmitte erwachte ihre Lebenskraft noch einmal, so daß sie nun ihren Zustand für »eher qualvoll als gefährlich« hielt.

Oktober 1691: »Alles läßt mich in Tränen zerfließen.«

Frühling 1692: »Ständig bin ich traurig, bekümmert, unruhig, wobei ich ganz genau weiß, daß ich keinen Grund für Traurigkeit, Kummer oder Unruhe habe.« (Ich hatte ja schon von Depression gesprochen.)

Die wichtigste Beziehung, die Madeleine an ihrem Lebensende unterhielt, äußerte sich in einem Briefwechsel: Mit Gilles Ménage tauschte sie zärtliche Briefchen, doch er starb am 23. Juli. Was sie nicht davon abhielt, ihr Testament am 12. September durch ein Kodizill zu ergänzen, das abermals eine gleichmäßigere Verteilung ihrer bescheidenen Habseligkeiten an die Dienstboten betraf.

Die Frau, der man den Beinamen »le Brouillard« (»der Nebel«) gegeben hatte, beichtete am 21. Mai 1693 und empfing die Kommunion. Sie versank in ein vier Tage dauerndes Koma und entschlief am 25. Mai, ohne die Letzte Ölung erhalten zu haben.

Madame de Sévigné, die wohl einen Blick auf den Autopsiebericht geworfen hat, läßt uns wissen: »Sie hatte eine vollständig
zerstörte Niere und einen Stein darin, und die andere war heiterig.« (Gewiß meinte sie »eiterig«, doch »heiterig« ist eine recht ge-
lungene Wortschöpfung, wie ich finde; dieser Eiter erregt gewisser-
maßen Heiterkeit.) »Die Gedärme waren hart und voller Winde.«
(Das ist normal, wo man sie doch »den Nebel« nannte.) Aber das
Schönste kommt noch: Man entdeckte, daß »die Herzspitze ver-
dorrt war«.

PS: Ich gehöre nicht zu denen, die systematisch den Fortschritt lo-
ben; die Hormonbehandlung in den Wechseljahren allerdings ist in
unseren Tagen sehr weit fortgeschritten.

Alphonse de Lamartine

Geboren am 21. Oktober 1790 in Mâcon.
Bekannt durch seine Dichtungen, wie etwa »Der See«.

WANN: am 28. Februar
 auch: 1. März 1869, mit 78 Jahren.
WIE: an den Folgen eines Schlaganfalls.
WO: in Passy, in einem Häuschen der Stadt Paris, das »Die Kleine Stumme« genannt wurde.
LETZTE RUHESTÄTTE: Er wurde am 4. März 1869 in Saint-Point bei Mâcon beerdigt.

Lamartine interessierte sich in seinen letzten Lebensjahren für zwei Wesen: für Finette, seine Windhündin, und Valentine, seine Nichte. Nachdem seine Frau 1863 gestorben war, kümmerte sich seine Nichte und Freundin mit nahezu andächtiger Hingabe um ihn. Vielleicht kam es 1868 dank eines Dispenses von Papst Pius IX. sogar zu einer kirchlichen Trauung. Jedenfalls gab es keine Ziviltrauung. Valentine war damals 47 Jahre alt.

Am 22. Februar 1869 besuchte Lamartine seinen Freund Rambuteau. Auf dem Rückweg durch den Bois de Boulogne wurde ihm plötzlich unwohl. Kurz zuvor hatte er bereits einen Schlaganfall erlitten. Als er nach Hause kam, legte er sich ins Bett, wie er es nachmittags gegen 5 Uhr zu tun pflegte.

Dann sagte er:

»Ich leide sehr wenig.«

Zwei Ärzte untersuchten ihn am nächsten Tag. Sie konnten lediglich den Gesundheitszustand des Dichters feststellen und erkannten, daß er verloren war. Lamartine hatte oft erklärt, in diesem Falle solle man den Abbé de Guerry, den Pfarrer der Madeleine-Kirche, holen. Dieser kam am 27. Februar um 14 Uhr. Lamartine vermochte ihm nur mit einem Lächeln zu antworten.

Am Sonntag, dem 28., war seine Familie bei ihm. Er trug ein kleines schwarzes Holzkruzifix auf der Brust, das er überallhin mitgenommen hatte. Valentine drückte ihm die Hand. Er zupfte Weintrauben ab, ohne sie zu essen, und blätterte in einem Bilderbuch. Er hatte angekündigt, er wolle »am Herzen der Geliebten sterben«, doch er fand gerade noch die Kraft, den Kopf an die Schulter seiner Nichte zu lehnen.

Dann entschlief er.

Wie es seinem Willen entsprach, lehnte man das Staatsbegräbnis ab, das der Kaiser angeboten hatte.

Der Leichnam wurde im Zug nach Mâcon gebracht. Auf der Fahrt von Mâcon nach Saint-Point mußte man in jedem Dorf die Wagentür öffnen, denn die Leute wollten Lamartines Leichnam sehen und ihn mit Weihwasser besprengen.

PS: Welch glückliches Los für jemanden, den ein See fasziniert hat, daß er bei seinem Ende mit Wasser begossen wird.

Pierre Athanase Larousse

Geboren am 23. Oktober 1817 in Toucy (Departement Yonne).
Bekannt durch seinen Namen, der in Frankreich zum Synonym für
»Wörterbuch« geworden ist.

WANN: am 3. Januar 1875, mit 57 Jahren.

WIE: an einem Gehirnschlag.

WO: in seiner Pariser Wohnung in der Rue Notre-Dame-des-Champs.

LETZTE RUHESTÄTTE: die 14. Abteilung des Friedhofs von Montparnasse.

Larousse, der sich ganz der Ausarbeitung seines *Dictionnaire universel du XIXe siècle* (»Universallexikon des 19. Jahrhunderts«) widmete, schrieb 1867: »Wenn ich fünfzehn oder sechzehn Stunden täglich arbeite, brauche ich drei bis vier Jahre, bis ich mein Werk abgeschlossen – allerdings noch nicht veröffentlicht – habe, und dann ruhe ich aus, oder wenn ich mitten in der Arbeit sterben sollte, so werde ich eben sterben; doch das Lexikon wird fertig.«

1868 hatte er einen leichten Anfall. Nach dem Erlebnis der Pariser Kommune und dem Tod seiner Mutter kam ein schwererer Anfall, der ihn schwächte. Er war auch gerade, mit knapper Not dem Tod entgangen, als die Kommunarden seine Druckerei in Brand gesteckt hatten. Beinahe wäre seine ganze Arbeit in Rauch aufgegangen. Seine Frau pflegte ihn, doch ein letzter Anfall tötete ihn am 3. Januar 1875. Sein Werk war als Manuskript abgeschlossen, und nur drei Bände mußten noch veröffentlicht werden.

Am Tag des Begräbnisses kamen dreihundertfünfzig Trauergäste zum Friedhof, doch in Paris sprach man über nichts anderes als die Eröffnung der Garnier-Oper. Am Grab beschwor ein Stadtverordneter »das Freidenkertum, zu dessen leidenschaftlichsten Anhängern Larousse zählte«.

Als die Rede vorbei war, rief eine Frau in der Menge: »Man soll uns ein freies Schulwesen für unsere Kinder geben!«

Larousse hatte die Kommune unterstützt, und vielleicht deshalb schickte die Polizei nicht weniger als zehn Informanten auf den Friedhof, die sich Notizen über den Ablauf der Trauerfeier machen sollten.

1877 stellte man einen von einer Pyramide gekrönten Sarkophag auf sein Grab, und an der Pyramidenspitze brachte man die Büste Larousses an. Bei dieser Gelegenheit wurden noch einmal drei Polizeiberichte verfaßt.

PS: Hier finden wir endlich eine Antwort auf die Frage: »Aber was macht eigentlich die Polizei?«

Lenin
Geboren als Wladimir Iljitsch Uljanow

Geboren am 22. April 1870 in der Provinz Simbirsk (1500 Kilome-
ter von Sankt Petersburg und 900 Kilometer von Moskau entfernt).
Seine Schwester stellte fest, daß er sich bis zum Alter von drei Jah-
ren nur mühsam auf den Beinen halten konnte, »wahrscheinlich
deshalb, weil sein Kopf schwerer als der übrige Körper war«.
Bekannt dafür, daß er ein Ideal hatte.

WANN: am 21. Januar 1924, mit 53 Jahren.

WIE: an einer Hirnblutung. Im offiziellen ärztlichen Gutachten
heißt es: »Weit fortgeschrittene Sklerose der Hirngefäße als
Folge übermäßiger Hirntätigkeit und erblicher Veranla-
gung.«

WO: in Gorki, fünfunddreißig Kilometer von Moskau entfernt, in
einem Landhaus, das man beschlagnahmt hatte, damit er
sich dort erholen konnte. Es war ein hübsches Haus, das an
einem Teich und in der Nähe eines Waldes lag.

LETZTE RUHESTÄTTE: Nach der Trauerfeier, die am 27. Januar auf
dem Roten Platz stattfand, wurde er einbalsamiert und lange in
einem Mausoleum auf dem Platz aufgebahrt.

Lenin fühlte sich seit dem Sommer 1918 äußerst erschöpft. Ein
Freund sagte über ihn: »Er schrieb nichts mehr, schlief nachts
nicht. Erhalten ist ein Foto von ihm aus dem August ... Er sieht aus,
als habe er gerade eine schlimme Krankheit überstanden.«

Seine gewaltige Widerstandskraft ermunterte ihn, bei öffent-
lichen Auftritten einen falschen Eindruck zu erwecken, doch
wurde er nun dabei ertappt, wie er sich an den Möbeln festhielt
und das Gleichgewicht verlor. Am 30. Dezember 1920 teilte er
seinen Mitarbeitern auf dem Kongreß mit, daß er sich überan-
strengt habe:

»Das ist schlimm, aber ich bin ziemlich krank. Ich kann nicht anders.«

Er fuhr nach Gorki, um sich etwas zu erholen. Im Dezember 1921 kehrte er dorthin zurück, nachdem er geschrieben hatte: »Schrecklich müde. Schlaflosigkeit. Ich fahre, um mich zu schonen.«

Im März 1922 wiesen ihn die Ärzte an, seine geistige Tätigkeit einzuschränken. Lenin mußte sich wirklich schlecht fühlen, denn er bat, nicht an dem für den 27. März geplanten XI. Parteitag teilnehmen zu müssen. Er erschien trotzdem und erstattete seinen Bericht.

Anfang April hielt Stalin die Zügel fest in der Hand, und Lenin sah allmählich seine eigene Ablösung voraus. Da er Gleichgewichtsstörungen hatte, beschloß man, ihm eine Kugel herauszuoperieren, die ihm seit August 1918 in der Schulter steckte. Man glaubte, diese – vielleicht vergiftete – Kugel könnte Lenins Schwächezustand erklären. Später mußte man einsehen, daß die Kugel nichts damit zu tun hatte.

Am 23. Mai 1922 lähmte ein Schlaganfall seine ganze rechte Seite. Er konnte nicht mehr schreiben. Seine Frau und seine Schwester pflegten ihn. Seine Frau half ihm, nun mit der linken Hand zu schreiben. Es belustigte ihn, als er erfuhr, daß im offiziellen ärztlichen Bulletin mitgeteilt wurde, er hätte »eine Darmkrankheit, die den Kreislauf in Mitleidenschaft zieht.«

Im Juni kam er wieder zu Kräften, und im Juli erlaubte man ihm, Besuche zu empfangen, wenn er nicht über Politik rede und keine Zeitungen lese.

Im Oktober hatte sich sein Zustand so weit verbessert, daß die Ärzte ihm erlaubten, nach Moskau zurückzukehren, unter der Bedingung, daß er täglich nur vier Stunden arbeitete und zwei Tage in der Woche ausruhte.

Doch Mitte Dezember waren seine Gliedmaßen wieder gelähmt. Eine Rückkehr nach Gorki kam nicht in Frage, denn wegen des Schnees war es unmöglich, im Wagen zu fahren. Man hätte einen Schlitten nehmen müssen, und Lenin hätte die Fahrt wahrscheinlich nicht überstanden. Er blieb also im Kreml und durfte keine Besuche empfangen, doch am 23. Dezember diktierte er ein Schriftstück, das man später als sein »Testament« bezeichnen würde: ein Memorandum, das auf dem XIII. Parteitag verlesen werden sollte. Darin nahm er eine neue Einschätzung der wichtigsten Parteikader vor. Er erklärte, er überlege, »wie man Stalin von seinem Posten entfernen könne«, da er zuviel Macht errungen habe.

Am 9. März 1923 führte ein weiterer Schlaganfall zum Verlust des Sprachvermögens. Lenin wurde nach Gorki gebracht und mußte seine ganze Kraft zusammennehmen, damit er das Wort »Was?« sagen konnte. Wenn er den Namen einer in die politischen Ereignisse verwickelten Person hörte, vermochte er dieses Wort zu bilden, um Informationen über den Betreffenden zu erhalten. Es gelang ihm nicht einmal mehr, das Wort »Revolution« ganz auszusprechen.

Man fuhr ihn in einem kleinen Rollstuhl spazieren. Er hatte derart schmerzhafte Anfälle, daß die Hunde, wie erzählt wird, auf seine Schreie antworteten ...

Dieser ungeheuer vitale Mann wollte unbedingt in den Kreml zurück. Am 10. Oktober verbrachte er den Tag in seinem Büro. Man weiß nicht, was er dort getan hat. Manche behaupten, er habe Papiere gesucht, hätte sie nicht gefunden und wäre deshalb sehr wütend geworden, andere erklären, er hätte lediglich den Wunsch gehabt, sich ein letztes Mal in Ruhe zurückzuziehen.

Zu Weihnachten ließ er für die Kinder der Stadt Gorki einen Festimbiß unter dem Tannenbaum organisieren, und er verlangte, in seinem kleinen Rollstuhl teilnehmen zu dürfen.

Am 20. Januar fühlte er sich nicht wohl. Am 21. Januar wollte er nichts essen. Der letzte Anfall kam. Das Fieber war auf 42,3 °C gestiegen. Seine Leiden endeten am Abend um sieben Uhr. Zwei Tage zuvor hatte er sich Jack Londons *Die Liebe zum Leben* vorlesen lassen. Und aus Petrograd wurde Leningrad.

Die Autopsie ergab eine »Gehirnerweichung«. Das Gehirn hatte ungefähr drei Viertel seines normalen Volumens eingebüßt.

PS: Man kann sich fragen, wie die Zukunft Rußlands (und der übrigen Welt) ausgesehen hätte, wenn Lenin sein ganzes Gehirn zur Verfügung gehabt hätte ...

Abraham Lincoln

Geboren am 12. Februar 1809, in der Nähe von Hodgenville (Kentucky). Bekannt dafür, daß er gegen die Sklaverei gekämpft hat.

WANN: am 15. April 1865, mit 56 Jahren.

WIE: an den Folgen eines Schusses in den Hinterkopf.

WO: in Washington, in einem Haus gegenüber dem Ford-Theater.

LETZTE RUHESTÄTTE: der Friedhof von Springfield (Illinois).

Im Februar 1862 verloren die Lincolns einen ihrer Söhne, der einer Typhusinfektion erlag. Lincoln, der viel träumte, erhielt in seinen Vorstellungen das verstorbene Kind am Leben. Wie Louis de Villefosse in seiner Biographie berichtet, soll er gesagt haben:

»Haben Sie jemals mit einem Toten gesprochen? Seit Willies Tod packt es mich unwillkürlich, und ich rede mit ihm, als wäre er da, und ich glaube, daß er da ist.«

Lincolns Frau hingegen wandte sich intensiv dem Spiritismus zu, um mit dem toten Kind in Verbindung zu treten.

Die Proklamation zur Befreiung der Sklaven, die Anfang 1863 in Kraft trat, brachte Präsident Lincoln schwere Kritiken ein, doch im folgenden Jahr wurde er wiedergewählt.

Lincoln war ein großer Verehrer Shakespeares. Am 9. April las er Freunden eine Stelle aus *Macbeth* vor: »Duncan ging in sein Grab, / Sanft schläft er nach des Lebens Fieberschauern; / Verrat, du tatst dein Ärgstes: Gift, noch Dolch, / Einheim'sche Bosheit, fremder Anfall, nichts / Kann ferner ihn berühren.« Lincoln las diesen kurzen Text zweimal hintereinander. Er wußte, daß sein Leben bedroht war (nach seinem Tod sollte man in seinem Büro eine Akte finden, die er »Mordbriefe« genannt hatte), doch er sagte, alle Schutzmaßnahmen der Welt könnten jemanden nicht zurückhalten, der ihn wirklich töten wolle.

Ungefähr am 11. April erzählte er, der sich in Träumen auskannte, seiner Frau eine solche Visison: »Vor mir befand sich ein
Katafalk. Auf ihm ruhte ein Toter, der mit Leichentüchern bedeckt
war. Ringsherum standen Soldaten in strammer Haltung und außerdem eine Menge Leute; die einen betrachteten tiefbetrübt diesen
Leichnam, dessen Gesicht verhüllt war, und die anderen schüttel-
ten sich in hemmungslosem Schluchzen.

›Wer ist im Weißen Haus gestorben?‹ fragte ich einen Soldaten.

›Der Präsident‹, antwortete er, ›er wurde ermordet.‹«

In der Nacht des 13. April, bevor das Kabinett unter seinem Vor-
sitz zusammenkommen sollte, träumte er, daß er »auf einem sonderbaren, unmöglich zu beschreibenden Schiff war. Es fuhr mit großer Geschwindigkeit zu einer düsteren und verschwommenen Küste davon.«

Da man am 14. April äußerte, man müsse den Rebellenführer der
konföderierten Staaten hinrichten, sagte er, man dürfe nicht auf ihn
rechnen, um solche Männer zu töten, »selbst die schlimmsten«. Er
schlug vielmehr vor, sie einzuschüchtern, damit sie das Land verließen. Am Nachmittag empfing er Besucher und unterzeichnete Be-
gnadigungen. Am Ende des Tages stellte man fest, daß er sehr gut
gelaunt war. Man sprach über das Ende des Sezessionskrieges.
Seine Frau holte ihn ab, sie machten mit dem Wagen eine Spazierfahrt. Es ging Lincoln gut, er lächelte, schmiedete Pläne.

Zum Abendessen kamen sie ins Weiße Haus zurück. Die Lincolns hatten sich vorgenommen, im Ford-Theater ein heiteres
Stück zu sehen, aber Mary hatte Migräne und wollte den Besuch
absagen. Lincoln erklärte, er müsse sich ein bißchen amüsieren.

Ein zweispänniger Wagen brachte sie ins Theater. An diesem
Abend teilten sie ihre Privatloge mit Major Rathborne und seiner
Verlobten. Die offizielle Loge befand sich der Bühne gegenüber und
genau oberhalb von ihr. Die Vorderseite war mit Fahnen drapiert,
zu denen jene der Union gehörte. Lincoln setzte sich in einen
Schaukelstuhl, den man ihm bereitgestellt hatte. Das Stück, *Unser
Vetter aus Amerika*, amüsierte ihn sehr.

Auf einmal wurde ihm kalt, und er holte sich seinen Mantel.

Plötzlich, kurz nach 22 Uhr, hörte man eine Detonation. Ein schwarzgekleideter Mann, der aus der Präsidentenloge kam, verfing sich mit den Füßen in den Fahnen und stürzte auf die Bühne.

Als er aufstand, rief er: »Sic Semper Tyrannis« (der Wahlspruch im Wappen Virginias: »Auf diese Weise immer gegen Tyrannen«) – oder auch: »Rache für den Süden«; darauf kommt es nicht an, der Sinn ist der gleiche. Dieser Mann hieß John Wilkes Booth, und da er Schauspieler war, glaubte man zunächst, er spiele im Stück mit (Louis de Villefosse erklärt weiter, daß er in Shakespeares *Julius Cäsar* mitgewirkt hatte, doch er sagt nicht, ob er die Rolle des Brutus verkörperte.) Nachdem Booth sein Stichwort gegeben hatte, verschwand er in den Kulissen. Der Polizist, der den Auftrag hatte, die Loge zu bewachen, hatte sich lange vor 22 Uhr entfernt, entweder um sich das Stück anzusehen oder um einen Schluck zu trinken, deshalb war der Mörder ohne große Schwierigkeiten eingedrungen. Man trug Lincoln schnell in eine Wohnung, die in dem Haus gegenüber dem Theater lag. Die Chirurgen kamen, der Präsident atmete noch. Seine Frau flehte ihn, nicht zu sterben. Aber die Kugel hatte den Schädel durchbohrt und blieb hinter dem rechten Auge stecken, es gab keine Hoffnung mehr. Ein Pastor betete, jedoch vergebens. Der Chirurg legte um 7.22 Uhr ein Tuch über Lincolns Körper.

Am 19. April wurde der Sarg im Ostsalon des Weißen Hauses aufgebahrt. Er war mit Blumen bedeckt. General Grant weinte während des Trauergottesdienstes. Mary konnte an der Trauerfeier nicht teilnehmen, so tief war sie erschüttert. Bis zum Kapitol folgte eine ungeheure Menge dem Leichenzug, der bald weiter anschwoll, weil sich ihm im Krieg verwundete Soldaten anschlossen, die fluchtartig die Lazarette verließen und dem Zug auf ihren Krücken nachhumpelten. In der Rotunde des Kapitols konnte man sich vom Präsidenten verabschieden.

Am 21. April wurden der Sarg Abraham Lincolns und der seines Sohnes Willie im Zug nach Illinois gebracht. Wegen des Todes dieses großen Mannes wurden viele Tränen vergossen, und das in allen Ländern.

Tolstoi erklärte:
»Er ist der einzige Riese der Geschichte.«
Booth wurde in Virginia entdeckt und erschossen.

PS: Eines weiß man nun genau: Das »sonderbare Schiff«, das Lincoln im Traum bestiegen hatte, fuhr nach Süden.

Franz Liszt

Geboren in der Nacht vom 21. zum 22. Oktober 1811 in Doborján (dem heutigen Raiding), im ungarischen Grenzgebiet, das jetzt zum österreichischen Burgenland gehört.
Bekannt durch seine Musik und seinen Namen.

WANN: am 31. Juli 1886, mit 74 Jahren.

WIE: an einer Lungenentzündung.

WO: in Bayreuth, wo Ludwig II. von Bayern ein Festspielhaus für Wagner errichtet hatte.

LETZTE RUHESTÄTTE: Er hatte gesagt: »Ich will keinen anderen Platz für meinen Leichnam als den Friedhof, den man dort benutzt, wo ich sterbe, und keine andere Trauerfeier als eine einfache Messe ohne gesungenes Requiem in der Pfarrkirche.« Er ruht auf dem Bayreuther Friedhof unter einer roten Marmorplatte.

Anfang des Jahres 1886 hatte Liszt angekündigt:

»Dieses Jahr ist mein Todesjahr. Es beginnt an einem Freitag, und mein Geburtstag fällt auch auf einen Freitag.«

Nachdem er zahlreiche Konzerte in mehreren europäischen Ländern gegeben hatte, war er nach Bayreuth gefahren, weil er an der Hochzeit seiner Enkelin teilnehmen wollte. Dann machte er eine kurze Reise nach Luxemburg und kam schnell nach Bayreuth zurück, um nicht die Eröffnung der Festspiele zu versäumen. Während der Zugfahrt bat er ein Liebespaar, das Abteilfenster zu schließen, denn er zitterte vor Kälte. Die jungen Leute weigerten sich, und Liszt mußte sich gleich nach seiner Ankunft in Bayreuth ins Bett legen. Trotzdem wollte er unbedingt ins Festspielhaus gehen, wo man *Tristan und Isolde* aufführte.

Am nächsten Morgen diagnostizierte der Arzt eine Lungenentzündung und verbot ihm Besuche. Man entzog ihm auch den Cognac. Am Freitag, dem 30., lag er im Fieberwahn.

Er fragte, ob heute wirklich Donnerstag sei, womit er indirekt auf seine Vorahnung hinwies. Seine Tochter schlug ihm vor, einen Priester zu holen, und er antwortete:

»Niemanden!«

In der Nacht hatte er einen Anfall, und der Arzt versuchte, ihn mit Injektionen wiederzubeleben.

Gegen zwei Uhr morgens murmelte er »Tristan«, und das war sein letztes Wort.

In seinem Koffer fand man sieben Taschentücher, eine Soutane zum Wechseln und ein Brevier.

PS: Ist das nicht der ideale Koffer, um geradewegs ins Paradies zu gelangen?

Ludwig II. von Bayern

Geboren als Ludwig von Wittelsbach

Geboren am 25. August 1845 im Schloß Nymphenburg bei München.
Bekannt durch den diabolisch-romantischen Dunstkreis, der sein Leben und seinen Tod umgab.

WANN: am 13. Juni 1886, als er beinahe 41 Jahre alt war.
WIE: Die Autopsie ergab, daß er nicht durch Ertrinken, sondern an einem Gehirnschlag gestorben war.
WO: im Starnberger See, in der Nähe des Schlosses Berg.
LETZTE RUHESTÄTTE: in München; sein Herz wird in einer goldenen Urne aufbewahrt, die in der Wallfahrtskapelle von Altötting steht. Sein Leichnam wurde in der Krypta der Michaelskirche beigesetzt.

Am 8. Juni stellte ein ärztliches Gutachten fest: »Seine Majestät leidet an Paranoia [...], und man muß sie für unheilbar erklären [...]; durch seine Krankheit ist es vollständig ausgeschlossen, daß er Herr über seinen Willen ist, [...] und das nicht nur länger als ein Jahr, sondern für sein ganzes Leben.«

Die Ärzte, die dieses Gutachten erstellten, hatten es nicht für notwendig gehalten, den Monarchen zu untersuchen.

Danach wurde er festgenommen und im Schloß Berg interniert. Man teilte ihm mit, daß ihn ein Regent ersetzen würde. Er antwortete:

»Ich erkenne an, daß man mich entmündigt; ich erkenne nicht an, daß man mich für wahnsinnig erklärt.«

Das war am 12. Juni.

Am 13. Juni fand sein Arzt Dr. Gudden, daß sich sein Patient während des Tages folgsam verhalten hatte, und er erklärte sich mit dessen Vorschlag einverstanden, ohne Eskorte zu zweit einen Spaziergang am Seeufer zu machen.

Gegen 22 Uhr waren sie noch immer nicht zurückgekommen, und die Suche begann. Im See entdeckte man die beiden Leichen. Der Arzt hatte Würgemale am Hals.

Die Uhr Ludwigs II. war um 6.54 Uhr stehengeblieben. Zahlreich sind die Hypothesen über das Ende Ludwigs II.: Fluchtversuch, Selbstmord, Äußerung des Wahnsinns ...

Das Gehirn wurde gründlich untersucht, bevor man den Körper einbalsamierte. Hier eine Auswahl der Symptome, die die Ärzte als unwiderlegbare Beweise für den Wahnsinn Ludwigs II. ansahen: »Augenfällig sind die verschiedenen pathologischen Veränderungen des Schädels und seines Inhalts:

1. die Kleinheit des Schädels;

2. das unterschiedliche Volumen der beiden Schädelhälften:

3. die außerordentliche Dünne und Leichtigkeit der Schädeldecke;

4. das Gewicht des Gehirns: 1349 Gramm bei einer Körpergröße von 191 Zentimetern.«

(Das bedeutete 36 Gramm weniger als das Normalgewicht des Gehirns eines gleich großen Mannes.)

PS: 1886, im Todesjahr Ludwigs II. von Bayern, wurde von Dr. Richard von Krafft-Ebing die Homosexualität offiziell zur »Degenerationserscheinung« erklärt.

Ludwig XIV., der Sonnenkönig

Geboren am 5. September 1638 in Saint-Germain-en-Laye.
Bekannt dafür, daß er lange als Sonne herrschte (oder als Luzifer,
wie man will).

WANN: am 1. September 1715, mit 76 Jahren.
WIE: an Wundbrand.
WO: in seinem Bett, in Versailles.

LETZTE RUHESTÄTTE: Der Körper und die Eingeweide kamen in die Basilika Saint-Denis. Das Herz wurde in einem Kästchen mit doppelten Goldwänden in der Kirche Saint-Paul-Saint-Louis aufbewahrt.

1793 zerstörte man die Gräber und exhumierte die Leichen. Der Leichnam Ludwigs XIV. war ganz schwarz geworden. Die sterblichen Reste aller Könige wurden in ein Massengrab hinter der Kirche geworfen.

Als man 1817 feststellte, daß die Gebeine derart wahllos durcheinandergeworfen waren, konnte man sie lediglich in zwei Haufen aufteilen: die Valois und die Bourbonen.

Seit 1712 magerte der König ab. Mareschal, der erste Chirurgus des Königs, zeigte sich als erster über dessen Gesundheitszustand beunruhigt. Vertraulich erklärte er Madame de Maintenon, der treuen Freundin des Monarchen: Der König, dem er oft den Puls gefühlt hätte, leide an einem kleinen Fieber, und wenn man der Krankheit freien Lauf ließ, würde es keine Hilfe mehr geben. Sie beschloß, sich keine Sorgen zu machen. Fand nicht Fagon, der Leibarzt des Königs, dieser sei vollkommen gesund?

Am 10. August verspürte Ludwig XIV. heftige Schmerzen im linken Bein. Er verließ Marly und begab sich nach Versailles. Am Abend hatte er Mühe, bis zum Betpult zu laufen. Die Ärzte stellten die Diagnose, er habe Ischias, und empfahlen ihm, das Bett zu hüten. Er gehorchte nicht, sondern ging beinahe jeden Abend zu Madame de Maintenon.

Am 14. August wurde er seinem Ruf eines Bonvivants gerecht und »aß reichlich Fleisch« bei seiner Lebensgefährtin. Nach dem Abendessen unterhielt er sich lange über die Zukunft des Landes mit einigen Besuchern, die er zu sich kommen ließ.

Am 15. August konnte er nicht aufstehen, um die Messe zu besuchen, und deshalb hörte er sie von seinem Bett aus. Die Zuckerkrankheit zwang ihn, ungeheuer viel Wasser zu trinken.

Allmählich ekelte er sich vor dem Essen. Er nahm vor allem Brotbrei und Gelee zu sich.

Die vier Ärzte, die ihn am 17. August untersuchten, entdeckten nichts und verordneten ein neues Abführmittel.

Der Zutritt zu seinem Zimmer wurde immer schwieriger: Madame de Maintenon und die »Hausdamen« durften eintreten, doch die Hofleute, die in den großen Korridoren umherirrten und darauf warteten, daß die Sonne unterging, wichen bereits der Tür des alten Königs aus. Die Ärzte und die Diener kampierten im Vorzimmer. In England schloß man Wetten über das Todesdatum ab und dachte, er würde nicht bis zum September durchhalten.

Trotz kräftiger Schweißausbrüche setzte der König seine Tätigkeit fort und empfing seine Mitarbeiter.

Auf Fagons Anweisung mußte er das Bein in eine Wanne eintauchen, die mit »Burgunder und Duftkräutern« gefüllt war.

Am 4. August verlangte der König nach seinem Beichtvater, als ihn ein Unwohlsein befallen hatte (das vielleicht von dem Geruch des Gebräus in der Wanne hervorgerufen wurde), während er sich bisher geweigert hatte, auf seinen Körper zu hören. Die Maintenon half Ludwig, mit seinen Verfehlungen abzurechnen. Danach sagte er zu seiner Gefährtin:

»Madame, ich fühle mich etwas mehr in Frieden; ich habe gebeichtet, so gut ich es vermochte; mein Beichtvater hat mir gesagt, ich solle großes Vertrauen zu Gottes Barmherzigkeit haben, und ich vertraue Ihm ganz. Doch ich bin untröstlich, daß ich mich gegen Ihn versündigt habe.«

Er empfing die Sterbesakramente. Man ließ ihn zur Ader, wozu man einen tiefen Einschnitt in den Oberschenkel machte. Der König beklagte sich nicht.

Obwohl er im Bett lag, rasierte er sich alle drei Tage und behielt die Perücke auf, wenn er seine Gäste empfing. Er nahm flüssige Nahrung zu sich: Eselsmilch, Salbeitee, Suppen und viel Wasser.

Schwarze Flecken – Zeichen des Wundbrandes – erschienen an den unteren Gliedmaßen des Kranken.

Am 25. August, dem Tag des heiligen Ludwig, umwickelte man ihm das Bein mit heißen Tüchern, die mit Kampfer getränkt waren, und dann machte man einen neuen Einschnitt. Niemand zweifelte mehr daran, daß der König Wundbrand hatte.

Trotzdem wollte er das Abendessen in der Öffentlichkeit zu sich nehmen. Er sagte:

»Ich habe mitten unter den Leuten meines Hofes gelebt, ich will in ihrer Mitte sterben.«

Im Morgenrock löffelte er Brotbrei und eine Suppe. Er plauderte mit seinen Gästen und sagte schließlich:

»Messieurs, es wäre nicht richtig, daß die Freude, mit der ich die letzten Augenblicke verlängere, die ich mit Ihnen verbringe, Sie am Dinieren hinderte. Ich sage Ihnen adieu und bitte Sie, essen zu gehen.«

Am 26. August fragte er nach einem neuen Einschnitt:

»Wieviel Zeit zu leben bleibt mir noch?«

Mareschal antwortete:

»Ich glaube, möglicherweise noch bis Mittwoch.«

Da seine Töchter hinter der Tür weinten, ließ er sie kommen und bat sie, »nicht so zu schreien«.

Er bestellte den zukünftigen Ludwig XV., der damals fünf Jahre alt war, zu sich und riet ihm, »nicht seinem Beispiel bei den Kriegen zu folgen«.

Die Messe wurde in seinem Zimmer gelesen. Nach dem Abendessen verbrachte er zwei Stunden mit Madame de Maintenon, sie ordneten und verbrannten Papiere. Er holte seinen Rosenkranz aus

der Tasche und empfahl, ihn »als Andenken und nicht als Reliquie«
aufzuheben. Er bat sie um Verzeihung, daß er sie nicht glücklich gemacht habe.

Am nächsten Tag verabschiedete er sich von den Herzögen und
Herren. Er vertraute Madame de Maintenon an, er könne »nicht
einsehen, daß das Sterben so schwer ist«.

Den Weinenden sagte er außerdem:

»Haben Sie mich für unsterblich gehalten?«

Dann bat er Madame de Maintenon, ihn allein zu lassen:

»Bleiben Sie nicht länger hier, Madame. Es ist ein zu trauriges
Schauspiel, doch ich hoffe, daß es bald endet.«

Der König ließ sich ein paar Tropfen eines aus Marseilles einge-
troffenen »Lebenselixiers« gegen den Wundbrand geben.

Am 29. August ging es ihm besser. Er aß »zwei kleine Biskuits mit
etwas Alicantewein und zeigte dabei einen gewissen Appetit«.

Am 30. August nahmen die Ärzte den Beinverband ab und stellten fest, daß »das Bein ebenso verfault war, als sei er seit einem halben Jahr tot«.

Madame de Maintenon kehrte nach Versailles zurück. Sie blieb
bei ihm, mußte jedoch erkennen, daß er »nur noch ein animali-
sches Bewußtsein« hatte.

Am Sonnabend, dem 31. August, vermerkte Saint-Simon »sel-
tene und kurze lichte Augenblicke«.

Am Abend las man ihm Gebete für Sterbende vor. Er sagte:

»O mein Gott, komm mir zu Hilfe, beeile dich, mir beizustehen.«

Danach versank er in eine Art Koma.

Am 1. September 1715, um 7.45 Uhr, nach einer Agonie »ohne
heftige Bewegungen oder Zuckungen«, fand der Sonnenkönig seinen Himmel wieder.

Ein Offizier, der einen Hut mit einer schwarzen Feder trug, verkündete vom Balkon aus: »Der König ist tot.« Er kam einige Minuten später wieder, wobei er nun einen Hut mit einer weißen Feder
trug, und sagte: »Es lebe König Ludwig XV.!«

Der Körper des verstorbenen Königs verließ Versailles am 9. September um 20 Uhr und wurde nach Saint-Denis gebracht. Er kam

gegen 7 Uhr morgens an. Die Fahrt zum Friedhof fand also in der Nacht, im Mondlicht, statt ...

PS: Nach dem Sonnenkönig kam der König des toten Mondlichts ...

Jean-Baptiste Lully
Geboren als Giambattista Lulli

Geboren am 29. November 1632 in Florenz, im Müllerviertel.
Bekannt als Komponist des Sonnenkönigs.

WANN: am 22. März 1687, mit 54 Jahren.
WIE: an einer Verletzung der kleinen Zehe des rechten Fußes.
WO: in seinem Bett mit dem rotgelben Baldachin, in seinem Zimmer in Paris.
LETZTE RUHESTÄTTE: die Kirche Notre-Dame-des-Victoires an der Place des Petits-Pères in Paris.

Am 27. November 1686 gab man bekannt, daß König Ludwig XIV. die Operation an einer Analfistel überlebt hatte. Alle Komponisten ließen, um das Ereignis zu feiern, Tedeums zum Ruhme des Monarchen spielen.

Lully veranstaltete sein Konzert am 8. Januar 1687 in der Feuillantinerkirche der Rue Saint-Honoré. Während er mit seinem Stock den Takt angab, schlug er sich heftig auf einen Zeh. Als er nach Hause kam, ließ er seinen Arzt Dr. Alliot rufen, der ihm die sofortige Amputation der Zehe empfahl. Der Doktor hatte eine Wunde an der Fußsohle entdeckt, doch Lully hatte schon andere gehabt und lehnte es ab, sich verstümmeln zu lassen.

Bald stieg das Fieber, und nun riet man ihm zur Amputation des ganzen Fußes. Lully sagte:

»Ihnen müßte man den Kopf abschneiden!«

Als man ihn drängte, sich das Bein abnehmen zu lassen, um sein Leben zu retten, zerfraß ihn schon der Wundbrand. Er ließ einem Wunderheiler zweitausend Pistolen geben, der ihm eine Genesung ohne Operation garantierte, doch seine Gebete und Zauberworte beseitigten das Übel nicht.

Man holte den Pfarrer der Madeleine-Kirche. Als er an das Bett

des Kranken trat, fragte er ihn, ob er nicht gerade eines jener teufli-
schen Werke komponiere, die allein für das Theater und nicht für
die Kirche bestimmt seien. Lully zeigte mit den Augen auf ein
Schubfach in seinem Schreibtisch. Der Pfarrer machte es auf, fand
die Partitur einer Oper und verbrannte sie. Da der Pfarrer diese Ge-
ste des Komponisten für einen Bußakt hielt, erteilte er ihm die Absolution.

Später wurde Lully von einem Freund befragt, was es mit dieser
unerwarteten Bußfertigkeit auf sich habe. Der Komponist antwortete, er hätte eine Abschrift der Oper angefertigt.

PS: Die Musik mildert nicht immer die Sitten.

Martin Luther

Geboren am 10. November 1483 in Eisleben (Thüringen).
Bekannt durch seine Reformation und seine Proteste.

WANN: am 18. Februar 1546, mit 62 Jahren.
WIE: an einer Erkrankung der Herzarterien.
WO: in seiner Geburtsstadt Eisleben, in der er nicht mehr wohnte.
LETZTE RUHESTÄTTE: ein Zinnsarg in einem Grabgewölbe der Wittenberger Schloßkirche.

Einige Tage vor seinem Tod scherzte Luther:

»Wenn ich nach Wittenberg zurückgekehrt bin, lege ich mich bald in den Sarg, und dann gebe ich den Würmern einen dicken Doktor zu fressen.«

Am Abend des 18. Februar befiel ihn ein Unwohlsein, und man rieb ihm die Lippen mit Rosenessig ein. Da er seine letzte Stunde gekommen fühlte, sagte er:

»In Deine Hände befehle ich meinen Geist.«

Nachts um 3.15 Uhr erbleichte sein Gesicht, Füße und Nase wurden ihm kalt. Man fragte ihn, ob er »in der Lehre sterben wolle, die er gelehrt habe«, und mit einem letzten Atemzug antwortete er: »Ja.«

Der Arzt an seinem Bett versicherte, er wäre einem Schlaganfall erlegen, da sich der Mund verzerrt und die untere Gesichtshälfte verfärbt hätte. Ein anderer Zeuge widersprach dieser Diagnose und versicherte, »daß ein so hochheiliger Mann nicht derart von Gottes Hand heimgesucht werden könnte«.

Im nächsten Jahr wollte Karl V. das Grab des Reformators sehen. Einer seiner Offiziere schlug vor, das Grab zu öffnen und die Asche des Ketzers in alle Winde zu verstreuen. Karl V. antwortete:

»Ich bin nicht gekommen, um Krieg gegen die Toten zu führen. Ich habe mehr als genug mit den Lebenden zu tun.«

PS: Ist Gott katholisch, weil er den Mund Luthers zu einer letzten Grimasse verzerrt hat?

Machiavelli

Geboren als Niccolò Machiavelli

Geboren am 4. Mai 1469 in Florenz.
›Machiavelli‹ kommt aus dem Lateinischen: ›malus clavellus‹
heißt ›schlechter Nagel‹.
Bekannt durch das Adjektiv, das man später von seinem Namen
ableitete: ›machiavellistisch‹, und durch seine Schriften, darunter
»Der Fürst«.

WANN: am 22. Juni 1527, mit 58 Jahren.
WIE: an einer Magenkrankheit, durch die er Verdauungspro-
bleme bekam, oder an der Behandlung, die er sich selbst
verordnete, um diese Krankheit zu bekämpfen.
WO: in Florenz, in seinem Haus im Viertel Oltr'Arno.
LETZTE RUHESTÄTTE: Er wurde am Tag seines Todes in der Familiengruft innerhalb der Kirche Santa Croce beigesetzt. Sein Grab wurde
nicht besonders ausgeschmückt. Erst 1787 ließ man ein Denkmal
für ihn errichten. Ein einziger Satz ist in ihm eingemeißelt: »Kein
Lob kommt einem so großen Namen gleich.«

Machiavelli litt seit langem unter Magenschmerzen, doch er wollte
keinen Arzt aufsuchen.

Er behandelte sich mit einem damals sehr beliebten Mittel, das
nach folgendem Rezept hergestellt wurde: »anderthalb Unzen
Aloesaft, eine Unze junger Eichenrinde, eine halbe Unze Safran,
Myrrhe, Betonie, Pimpinelle [...] sowie armenischer Fetterde.«

Sein Sohn schrieb in einem Brief an einen Freund, Machiavelli
wäre an »Schmerzen in den Eingeweiden gestorben, die von einem
Medikament hervorgerufen wurden«.

Machiavelli war bewußtlos, als seine Angehörigen Bruder Mat-
teo holten, einen Priester, der ihm die Sterbesakramente spendete.
Dieser Mönch stand in dem Ruf, einfältig zu sein, und er war in

ganz Florenz dafür bekannt, daß er eines Tages sein Kruzifix in einen Brunnen geworfen hatte.

PS: Armer Machiavelli, der den Großen so viele Ratschläge zu geben wußte, damit sie ihre Ziele erreichten, und der, da er nicht auf Ärzte hören wollte, an sein eigenes Ende gelangte.

Stéphane Mallarmé

Geboren am 18. März 1842, in Paris (2. Arrondissement).
Bekannt durch seine gedankentiefe Lyrik, wie etwa den »Würfel-
wurf«*, der immer noch nicht den Zufall aufhebt.*
Auch bekannt als Dichter von Nachrufen, den »Tombeaux« *: de-*
nen Verlaines, Poes, Baudelaires, Wagners und Puvis' de Chavan-
nes.

WANN: am 9. September 1898, mit 56 Jahren.
WIE: an einem Erstickungsanfall.
WO: in seinem Haus, in Valvins bei Fontainebleau.
LETZTE RUHESTÄTTE: der kleine Friedhof von Samoreau neben Val-
vins (Département Seine-et-Marne).

1897 sagte Mallarmé einem Freund:

»Heute ein Buch zu schreiben heißt, sein Testament zu machen.«

Mallarmé trug sich seit Jahren mit dem Gedanken eines Werks:
Herodias.

An diesem Werk arbeitete er in seinem Haus in Valvins. Eine
leichte Kehlkopfentzündung hinderte ihn nicht am Schreiben. Am
8. September bekam er Atembeschwerden, als er an seinem Arbeitstisch saß: Er rang nach Luft, wurde violett wie die sogenannten »Blue babies«. Er hielt sich die Hände an den Hals (was kein *Zufall* war) und rief um Hilfe. Frau und Tochter kamen, und er konnte
wieder atmen. Er ruhte sich aus und bat darum, allein zu bleiben.

Seine beunruhigte Familie mußte annehmen, daß er weiter an
Herodias schreiben wollte, und sie verließ ihn. Als er allein war,
ging er zum Arbeitstisch und schrieb mit zitteriger Schrift in einem
Zug diese Worte:

»Empfehlungen zu meinen Papieren (sobald meine Lieben sie lesen werden):

Der schreckliche Erstickungskrampf, den ich soeben erlitten habe, kann sich im Lauf der Nacht wiederholen und mich hinwegraffen. Daher dürft Ihr Euch nicht wundern, daß ich an meine in einem halben Jahrhundert angehäuften Aufzeichnungen denke, die Euch nur große Unannehmlichkeiten bereiten werden, da sich vielleicht kein einziges Blatt verwenden läßt. Ich als einziger könnte ihnen allein das entnehmen, was in ihnen steckt ... Ich hätte es getan, wenn mir nicht die letzten Jahre fehlten und mich nicht im Stich gelassen hätten. Verbrennt sie deshalb: Es steckt keine literarische Hinterlassenschaft in ihnen, meine armen Kinder.«

Dann versteckte er diese Botschaft.

Seine Nacht verlief friedlich. Am Morgen schrieb er seine Botschaft vom Vortag noch einmal in leserlicherer Schrift ab. Als er auf der vierten Zeile war, kam der Arzt. Mallarmé wollte ihm die Erstickungsszene vorführen, doch im selben Augenblick packte ihn wieder ein Krampf. Man legte ihn aufs Bett, und seine Tochter Véve bat ihn flehentlich zu atmen. Er konnte ihre Bitte nicht erfüllen.

PS: Was soll das heißen: »keine literarische Hinterlassenschaft«?!

Karl Marx

Geboren am 5. Mai 1818 in Trier (Rheinpreußen).
Bekannt dafür, daß er lange Zeit der schwarze Mann (und das rote
Tuch) eines großen Teils der Welt war.

WANN: am 14. März 1883, mit 64 Jahren.
WIE: an Lungenkrebs.
WO: 41 Maitland, Park Road, in London.
LETZTE RUHESTÄTTE: der Highgate Cemetery in London.

Am 2. Dezember 1881 starb Marx' Frau Jenny an Leberkrebs.
Marx hatte eine Rippenfellentzündung und war so schwach, daß er
nicht einmal an ihrer Beerdigung teilnehmen konnte.

Am 15. schrieb er: »Ich komme aus der letzten Krankheit doppelt verkrüppelt heraus, moralisch durch den Verlust meiner Frau,
physisch dadurch, daß eine Verdickung der Pleura und größere
Reizbarkeit der Luftröhrenäste geblieben. Einige Zeit werde ich leider gänzlich verlieren müssen mit Gesundheitsherstellungsma-
nœuvres.«

Das versuchte Marx zu erreichen, indem er in Algier, danach in
Marseille und Monte Carlo die Sonne suchte. Dort stellte ein Arzt
eine chronische Bronchitis fest, und er benachrichtigte Marx'
Freund Engels, daß sein Zustand ernst sei. Marx fuhr hierauf zur
Kur nach Enghien-les-Bains, dann reiste er in die Schweiz und
kehrte nach London zurück. Im Dezember 1882 schickte man ihn
auf die Isle of Wight, deren Klima für ihn günstig sein sollte. Er blieb
dort bis zum Januar 1883.

Gerade als Marx mit seiner Krankheit rang, starb seine Tochter
Jenny an Blasenkrebs (am 11. Januar 1883). Er fuhr nach London
zurück, doch sein Lungentumor wuchs weiter. Gleich nach dem
Tod seiner Tochter bekam er eine Kehlkopfentzündung, die es ihm
unmöglich machte, feste Nahrung zu sich zu nehmen. Er trank lie-

ber Milch (die er eigentlich verabscheute), als sich der Qual des Schluckens zu unterwerfen. Engels besuchte ihn jeden Tag.

Am letzten Tag betrat er Marx' Zimmer. Es war der 14. März, Marx schlief, er atmete, und sein Puls hämmerte. »In [...] zwei Minuten war er ruhig und schmerzlos entschlummert«, schrieb Engels.

Auch diese Abschiedsworte sind von ihm: »Am 14. März, nachmittags ein Viertel vor drei, hat der größte lebende Denker aufgehört zu denken. Kaum zwei Minuten allein gelassen, fanden wir ihn beim Eintreten in seinem Sessel ruhig entschlummert – aber für immer.«

PS: Marx ist sehr bald nach dem Tod seiner Frau und seiner Tochter gestorben. Heißt das »sich den Tod holen«?

Mata Hari
Geboren als Margaretha Geertruida Zelle alias Agent H 21

Geboren am 7. August 1876 in Leeuwarden (in der niederländischen Provinz Friesland).
Mata Hari bedeutet im Malaiischen »Auge der Morgenröte«.
Bekannt als talentierte Tänzerin, durch ihre Spionagetätigkeit und ihr Geheimnis.

WANN: am Montag, dem 15. Oktober 1917, um 6.15 Uhr, mit 41 Jahren.

WIE: erschossen, von elf Kugeln getroffen.
Sie war des Hochverrats angeklagt und wurde am 24. Juli 1917 verurteilt.

WO: auf dem Schießplatz von Vincennes.

LETZTE RUHESTÄTTE: der neue Friedhof von Vincennes.

Während Mata Hari durch den Truppenvorhof schritt, um ihren Hinrichtungsplatz zu erreichen, warf sie den amtlichen Persönlichkeiten eine Kußhand zu; man erfuhr jedoch nicht, wem.

Als sie bereit war, lehnte sie es ab, sich die Augen verbinden zu lassen. Der Fähnrich erhob den Säbel, um das Kommando für die Hinrichtung zu geben, und sie sagte:

»Ich danke Ihnen.«

In der am folgenden Tag erscheinenden Ausgabe des *Matin* konnte man lesen, daß sie ein perlgrau gestreiftes Seidenkleid und einen blauen Hut getragen hätte. Dem *Excelsior* zufolge trug sie ein pelzbesetztes Kleid und einen schwarzweißen Strohhut ...

Ein Offizier erklärte später, im Widerspruch zur Legende sei sie bei ihrer Exekution nicht nur mit einem Pelzmantel bekleidet und darunter nackt gewesen, und sie habe auch nicht gerufen: »Es lebe Deutschland.«

Ihr Leichnam wurde von niemandem angefordert.

PS: Eine Augenbinde, die man dem anbietet, der sterben wird ... Und wenn man das vielmehr täte, um den Schützen vor dem Blick seines Opfers zu bewahren?

Guy de Maupassant

Geboren am 5. August 1850 in Tourville-sur-Arques (in der Provinz Dieppe).
Bekannt dafür, daß man ihn in der Jugend entdeckt (»Bel-Ami«, »Ein Leben«, »Stark wie der Tod« usw.).

WANN: am 6. Juli 1893, kurz vor der Mittagsstunde, mit beinahe 43 Jahren.

WIE: an der Syphilis.

WO: in der Klinik Dr. Blanches (in der sich auch Gérard de Nerval aufgehalten hatte), in der Rue Berton in Passy, im Zimmer Nr. 15.

LETZTE RUHESTÄTTE: Der Friedhof Montparnasse. Nach einer Trauerfeier in der Kirche Saint-Pierre-de-Chaillot wurde er in Abwesenheit seiner Eltern beigesetzt. Zola verlas einige Briefe, die Maupassant über den Tod Flauberts geschrieben hatte. Seine Freunde wollten ihn auf den Friedhof Père-Lachaise überführen, in ein Grab, das jenem Michelets gegenüberlag, doch seine Mutter erklärte sich nicht einverstanden.

Im Laufe des Jahres 1891 stellte Maupassant dem Arzt Dr. Fremy die entscheidende Frage:

»Glauben Sie nicht, daß ich allmählich wahnsinnig werde?«

Und er gab sich selbst die Antwort:

»Wenn ich mich zwischen Wahnsinn und Tod entscheiden muß, darf ich nicht zögern, meine Wahl ist von vornherein getroffen.«

Am Jahresende wohnte Maupassant in Le Chalet de l'Isère, an der Straße nach Grasse. Am 30. Dezember schrieb er seinem Anwalt: »Ich liege im Sterben. Ich glaube, daß ich in zwei Tagen tot bin. Kümmern Sie sich um meine Angelegenheiten.«

Er schrieb auch seinem Arzt: »Ich bin vollständig verloren. Ich ringe sogar mit dem Tode. Ich habe eine Gehirnerweichung, die von dem Salzwasser kommt, mit dem ich meine Nasenhöhlen gespült habe. Im Gehirn ist das Salz in Gärung geraten, und nachts läuft mir das Gehirn immer als klebrige Masse durch Mund und Nase. Das heißt, der Tod steht unmittelbar bevor, und ich bin wahnsinnig! In meinem Kopf herrscht ein wildes Durcheinander. Adieu, mein Freund, Sie sehen mich nicht wieder.«

Das sind die letzten Worte, die er schreiben konnte.

Eines Abends fand ihn sein Diener François in seinem Zimmer, als er gerade Pistolenschüsse in den Park abgab. François entfernte sofort die Kugeln aus der Waffe.

Seine Mutter lebte in Nizza, und dort besuchte er sie. Während des Mittagessens begann er zu phantasieren und kehrte unverzüglich in sein Hotel zurück. In der Nacht versuchte er, sich mit seiner Waffe das Leben zu nehmen. Er wurde wütend, weil die Kugeln entfernt waren, er packte ein Papiermesser und schnitt sich in die Kehle. François verband ihn.

Maupassant hatte eine Leidenschaft: sein Boot, das er *Bel-Ami* getauft hatte. Man führte ihn in der Zwangsjacke dorthin, weil man hoffte, daß ihn der Anblick dieses geliebten Gegenstandes beruhigen würde. Offenbar trat das auch tatsächlich ein.

Mit dem Einverständnis seiner Mutter ließen ihn die Ärzte nach Paris bringen, in die Klinik Dr. Blanches, eine Art Fünf-Sterne-Irrenanstalt.

Er wurde am 8. Januar 1892 eingeliefert. Dort verschlechterte sich seine geistige Gesundheit immer weiter. Er behauptete, der Teufel hätte seine Manuskripte gestohlen, er hielt sich für tot und verlangte, Gott zu treffen. Am 11. Februar sagte er, daß Luzifer »sich mit Madeirawein umgebracht hatte«, am 23. Februar, daß er »Gott den Tod bringen wollte, indem er ihn mit der Lustseuche ansteckte«. Er ging lange im Park spazieren und interessierte sich für die Vogelkäfige. Eines Tages stand er an einem Baum und stieß kleine Holzstückchen in die Erde, wozu er sagte:

»Das pflanzen wir hier ein. Im nächsten Jahr finden wir kleine Maupassants wieder.«

Im April erkannte er seine Besucher nicht mehr und unterhielt sich mit eingebildeten Wesen (das wurde jedoch von einem anderen Gast des Weißen Hauses weitererzählt ...).

Manchmal verlangte er selber nach der Zwangsjacke, wenn er spürte, daß ein Anfall bevorstand.

Und am 25. März 1893 wurde er von Zuckungen befallen, die epileptischen Krisen ähnelten und sechs Stunden dauerten.

In den folgenden Monaten hatte er weitere Anfälle und verweigerte die Nahrungsaufnahme.

Am 14. Juni versank er nach einer letzten Zuckung in tiefe Bewußtlosigkeit, aus der er nicht wieder erwachte.

Die Legende schreibt ihm diese letzten Worte zu:

»Welch eine Finsternis! Oh, welch eine Finsternis!«

Maupassant hatte den Wunsch geäußert, direkt in der Erde, ohne Sarg, begraben zu werden. Er hatte einige Worte über das Begräbnis Victor Hugos geschrieben, die seinen eigenen Wunsch gut wiedergeben: »Er wollte in die nackte Erde gelegt werden, damit die Wurzeln der Gräser und Bäume ihn suchten, ihn umfingen, ihn auf die Erde zurückbrachten, ihn wieder zu Sonne und Wind emportrugen.«

Er entging der Bleikiste, doch er wurde in einem Sarg aus Tanne, Zink und Eiche begraben.

PS: Wir wissen nicht, was Maupassant aussuchte, als er »zwischen Wahnsinn und Tod« wählen mußte, nachdem er Dr. Fremy diese Frage gestellt hatte. Er entschied sich wohl für beides.

Michelangelo
Geboren als Michelangelo Buonarroti

Geboren am 6. März 1475 in Caprese (Italien).
Bekannt durch seine Kunst, die sich in vielen Formen äußerte:
Bildhauerei, Malerei, Architektur, Dichtung usw. Nennen wir als
Beispiele die verschiedenen ›Pietà‹, den ›Moses‹ oder die Fresken
der Sixtinischen Kapelle.

WANN: am 18. Februar 1564, um fünf Uhr abends, mit 88 Jahren.
WIE: an einer Erkältung.
WO: in Rom, in seinem Atelierhaus, wo er während der Arbeiten
lebte, die er an der unteren Kuppelseite der Peterskirche
ausführte.
LETZTE RUHESTÄTTE: die Kirche Santa Croce in Florenz.

Allmählich spürte der große Mann, daß ihn die Kräfte verließen:
Die Steinkrankheit, d. h. Harngrieß (der nicht allein Bildhauern
vorbehalten ist), und die Gicht, die ihn 1555 befielen, hatten einige
Spuren hinterlassen. Er vertraute seinem Freund Vasari an:

»Ich habe keinen Gedanken, in den nicht der Tod eingemeißelt
ist.«

1560 fühlte Michelangelo den Tod nahen, und es wird erzählt,
daß er leicht in Tränen ausbrach.

Im August 1561 bekam er einen überraschenden Anfall, doch
eine Woche später war er wieder gesund.

Am Sonnabend, dem 12. Februar 1564, arbeitete er den ganzen
Tag am Marmorblock seiner *Rondanini* genannten *Pietà*. Er arbeitete sogar am nächsten Morgen weiter, einem Sonntag, während er
sonst sonntags seine Freunde zu besuchen oder einen Spaziergang
auf dem Lande zu machen pflegte. Am Morgen des 14. Februar
hatte er Fieber. Er lehnte ab, sich hinzulegen: Er wollte lieber im
Regen laufen ... Als man ihm diese Sorglosigkeit vorhielt, sagte er:

»Was soll ich tun? Ich finde nirgendwo Ruhe.«

Er blieb lieber am Feuer sitzen, als sich hinzulegen. Erst drei Tage vor seinem Tod war er mit Bettruhe einverstanden. Er diktierte sein Testament und empfahl »Gott seine Seele und seinen Körper der Erde«, und er gelobte, »wenigstens als Toter« in seine Heimat, nach Florenz, zurückzukehren. Das Fieber plagte ihn hartnäckig. Er entschlief ganz sanft, *per resolutione*, wie ein Zeuge schrieb.

Der römische Papst und der florentinische Großherzog Cosimo ließen während dieser Zeit das Haus Michelangelos überwachen. Man befürchtete, wie beide behaupteten, eine Plünderung, die Michelangelos Werke zerstreut hätte.

Hierzu muß man erklären, daß Michelangelo in seinen letzten Jahren viel Geld verteilt hatte. Das Interesse, das die Behörden an ihm zeigten, war vielleicht nicht so selbstlos, wie sie vorgaben.

Girolamo Ticciati, ein Zeitgenosse Michelangelos, hat uns einen hübschen Zeugenbericht hinterlassen: »Der Papst hatte beschlossen, ihm in der Peterskirche ein Mausoleum zu errichten, doch der Großherzog Cosimo, der ihn nicht zu dessen Lebzeiten bei sich haben konnte, wußte es so einzurichten, daß wenigstens seine Gebeine in Florenz blieben. Daher wurde sein Körper heimlich in einen Warenballen eingewickelt und aus Rom herausgebracht, damit man sich der Überführung nicht widersetzte.«

Es gab also eine Trauerfeier in Rom, in der Apostelkirche, dann, am 9. März, wurde der Körper gestohlen und wie ein Paket weggebracht, und am 11. März traf er in Florenz ein. Der Direktor der Florentiner Zeichenakademie ließ den Sarg öffnen, »damit sie den Trost hatten, jenen wenigstens tot zu sehen, den sie nicht lebend gesehen hatten« (Ticciati). Vasari erzählte, daß »die Gesichtszüge sich nicht verändert hatten, nur hatte das Gesicht ein wenig die Färbung des Todes angenommen«.

Am 12. März konnte sich Michelangelo in der Kirche Santa Croce allmählich von seiner Reise erholen.

PS: Der große Künstler Michelangelo hätte uns vielleicht erklären können, was für eine Farbe die »Färbung des Todes« war.

Molière

Geboren als Jean-Baptiste Poquelin

Geboren am 13. oder 14. Januar 1622 in Paris, zwischen dem Louvre und Notre-Dame.
Bekannt durch seine Theaterstücke, die er schrieb und in denen er mitspielte.

WANN: am 17. Februar 1673, mit 51 Jahren.

WIE: an Tuberkulose.

WO: in seiner Wohnung, wo die grüne Farbe vorherrschte, in der Pariser Rue de Richelieu.

LETZTE RUHESTÄTTE: der Friedhof Saint-Joseph. Es heißt, daß seine sterblichen Überreste 1792 zusammen mit denen La Fontaines auf den Friedhof Père-Lachaise geschafft wurden.

Molière hustete und wurde blaß. Seine Hustenanfälle weckten während der Nacht das ganze Haus auf. Im Dezember 1671 riet ihm Boileau, »auf das Theaterspielen zu verzichten«. Doch es kam für Molière nicht in Frage, von der Bühne abzutreten.

Im August 1672 schrieb er *Der eingebildete Kranke*, eine »Komödie mit Musik und Tanz«, die er dem König widmete, um dessen Rückkehr aus dem Krieg in Holland zu ehren. Die Proben begannen, doch Ludwig XIV. wollte Molière nicht am Hof sehen.

Das Stück wurde am 10. Februar im Théâtre du Palais-Royal uraufgeführt, allerdings wurde es niemals in Anwesenheit des Königs gespielt, solange der Autor lebte.

Am 17. Februar sagte er seiner Frau Armande und seinem Freund Baron:

»Während mein Leben gleichermaßen aus Leid und Freude bestand, habe ich geglaubt, glücklich zu sein, aber heute erdrücken mich die Sorgen, ohne daß ich mit einem zufriedenen und angenehmen Augenblick rechnen kann; ich sehe deutlich, daß ich die

Partie aufgeben muß; ich vermag die Schmerzen und Widerwärtigkeiten nicht mehr zu ertragen, die mir überhaupt keine Ruhe gönnen. Was hat doch ein Mensch zu leiden, bevor er stirbt! Indes spüre ich genau, daß es mit mir zu Ende geht.«

Da sie sahen, wie schlecht und unglücklich er sich fühlte, baten sie ihn, nicht ins Theater zu gehen.

Molière erwiderte, der Vorhang müsse sich genau um 16 Uhr heben, sonst würden die Zuschauer das Geld zurückverlangen.

Er begab sich ins Theater, es war die vierte Vorstellung des *Eingebildeten Kranken*.

»Es ist doch nicht gefährlich, sich totzustellen?« ließ er Argan, den »eingebildeten Kranken«, sagen.

Am Ende der Aufführung wurde er von einem Krampf gepackt, den er in eine Grimasse verwandeln konnte – eine Art, sich lebendig zu stellen ... Der Vorhang fiel. Ihm quoll Blut aus dem Mund. In der Loge, in seinen Morgenrock eingehüllt, sagte er:

»Ich spüre eine Kälte, die mich umbringt.«

Man schaffte ihn in einem Tragsessel nach Hause. Er lehnte Fleischbrühe ab, verlangte aber Brot und Käse (Parmesan), danach legte er sich ins Bett. Seine Frau hatte einige Tropfen eines Schlafmittels auf sein Kopfkissen geträufelt. Er spuckte wieder Blut. Man wollte den Priester der Kirche Saint-Eustache holen, doch die Kirchenleute hatten für Schauspieler nur Verachtung übrig. Molière hatte zwei Nonnen bei sich aufgenommen, und er mußte sich mit ihrer Anwesenheit zufriedengeben. Endlich konnte man einen Pfarrer finden, der die Güte hatte, aus dem Bett aufzustehen. Als er kam, war Molière schon tot. Es war 10 Uhr abends.

Der Pfarrer von Saint-Eustache weigerte sich, Molière »in geweihter Erde« zu begraben.

Damals mußte man auf seinen Schauspielerberuf verzichten, wenn man ein kirchliches Begräbnis haben wollte. (Die »geweihte Erde« endete in einer Tiefe von vier Fuß. Darunter kam wieder anständige Erde.) Ungeachtet dieses Kirchenbrauchs erklärten sich die Pfarrer jedoch im allgemeinen einverstanden, Schauspieler zu trauen und deren Kinder zu taufen.

Armande und Baron baten den König um Hilfe, der die Kirche beeinflussen konnte: Nun ja, Molière sollte in geweihter Erde begraben werden, »unter der Bedingung, daß es ohne jeden Pomp und nur mit zwei Priestern [geschähe], und das außerhalb der Tagesstunden, und daß für ihn kein feierlicher Trauergottesdienst in Saint-Eustache oder anderswo abgehalten [würde]«.

Am 21. Februar, um 9 Uhr abends, folgten (wie die Amsterdamer *Gazette* berichtete) achthundert Menschen, die Fackeln trugen, dem Trauerzug bis zum Friedhof Saint-Joseph in der Rue Montmartre.

Der Beerdigungsschein teilt mit, daß man »am Dienstag, dem 21. Februar 1673, den verstorbenen Jean-Baptiste Poquelin de Molière beerdigte, einen Tapetenhändler und ordentlichen Kammerdiener des Königs«.

Seine Frau ließ das Grab mit einer dicken Steinplatte bedecken. Sie ordnete an, hundert Holzbündel daraufzulegen, damit sich die Armen aufwärmen könnten, wenn es abends zu kalt wäre. Ihre Anweisung wurde befolgt, doch die Hitze des Feuers ließ den Stein zerspringen.

Viele Jahre später wurde Molière von Pinel und Charcot als »Hypochonder und Melancholiker« bezeichnet.

PS: Molière war wohl wirklich ein außergewöhnlicher Schauspieler, weil er selbst als Toter vorgetäuscht hat, er sei kein Schauspieler, sondern Tapetenhändler.

Claude Monet

Geboren am 14. November 1840 in Paris.
Bekannt durch seine Gemälde, darunter die »Seerosen«, und weil
er ungewollt den Begriff »Impressionismus« erfunden hat, den der
Kritiker Louis Leroy als erster gebrauchte.

WANN: am 5. Dezember 1926, in der Mittagszeit, mit 86 Jahren.
WIE: an Lungenkrebs.
WO: in seinem Haus in Giverny (Departement Eure).
LETZTE RUHESTÄTTE: der Dorffriedhof von Giverny.

Die Legende

Als der blinde und einsame Monet den Tod nahen fühlte, streckte
er sich im Gras aus und starb.

Sobald Clemenceau davon erfuhr, fuhr er durch ganz Frankreich,
um zu seinem Freund zu eilen.

Im Givernyer Haus riß er einen Fenstervorhang herunter und er-
setzte mit ihm den schwarzen Schleier, der Monets Sarg bedeckte.
Dazu sagte er:

»Monet mochte kein Schwarz.«

Und er begleitete als einziger den Sarg zum Friedhof.

Musik.

Die wahrscheinliche Geschichte

Monet mochte kein Schwarz, und seine Familie wußte es. Deshalb
beschlossen sie, den schwarzen Schleier, mit dem Särge üblicher-
weise bedeckt wurden, durch ein helles Tuch zu ersetzen.

Monet war nicht blind, denn er hatte sich 1923 einer Staropera-
tion am rechten Auge unterzogen. Damals hatte sich sein Sehver-
mögen beträchtlich verbessert.

Auf dem Foto der Trauerfeier, die am 8. Dezember 1926 stattfand, sieht man, daß Clemenceau anwesend war, daß er jedoch den Trauerzug auf dem Friedhof erwartete.

Monet hatte mehrmals geäußert, er wünsche sich, daß sein Körper nach seinem Tod in einer Boje im Meer versenkt würde, um von den Wellen geschaukelt zu werden, doch an seinem Lebensende bat er um eine einfache zivile Zeremonie ohne offizielle Ansprache. In der Gesellschaft seiner Familie, seiner Freunde und der Bewohner Givernys beendete er seine letzte Reise.

PS: Stellen wir uns einen Augenblick die Szene vor, wie ein Ministerpräsident auf einen Fenstervorhang losstürzt. Ich konnte den folgenden Satz lesen, den eine von dieser Legende schockierte Persönlichkeit geschrieben hat: »Präsident Clemenceau hat in jenem Haus überhaupt nichts beschädigt.«

Wolfgang Amadeus Mozart

Geboren am 27. Januar 1756 in Salzburg (Österreich).
Bekannt durch ein doppeltes Bild: Wunderkind und im Elend ge-
storben.

WANN: am 5. Dezember 1791, um 0.55 Uhr mit 35 Jahren und
   10 Monaten.
WIE: wahrscheinlich an einer Niereninfektion, genauer gesagt,
   an der Bright-Krankheit (das heißt an der Krankheit der
   »glänzenden« Persönlichkeiten).
WO: Er ist in seiner Wohnung, in einem Zimmer mit drei Fenstern, in der Wiener Rauhensteingasse, in einem Bett mit
   weißer Decke gestorben.
LETZTE RUHESTÄTTE: Nach der Trauerfeier am 6. Dezember im Stephansdom (die ohne Musik abgehalten wurde) brachte man ihn auf
den Friedhof St. Marx außerhalb der Stadt. Man riet seiner Frau,
ein Kreuz auf der Grabstelle ihres Gatten aufstellen zu lassen, um
seine Ruhestätte zu kennzeichnen, doch sie dachte, daß sich das
Pfarramt darum kümmern würde, was dieses nicht tat. Sie fühlte
sich nicht wohl genug, um an dem Begräbnis teilzunehmen. Sieb-
zehn Jahre später suchte sie nach dem Totengräber, der Mozart be-
stattet hatte, und wollte das Grab wiederfinden, doch der Mann
war tot.

Das Jahr 1790 war für Mozart hart gewesen. Wenig Aufträge, wenig Inspiration; er bemühte sich, Musikstunden zu geben, er hatte
nur zwei Schüler, aber hoffte auf acht.

Seiner Frau Constanze schrieb er: »Wenn die Leute in mein Herz
sehen könnten, so müßte ich mich fast schämen – es ist alles kalt für
mich – eiskalt.«

Oder auch: »Ich kann Dir meine Empfindungen nicht erklären,
es ist eine gewisse Leere – die mir halt wehe thut, – ein gewisses

Sehnen, welches nie befriediget wird, folglich nie aufhört – immer fortdauert, ja von Tag zu Tag wächst.«

Anfang 1791 komponierte er vor allem kleine Tänze für die volkstümlichen Bälle Wiens.

Im Mai schrieb er Stücke »für ein Orgelwerk in einer Uhr« und später »für eine Walze in einer kleinen Orgel«, doch er arbeitete an der *Zauberflöte*, deren Komposition er Ende 1790 begonnen hatte. Die Schaffensfreude war wiedererwacht.

Ende Juli teilte man ihm mit, daß sein lieber Freund Ignaz von Born gestorben war.

Zur gleichen Zeit empfing er den Besuch eines geheimnisvollen Unbekannten, der heute genauestens bekannt ist, eines verkleideten Mannes, der ihm den Auftrag zu einer Totenmesse gab. Damals war es üblich, daß reiche Leute ein Werk bei Künstlern kauften und es unter ihrem eigenen Namen spielen ließen. Der betreffende Mann war Franz Graf von Walsegg-Stuppach, der eine Messe für seine im Februar 1791 verstorbene Frau bestellte. Mozart nahm den Auftrag an, weigerte sich jedoch, einen genauen Ablieferungstermin festzulegen.

Im August erhielt Mozart einen weiteren Auftrag: eine Oper zur Krönung Kaiser Leopolds II. zum König von Böhmen. Im September arbeitete er angestrengt an der Komposition dieser Oper.

Die Zauberflöte war ein Erfolg. Zwei Monate vor seinem Tod ging Mozart täglich (außer wenn er überzeugt war, daß man ihn vergiften wollte) in das Theater auf der Wieden, in einen Vorort Wiens, wo er von einem volkstümlichen Publikum begeistert aufgenommen wurde. Hierüber schrieb er: »Was mich aber am meisten freut, ist der stille Beifall.«

Manche Biographen nehmen an, daß Mozart das vom Grafen Walsegg bestellte *Requiem* für sich selbst komponierte. Jedenfalls steht fest, daß er daran arbeitete. Die Legende möchte den Anschein erwecken, daß diese Totenmesse das letzte Werk des Komponisten gewesen sei. Doch in Wirklichkeit war dies die Kantate *Laut verkünde unsre Freude* – eine Freimaurerkantate –, die Mozart am 15. November vollendete.

Aber Mozart konnte seine Gedanken nicht von dem *Requiem* losreißen.

Am 19. September ging er wie gewöhnlich in das Bierhaus ›Zur Silbernen Schlange‹. Der Wirt fand, er sehe blaß aus, »seine blonden gepuderten Haare waren unordentlich und der kleine Zopf [. . .] nachlässig gebunden«.

Als Mozart heimgekehrt war, holte man einen Arzt. Wie sein Vater behandelte Mozart sich selbst, was Grund zu der Annahme geben konnte, daß er sich selbst vergiftet hätte. An jenem Abend war die vierundachtzigste Vorstellung der *Zauberflöte*. Mozarts Hände und Füße waren stark geschwollen, so daß Constanze ihm ein Hemd strickte, das er »von vorn überstreifen« konnte.

In dieser Zeit hoffte Mozart auf Genesung. Er beklagte sich nicht. Lediglich ein Kanarienvogel, der zu laut sang, mußte aus dem Zimmer entfernt werden.

Am 28. November hielt ihn der Arzt für verloren. Es heißt, daß Mozart am 3. Dezember eine Probe des *Requiems* in seinem Zimmer durchführte, bei der er selbst den Altpart sang.

Niemetschek, einer seiner Biographen, gibt diese Äußerungen Mozarts wieder: »Eben jetzt soll ich fort, da ich ruhig leben würde! Jetzt meine Kunst verlassen, da ich [. . .] frey und unabhängig schreiben könnte, was mein Herz mir eingiebt! Ich soll fort von meiner Familie [. . .], in dem Augenblicke, da ich im Stande geworden wäre, für ihr Wohl besser zu sorgen!«

Am Tag vor seinem Tod vertraute er Constanze an, er wolle noch einmal *Die Zauberflöte* hören. Sie ließ einen Pfarrer benachrichtigen, doch die Kirche, die Mozarts Bindung an die Freimaurerei kannte, schickte niemanden.

Am letzten Abend ging es Mozart besonders schlecht. Man alarmierte den Arzt, der gerade im Theater war. Er erklärte, er käme »nach dem Ende der Vorstellung«. Als er endlich eintraf, ließ er kalte Umschläge auf die Stirn des Sterbenden legen. Und dieser starb.

Durch eine Unachtsamkeit zerbrach Constanze die Totenmaske ihres genialen Mannes und warf die Bruchstücke in den Abfalleimer.

Was das Ausmaß des Elends angeht, in dem Mozart sein Leben beschloß, so behaupten einige, daß er ein Dienstmädchen, eine große Wohnung und einen Salon mit drei Fenstern hatte und daß er niemals seinen Billardtisch verkaufte ...

PS: Die Geschichte verzeichnet nicht, ob der Arzt, der das Ende des Stücks abwartete, bevor er Mozart beistand, eine Aufführung der *Zauberflöte* besucht hatte. Das könnte seine einzige Entschuldigung sein.

Napoleon Bonaparte

Geboren am 15. August 1769 in Ajaccio, also in Frankreich. (Sehr) bekannt. Er hat kleingewachsenen Leuten neues Selbstvertrauen gegeben, weil er zeigte, daß der Eroberungsgeist nichts mit der Zentimeterzahl (in diesem Fall: fünf Fuß, zwei Zoll und vier Strich) zu tun hat.

WANN: am 5. Mai 1821 um 17.49 Uhr, im Alter von 51 Jahren.

WIE: Das erste offizielle Gutachten spricht von einer Pylorusperforation und zugleich von Magenkrebs. Zahlreiche Hypothesen schlagen täglich neue Diagnosen vor. Aufmerksamkeit verdient die Ben Weiders und Dr. Sten Forshufvuds: Sie führten unabhängig voneinander Untersuchungen durch, die beide zu der Annahme brachten, er sei möglicherweise mit Zyanid vergiftet worden.

Die wirkliche Todesursache ist nach Napoleons Ansicht jene, die er in einem seiner Testamente nannte: »Ich sterbe zu früh, von der englischen Oligarchie und ihrem Meuchelmörder getötet.«

WO: auf der berühmten Insel Sankt Helena im Südatlantik (Napoleon hatte 1804 geplant, sie zu erobern), 1500 Kilometer von der afrikanischen Küste und 3500 Kilometer von Brasilien entfernt. Er starb in einem kleinen eisernen Feldbett im Salon seines Longwooder Hauses, wo er unter Arrest stand.

LETZTE RUHESTÄTTE: Am Mittag des 9. Mai wurde er zunächst bei Longwood, an einer Quelle des Geraniumtals, begraben. Napoleon ahnte, daß die britischen Behörden die Rückführung seines Leichnams nicht gestatten würden, und deshalb hatte er erklärt: »Wenn es mir nicht vergönnt ist, dort zu ruhen, wo ich geboren wurde, nun, dann soll man mich dort begraben, wo dieses so stille und reine Wasser fließt.«

Hierauf gelangte er in den Invalidendom, doch blieb er dort nicht an einer einzigen Stelle: Zwanzig Jahre lang lag er in der Kapelle Saint-Jérôme, bevor er zum letztenmal in die berühmte offene Krypta übergeführt wurde.

Als Napoleon am 31. Juli 1815 von seiner Verbannung erfuhr, sagte er:

»Es hätte das gleiche bedeutet, mein Todesurteil zu unterzeichnen.«

Seit mehreren Wochen litt der kleine Korporal auf seiner Insel an Fieber, Schluckauf und Erbrechen. Am 2. April 1821 teilte man ihm mit, daß ein Komet vorübergezogen sei. Napoleon rief laut:

»Oh! Mein Tod wird unter dem gleichen Zeichen wie jener des Julius Cäsar stehen.«

Am 28. April sagte er:

»Nach meinem Tod, der nicht mehr fern sein kann, sollen Sie meine Leiche obduzieren; ich verlange auch, daß Sie mir versprechen, keinen englischen Arzt« [außer Dr. Arnott, der bei ihm lebte] »die Hand an mich legen zu lassen.«

Er verlangte außerdem, seinen »Magen gründlich zu untersuchen und darüber ein exaktes Gutachten anzufertigen« (sein Vater war an Magenkrebs gestorben).

Am Morgen des 5. Mai phantasierte er. Mehrere Zeugen hörten, daß Napoleon die Worte *tête* und *armée* aussprach. Um 14.30 Uhr gab man ihm eine heiße Wärmflasche und bot ihm Orangenblütenwasser an. Um 17.15 Uhr atmete er mühsam. Um 17.49 Uhr schloß ihm Dr. Antommarchi, sein korsischer Gefährte, die Augen.

Er schrieb: »Sein Mund bewahrte einen lächelnden Ausdruck, abgesehen davon, daß die linke Seite durch ein sardonisches Lachen leicht verzerrt war.«

Derselbe Arzt übernahm die Autopsie. Er fand, das Herz sei »in gutem Zustand [...], mit einer leichten Fettschicht«, und er stellte fest, daß »die Verwachsung der konkaven Seite des linken Leberlappens ein Loch mit einem Durchmesser von ungefähr drei Strichen an der Vorderseite des Magens bildete«.

Er schloß daraus auf eine Leberhypertrophie. Dr. Arnott glaubte eher an eine akute Hepatitis.

Hudson Lowe, der Gouverneur der Insel, befürchtete, daß man ihn für den Tod der berühmten Persönlichkeit verantwortlich machte (man konnte ihn beschuldigen, daß er durch schlechte Behandlung den Tod des Kaisers beschleunigt hätte). Er befahl, daß man die Version bestätigte, Napoleon sei an Magenkrebs gestorben. Eine Erbkrankheit würde ihn von jedem Verdacht reinwaschen.

Nach der Autopsie stritt man sich um Fetzen des blutverschmierten Stoffs, auf dem die Leiche während der Operation gelegen hatte. Sobald der Körper Napoleons wieder zusammengenäht war, wurde er in der Trauerkapelle aufgebahrt, die man in seinem Salon improvisiert hatte. Man zog ihm seine Uniform eines berittenen Jägers der kaiserlichen Garde an und legte ihn in einen ausgepolsterten Blechsarg. Leider hatte man schlecht Maß genommen, und da der Zweispitz oben keinen Platz fand, mußte man ihn auf die Beine legen. Herz und Magen wurden in zwei kleine Gefäße getan und diese zwischen die Oberschenkel gestellt. Napoleon hatte den Wunsch geäußert, man solle sein Herz seiner Frau Maria Luise von Österreich zuschicken, doch der Gouverneur entschied anders.

Man ließ einen sehr schweren Sarg mit vier Wänden (Eisen, Mahagoni, Blei, Mahagoni) mittels eines Hebezugs in die erste der letzten Ruhestätten des Kaisers gleiten.

Neunzehn Jahre später verfügte Louis Philippe auf Anregung Thiers' das, was man die »Rückkehr der Asche« genannt hat (obwohl Napoleon niemals eingeäschert wurde). Das Schiff *La Belle Poule*, das von einem Sohn Louis Philippes, dem Prinzen von Joinville, befehligt wurde, traf am 8. Oktober 1840 in Sankt Helena ein; es hatte den Auftrag, den Leichnam des Kaisers heimzuholen.

Philippe de Rohan-Chabot, der Kommissar des Königs, nahm an der Exhumierung teil, die am 15. Oktober stattfand: »Er hat runde, weiche und geschmeidige Wangen. Sie sind weiß. [...] Der Bart, der seit dem Tod gewachsen ist, gibt dem Kinn eine bläuliche Färbung. [...] Die Haut bewahrt jene besondere Farbe, wie sie für Lebende eigentümlich ist. [...] Daher haben wir innerhalb von zwei

Minuten einen Erhaltungszustand festgestellt, den keiner von uns erwartet hatte.«

Derartige Informationen haben Dr. Sten Forshufvud und Ben Weider zu ihrer Theorie von der Zyanidvergiftung angeregt: Die Präparatoren benutzen diese Substanz, um Tiere lebensecht zu konservieren. Die Gewebe zersetzen sich dann weitaus weniger schnell. Diese Hypothese beruht auf der toxikologischen Untersuchung der Haare Napoleons, die ergeben hätte, daß in ihnen dreizehnmal mehr Zyanid als in gesundem Haar vorkomme. Doch ihre Gegner behaupten, das Gift könne aus dem Quellwasser, den Medikamenten oder dem Eau de toilette, mit dem sich Napoleon regelmäßig einreiben ließ, oder auch aus den Tapeten stammen ...

In Paris war man unschlüssig, welches Bauwerk das Grab Napoleons aufnehmen sollte: die Säule auf der Place Vendôme, eine wahre Kultstätte, seitdem man sie 1833 mit einem Standbild Napoleons gekrönt hatte, der Triumphbogen auf der Place de l'Étoile, das Panthéon, die Madeleine-Kirche, die Basilika von Saint-Denis oder der Invalidendom?

Rémusat entschied diese Frage, indem er daran erinnerte, daß der große Mann den Wunsch geäußert hatte, »am Rande des Wassers« zu ruhen, und daß der Invalidendom nicht allzuweit vom Wasser entfernt sei.

La Belle Poule kam am 30. November in Cherbourg an. Man wählte den Wasserweg, um den Leichnam nach Paris zu bringen, da man sich vor Kundgebungen fürchtete. Auf der Seine wurde die Schiffahrt untersagt. An der ganzen Fahrtstrecke von Le Havre nach Courbevoie drängten sich viele Leute an den Ufern und Brücken. Trotz der Kälte folgte eine ergriffene Menge dem Leichenwagen vom Triumphbogen zum Invalidendom.

Ganz Paris war in Aufruhr. Man errichtete Säulen aus Pappmaché, hängte Girlanden auf ... Man ließ Wäschestücke der Marke *Rückkehr der Asche* herstellen, außerdem einen Likör *Rückkehr der Asche* und einen Schnaps, den man »Likör des Napoleongrabes« nannte ... Manche kritisierten den geschmacklosen Festschmuck und äußerten ihre Enttäuschung, daß sie »nichts sahen«.

173

Das sagt Victor Hugo über den Leichenwagen: »Das Ganze hat Größe. Es ist eine riesige vergoldete Masse, deren einzelne Stufen eine Pyramide bilden. Der eigentliche Sarg ist nicht zu sehen. Man hat ihn in die Vertiefung des Wagenbodens gestellt, was die Anteilnahme beeinträchtigt. Darin besteht der schwere Mangel dieses Wagens: Er verbirgt, was man sehen möchte, wonach Frankreich verlangt hat, was das Volk erwartet, wonach die Augen suchen: den Sarg Napoleons.« (*Ansichten*)

Vielleicht, weil sie »nichts gesehen« hatten, drängten sich hunderttausend Leute am Invalidendom und standen zehn Stunden Schlange, um endlich den Kaiser zu erblicken.

Die Kunstakademie veranstaltete im Oktober 1841 einen Wettbewerb um den besten Entwurf für das Grabmal Napoleons. Gewinner war der Künstler Visconti.

Die Bauarbeiten am Grab dauerten bis 1853, was offenbar eine ziemlich lange Zeit ist, um einen Mann von dieser Körpergröße unterzubringen. Napoleons sterbliche Reste blieben bis zum 2. April 1861 in der Kapelle Saint-Jérôme. An diesem Tag wurde Napoleon in die berühmte offene Krypta überführt und konnte endlich seine allerletzte Ruhestätte kennenlernen.

PS: Muß ein Mann erst tot sei, damit man entdeckt, daß sein Herz in die Hosengegend gerutscht ist?

Nero
Geboren als Lucius Domitius Claudius Nero

Geboren am 15. Dezember 37 n. Chr. in Antium bei Rom, »bei
Sonnenaufgang und mit den Füßen nach vorn«, Umstände, die
von den Auguren als schlechtes Vorzeichen angesehen wurden.
Bekannt als Kaiser, der als Schauspieler und Sänger auftrat, und
dafür, daß er, wie einige Leute annahmen, Rom in Brand gesteckt
hatte und daß er den Autor der »Apokalypse« zur Gestalt des Tie-
res inspiriert hat.
Tacitus schlägt vor: bekannt für seinen »Hang zum Unerhörten«.

WANN: am 9. Juni 68 n. Chr., mit 30 Jahren.
WIE: an einem Dolchstoß.
WO: in einem kleinen elenden Zimmer in einem Haus am Stadt-
rand Roms.
LETZTE RUHESTÄTTE: Er wurde verbrannt, und die Urne wurde im
Mausoleum der Domitii, auf dem Hügel Pincius Mons, beigesetzt.
Im 11. Jahrhundert zerstörte man das Grab, als man die Kirche
Santa Maria del Popolo errichtete.

Nachdem Nero beschlossen hatte, aus Rom zu fliehen, wußte er
nicht, wohin er sich wenden sollte. Der Freigelassene Phaon, sein
ehemaliger Sklave, bot ihm sein vor der Stadt gelegenes Landgut als
Versteck an. Der Kaiser stimmte zu, und unterwegs erfuhr er, daß er
gesucht wurde. Als sie die Villa erreicht hatten, riet ihm Phaon zum
Selbstmord. Nero schreckte vor dem Tod zurück, doch er befahl,
vor seinen Augen ein Grab auszuheben. Er klagte über seinen baldigen Hingang:
»Welch ein Künstler stirbt in mir!«
Ein Kurier kam aus Rom (was ist das für eine heimliche Flucht,
wenn Kuriere einem Botschaften aus Rom überbringen?) und meldete, daß der Senat ihn soeben zum ›Staatsfeind‹ erklärt habe und

daß er gesucht werde, um an ihm die Strafe für sein Vergehen zu vollziehen. Nero fragte, was das für eine Strafe sei, und er hörte:

»Der Verurteilte wird dabei nackt mit dem Hals in eine Gabel geschlossen und totgeprügelt.«

Er ergriff zwei Dolche, die er aus Rom mitgenommen hatte, prüfte die Spitze beider und jammerte:

»Nein, die Schicksalsstunde ist noch nicht gekommen.«

Er fragte die Anwesenden, ob sich einer von ihnen nicht als erster töten wolle, damit er sehen könne, wie so etwas vor sich gehe. Niemand rührte sich. Dann richtete er sich mit den Worten auf:

»Auf, ermanne dich!«

In diesem Augenblick hörte er die Pferde der Soldaten (was ist das für eine heimliche Flucht, usw.?) und zitierte diese Worte Homers: »Donnernd schallt mir zu Ohren der Hufschlag eilender Rosse.« Dann rief er: »Ach, Jupiter! Welch ein Künstler geht der ganzen Welt verloren!«

Er stach sich einen Dolch in die Kehle. Schnell unterstützte ihn dabei der Sekretär Phaons, der die Tat vollendete, indem er die Klinge tiefer hineinstieß. Die Soldaten stürzten hinein, und einer warf sich auf Nero, um ihm die Waffe aus dem Hals zu ziehen. Er drückte seinen Mantel in die Wunde, weil er die Blutung aufhalten wollte. An ihn richtete Nero diese letzten Worte:

»Zu spät! Das ist Treue!«

Und er hauchte seine Seele aus.

Vielleicht.

Damals verbreitete sich das Gerücht, daß Nero, der »singende Tyrann«, nicht den Dolchstößen erlegen sei. Nach der Ankunft der Soldaten wurde er mit einem Leichentuch bedeckt, das durchaus einen anderen Menschen verbergen konnte. Also wäre es möglich, daß an seiner Stelle ein fremder Leichnam eingeäschert wurde. Mehrere Zeugen erblickten ihn zum Beispiel im Ägäischen Meer.

Neros Letzter Wille war, verbrannt zu werden, und seinen Kopf dürfe man unter keinen Umständen abschneiden. Seine Bitte wurde erfüllt, und den unverstümmelten Leichnam schmückte man zum letztenmal mit seinem goldbestickten weißen Mantel.

PS: Diese Legende von »zu Unrecht totgesagten Tyrannen« erinnert uns durchaus an eine andere. Die von einem Tyrannen, der Maler war.

Gérard de Nerval
Geboren als Gérard Labrunie

Geboren am 22. Mai 1808, in der Pariser Rue Saint-Martin.
Bekannt durch seine Gedichte.

WANN: am 26. Januar 1855, mit 46 Jahren.

WIE: Die offizielle Darstellung gibt an: »Strangulation«. Er hat sich also erhängt.

WO: an einem Gitter der Rue de la Vieille-Laterne, bei den Pariser Markthallen.

LETZTE RUHESTÄTTE: der Friedhof Père-Lachaise, nach einer Trauerfeier in Notre-Dame.

Im März 1867 exhumierte man ihn, weil es Probleme mit dem dauernden Ruherecht gab. Man legte seine sterblichen Überreste in einen Kindersarg und überführte ihn von der 16. in die 49. Abteilung. Der an der Gruft eingemeißelte Name ist ›Coligny‹, allerdings hat man den Namen ›Nerval‹ an einer kleinen Säule angebracht. Coligny, der zunächst zusammen mit Nerval ruhte, wurde später verlegt, aber sein Name blieb.

In der Klinik von Dr. Blanche, einer luxuriösen Irrenanstalt, hatte Nerval in der langen Zeit vom Oktober 1853 bis zum Oktober 1854 als Gast geweilt.

Am Ende des Jahres irrte Nerval durch Paris, hielt sich in Kneipen und Hotels sowie in der Wohnung seiner Tante auf, der er am 24. Januar eine kurze Nachricht hinterließ: »Warte heute abend nicht auf mich, denn die Nacht wird schwarz und weiß.«

Man nimmt an, daß er spürte, wie sich ihm der Wahnsinn von ferne nahte, und daß er hin und her lief, als wollte er ihn »ermüden«. Am Abend wurde er bei einer Razzia in einer Bar festgenommen und verbrachte die Nacht im Gefängnis. Er schlief.

Am nächsten Tag vertraute er einem Freund an:

»Die Sanduhr wird umgedreht; was geschrieben steht, das steht geschrieben; die magnetische Pilgerfahrt hat begonnen, nichts kann verhindern, daß sie vollendet wird.«

Dann wollte er Notre-Dame erklettern. Sein Freund war bei ihm, doch er bat ihn fortzugehen:

»Nein, unsere Wege trennen sich, wir müssen Abschied nehmen, auf Wiedersehen, ich habe noch eine weite Strecke zurückzulegen, ich muß zu anderen Stationen und Freundeshände drükken.«

Danach ist kaum noch etwas bekannt.

Die Rue de la Vieille-Grille, eine mit einer verrosteten Lampe geschmückte Treppe, ein Gasthof mit dem Schild »Zimmer über Nacht«. Ein riesiger Schlüssel, das Zeichen des Schlossers Boudet. Ein Rabe, den Gérard sehr gern hatte. Er sagte, dieser habe der Königin von Saba gehört, deren Diadem er stets bei sich trug, wie er behauptete. Als ein Freund sich eines Tages weigerte, diesem Raben zu begegnen, erwiderte er:

»Du hast vielleicht recht, daß du nicht kommst, man muß eingeweiht sein, um dieses mystische und furchtbare Wesen ohne Gefahr anzusehen.«

Es waren 18° unter Null. Gegen 3 Uhr morgens hörte die Hotelbesitzerin es an der Tür klopfen, doch sie machte nicht auf, weil alle Zimmer belegt waren.

Dort, »am Ende der Schlachthofstraße«, hängte sich Gérard mit seinem Schnürsenkel an einem Gitter auf. Man vermutete, er sei vielleicht überfallen worden, fand indes an seinem Körper keine Spuren von Verletzungen. Das war im Morgengrauen des 26. Januar, sein Körper war noch warm, und er hatte seinen Zylinder auf.

Die Kirche verbot kirchliche Begräbnisse bei Selbstmord. Doch Dr. Blanche erreichte eine Ausnahmebewilligung, indem er versicherte, daß Gérard de Nerval wahnsinnig und damit nicht für seine Handlungen verantwortlich gewesen sei.

Am Tisch 14 des Leichenschauhauses stellte man die Liste der persönlichen Sachen zusammen, die er zum Zeitpunkt seines Todes getragen hatte: einen schwarzen Frack, zwei Hemden, zwei Flanellwesten, eine graugrüne Tuchhose, Lackschuhe, einen schwarzen Seidenkragen, einen schwarzen Hut, ein weißes Taschentuch.

PS: eine schöne Begräbniskleidung, die zu einer schwarzen und weißen Nacht paßt.

Isaac Newton

Geboren am 25. Dezember 1642 (im Todesjahr Galileis) im Herrenhaus von Woolsthorpe, in der Grafschaft Lincolnshire (England).
Dafür bekannt, daß er viel von einem Apfel gelernt hatte.

WANN: am 20. März 1727, mit 84 Jahren.
WIE: an einem Blasenstein.
WO: in den Orbell's Buildings in Kensington.
LETZTE RUHESTÄTTE: direkt in der Westminsterabtei.

Der arme Newton hatte schon 1724 eine Blasenoperation über sich ergehen lassen, doch die Ärzte konnten nicht viel für seine geschwächten Schließmuskeln tun. Wegen seiner Harninkontinenz zog er sich allmählich aus der Öffentlichkeit zurück, ging selten aus dem Haus und empfing wenig Gäste. Im folgenden Jahr bekam er einen hartnäckigen Husten, und man riet ihm, die gute Luft in Kensington zu genießen. Das Landleben tat ihm wohl. Er klagte über Gedächtnisstörungen, war jedoch heiterer Stimmung. Eines Morgens riet ihm ein Freund, nicht zur Messe zu gehen, und er erwiderte:
»Ich habe Beine, und ich kann sie gebrauchen!«
Im August 1726 – seine Ärzte besuchten ihn damals sehr regelmäßig – befürchtete Dr. Cheselden, daß er eine Fistel hätte, doch er entdeckte nur »eine kleine Erschlaffung an der inneren Darmwand, ganz bedeutungslos«.
Trotz dieser Bedeutungslosigkeit verfügte Newton mehrere Schenkungen und verbrannte einige Schriftstücke. Der Pfarrer seiner Gemeinde besuchte ihn, und er stellte fest, daß er gerade »an seiner Chronologie der alten Königreiche [schrieb], ohne Brille, in dem Teil des Zimmers, der am weitesten vom Fenster entfernt war«. Der Pfarrer wies ihn darauf hin, daß er nicht gut sehen könne, und Newton antwortete:

»Ich brauche nur wenig Licht.«

Er erklärte sich einverstanden, am 2. März an einer Sitzung der Royal Society teilzunehmen, der er angehörte. Es machte ihm Freude, London wiederzusehen, doch am nächsten Tag hustete er heftig. Er fuhr am 4. März nach Kensington zurück. Die Ärzte stellten unverzüglich die Diagnose, daß er einen Blasenstein habe. Newton litt entsetzlich. Trotzdem fand er die Kraft, die Sterbesakramente abzulehnen. Am 15. März fühlte er sich besser, aber am 19. März verlor er das Bewußtsein und starb, ohne es zu merken.

Und zum Schluß eine kleine Indiskretion Voltaires: »Ein eigenartiger Gegensatz, in dem er [Newton] sich zu Descartes befindet, besteht darin, daß er sich in seinem ganzen langen Leben niemals einer Frau genähert hat. Das wurde mir von dem Arzt und dem Wundarzt bestätigt, in dessen Armen er gestorben ist.« (*Englische Briefe*)

PS: ein Physiker und Mathematiker, der an einem Blasenstein stirbt ... nachdem er den Stein der Weisen gefunden hatte.

Friedrich Wilhelm Nietzsche

Geboren am 15. Oktober 1844 in Röcken (Provinz Sachsen).
Sein Vater war Pastor und gab ihm die Vornamen seines Idols, des preußischen Königs Friedrich Wilhelm IV.
Bekannt durch seine philosophischen Ideen, die er zum Beispiel in »Die fröhliche Wissenschaft«, »Also sprach Zarathustra« *usw. geäußert hat.*

WANN: am 25. August 1900, mit beinahe 56 Jahren.

WIE: »An einem Schlaganfall, der durch Überarbeitung und die Einnahme von Beruhigungsmitteln hervorgerufen wurde«, versicherte seine Schwester. Seine Krankheit heißt ›Paralysis progressiva‹. Diese Krankheitsbezeichnung bietet den Vorteil, daß sie die Krankheitsursache »im äußeren Bereich« lokalisiert (eine Syphilisinfektion, also eine erworbene Erkrankung) und den Begriff der Geisteskrankheit vermeidet, die »im inneren Bereich« lokalisiert wird.

WO: in seinem Weimarer Archivsaal. Seine Schwester hatte tatsächlich die Idee gehabt, ein Nietzschehaus errichten zu lassen – so wie es bereits ein Goethehaus gab. Das aber, als Nietzsche noch lebte.

LETZTE RUHESTÄTTE: der Röckener Friedhof, im Grab seiner Eltern.

In Turin litt Nietzsche seit langem an Migräne. Er schrieb, doch nicht soviel, wie es seine Schwester gern glaubte – nicht bis zur Erschöpfung –, und vor allem kontrollierte er seine Medikamentenabhängigkeit insofern, als er auf Kaffee verzichtete.

Die ersten Zeichen des endgültigen und irreparablen Zusammenbruchs Friedrich Nietzsches waren das, was man die ›Wahnbriefe‹ nennt, die er Anfang Januar 1889 an verschiedene Bekannte schrieb.

Am 3. Januar: »Die Welt ist verklärt, denn Gott ist auf der Erde.

Sehen Sie nicht, wie alle Himmel sich freuen? Ich habe eben Besitz ergriffen von meinem Reich, werfe den Papst ins Gefängnis, ich lasse Wilhelm, Bismarck und Stoecker erschießen.« Er unterzeichnete mit »Der Gekreuzigte«.

Am 5. Januar schrieb er seinem Freund Köselitz: »Singe mir ein neues Lied: Die Welt ist verklärt und alle Himmel freuen sich.«

An Burckhardt, der in Basel lebte: »Lieber Herr Professor, zuletzt wäre ich sehr viel lieber Basler Professor als Gott [...]«

Am 7. oder 8. Januar erblickte Nietzsche ein Pferd, das, wie er meinte, von einem Droschkenkutscher mißhandelt wurde. Er stürzte sich auf das Tier, hing sich ihm an den Hals, umarmte es und vergoß heiße Tränen (er konnte Tiere eigentlich nicht leiden).

Sein Freund Overbeck fand ihn »in einer Sophaecke kauernd« und krampfhaft weinend: Er ließ »dabei auch in kurzen [...] vorgebrachten Sätzen, sublime, wunderbar hellsichtige und unsäglich schauerliche Dinge über sich als den Nachfolger des toten Gottes vernehmen«.

Man gab ihm Bromwasser. Die Idee tauchte auf, ihn in eine Anstalt einweisen zu lassen. Um ihn nach Basel zu locken, erzählte man ihm, er sei ein Fürst, und auf dem Bahnsteig erwarte ihn ein großer Empfang.

Seine Mutter kam aus Naumburg. Man brachte ihn nach Jena. Während der Reise, die er mit ihr machte, packte ihn ein Wutausbruch, der seine Mutter entsetzte. Im Journal des Krankenhauses kann man am 19. Januar 1889 – am Tag nach seiner Ankunft – lesen: »Zur Abteilung folgt der Kranke unter vielen höflichen Verbeugungen. In majestätischem Schritt zur Decke blickend betritt er sein Zimmer und dankt für den ›großartigen Empfang‹ [...]. Unzählige Male versucht er den Ärzten die Hand zu schütteln.«

Seine Wahnsinnsanfälle zwangen jedoch die Pfleger bald, Besuche zu untersagen. Man versuchte, ihn ruhigzustellen, indem man ihm große Mengen Medikamente gab.

Im September fühlte er sich besser. Doch den Krankenwärter nannte er nun ›Fürst Bismarck‹, und er verlor das räumliche Wahrnehmungsvermögen.

Am 19. April schrieb er »an die Wände unleserliches Zeug. ›Ich will einen Revolver, wenn der Verdacht wahr ist, daß die Großherzogin selbst diese Schweinereien und Attentate gegen mich begeht.‹« Und: »Ich werde rechts an der Stirn krank gemacht.«

Dann hatte ›Fritz‹ genug von der Irrenanstalt. Er entfloh in Begleitung seiner Mutter und zog in deren Naumburger Haus.

In den Jahren 1891 und 1892 ging es mit seiner Gesundheit weiter bergab. Er spielte immer noch Klavier, hatte aber jedes Gefühl für den Rhythmus verloren. Seine Schwester Elisabeth Förster-Nietzsche kam verwitwet aus Paraguay zurück und fuhr wieder ab, ohne sich um ihn zu kümmern.

Anfang 1892 besuchte ihn Köselitz. Er notierte: »Die größte Aufregung zeigt er beim Lesen: das Blut steigt ihm da zu Kopf und seine Rede wird zu Gebell und Gepolter. Das beste ist da, man nimmt ihm das Buch aus der Hand. Von Verständnis dessen, was er liest, ist keine Rede mehr.«

Elisabeth Förster-Nietzsche kehrte nach Naumburg zurück, und diesmal nahm sie sich ihres Bruders an. Er spielte viel mit »5 Portemonnaies, welche allerlei, außer kleinen Münzen, in sich bergen«, wobei er immer wieder sagte: »Ich bin tot, weil ich dumm bin.« Oder: »Ich säe keine Pferde.«

Im Januar 1893 konnte er sich nur noch mühsam bewegen, weil er einen steifen Rücken bekam. Er sprach weiter viel, saß nun aber in seinem kleinen Rollstuhl.

Während des Sommers 1893 erkannte er einen guten Freund nicht wieder. Damals sagte er mehrmals: »Mehr Licht.« Und: »Summa summarum tot.«

Elisabeth mischte sich zunehmend in die Ausgabe der Werke ihres Bruders ein. Da er »anderswo« war, verwaltete sie seine Urheberrechte. So ernährte dieser beinahe tote Mann seine Familie weiter.

Im Dezember 1894 hatte Elisabeth den Einfall, aus einem Raum des Hauses ein Nietzsche-Archiv zu machen.

Im Juli schrie ihr Bruder so laut, wenn man ihn in seinem kleinen Rollstuhl zu den Bädern schob, daß man sich letztendlich entschied, allein zurechtzukommen, ohne ihn noch einmal in andere Obhut zu geben. Mama Nietzsche mühte sich damit ab, Wassereimer zu schleppen.

Nietzsches Mutter starb am 20. April 1897, mit 71 Jahren. Offenbar berührte ihn das nicht. Seine Schwester nahm alles in die Hand und beschloß, das Nietzsche-Archiv in Weimar einzurichten. Curt Paul Janz schreibt, da das Haus groß genug war, habe sie Fritz mitgenommen. Was wäre geschehen, wenn es ein kleines Haus gewesen wäre?

Er las Bücher, aber verkehrt herum. Man ließ ihn ein langes weißes Gewand tragen, das einem Priesterrock glich. Er war sehr still geworden. Elisabeth, die sich zu seiner Biographin ernannt hatte, behauptete, von jener Zeit an habe er das Bewußtsein wiedererlangt. Die Berichte der Freunde Nietzsches widersprechen dieser Darstellung. Er bewegte sich immer weniger, man mußte ihn alle zwei Stunden anders hinlegen, damit seine Haut nicht verschorfte. Er bekam einen Katarrh, der auf die Lunge übergriff. In der Nacht vom 24. zum 25. August begann er zu zittern und zu röcheln. Zwischen 11 und 12 Uhr hat Nietzsche uns verlassen.

Man überführte den Leichnam nach Röcken. Der Kreis hatte sich geschlossen. Am Beginn der Trauerfeier bekam man das »Läuten alter Glocken« zu hören, hierauf wurden Ausschnitte aus *Zarathustra* verlesen.

PS: Wenn man Nietzsche auch nicht als »Gekreuzigten« anerkennen kann, so muß man doch wenigstens zugeben, daß er sein Kreuz zehn Jahre lang getragen hat.

Alfred Nobel

Geboren am 21. Oktober 1833 in Stockholm.
Bekannt durch einen kaum zu bewältigenden Widerspruch: Dyna-
mit und Nobelpreis.
Er hat beides erfunden.

WANN: am 10. Dezember 1896, um 2 Uhr morgens, mit 63 Jahren.
WIE: an einer Hirnblutung.
WO: in seinem Haus »Mio Nido« (»mein Nest«) in San Remo (Ita-
lien).
LETZTE RUHESTÄTTE: Er wurde auf dem Stockholmer Nordfriedhof
feuerbestattet. Seine Asche ruht in der Familiengruft.

Im September 1896 suchte Nobel, der unter Migräne litt, Fachärzte
auf. Sie stellten eine akute Angina pectoris fest und rieten ihm, sich
auszuruhen. Daher fuhr er zusammen mit seinem Pariser Personal
in sein Haus nach San Remo.
    Er setzte sich in einen Sessel und wurde von einem Unwohlsein
gepackt, als er wieder aufstehen wollte. Da seine Angestellten sahen, in welch jämmerlichem Zustand er sich befand, fragten sie
sich, was sie tun sollten. Nobel bat sie auf schwedisch, seine Familie zu verständigen. Normalerweise beherrschte er fünf Sprachen.
Doch nun hatte er die Fähigkeit zu sprechen fast ganz eingebüßt.
Die französischen Dienstboten verstanden also seinen letzten Willen nicht. Sie entschlossen sich erst zu spät, alles Notwendige zu
veranlassen, und Nobel starb, bevor seine Angehörigen eingetroffen waren.
    Sein letztes Testament ist auf den 27. November 1895 datiert. Er
hatte es ganz allein, ohne Notar, aufgesetzt. Man hatte oft von ihm
gehört, daß Erbschaften »meistens Unfähigen zufallen« und daß sie
»die Faulheit begünstigen«.
    Daher war die Familie vielleicht nicht überrascht, als sie den In-

halt des Testaments erfuhr: Er verteilte sein gesamtes verwertbares Vermögen (er war steinreich) auf verschiedene ›Preise‹ – die berühmten Nobelpreise. Mit diesen Preisen sollten philanthropische Taten, wissenschaftliche und literarische Werke ausgezeichnet werden.

Um sein humanistisches Ideal zu betonen, setzte er hinzu: »Es ist mein ganz ausdrücklicher Wunsch, daß die Nationalität bei der Preisverleihung in keiner Hinsicht berücksichtigt werden darf und daß der Würdigste den Preis erhält, ob er Skandinavier ist oder nicht.«

Der schwedische König war mit dieser Verfügung durchaus nicht zufrieden und warf ihm fehlenden Patriotismus vor. Juristen bestätigten der Familie Nobels, daß sich das Testament anfechten ließe, da es nicht in Gegenwart eines Gesetzesvertreters geschrieben worden war. Die Angehörigen lehnten das ab. Der schwedische König hingegen befürwortete eine Revision.

In einem anderen Teil des Testaments erläuterte Alfred Nobel seinen Wunsch, daß man ihm nach dem Tod die Adern aufschneiden sollte, »damit keine Gefahr besteht, mich lebend zu verbrennen«. Der Arzt, der den Tod festgestellt hatte, erklärte, bei der Einbalsamierung sei alles Notwendige ausgeführt worden.

Auf Bitten seines Bruders hatte Alfred Nobel seine eigene Grabinschrift verfaßt, die in ein kleines, für den Familienkreis bestimmtes Buch aufgenommen wurde: »Alfred Nobel, den Kümmerling, hätte schon bei seinem ersten Schrei ein menschenfreundlicher Geburtshelfer ersticken müssen.«

Damals war er 50 Jahre alt.

PS: Man ist an eine gewisse pubertäre Literatur gewöhnt, die Gefallen am Morbiden findet und nach dem Tod ruft. Es kommt sogar vor, daß ein solcher junger Autor dem Tod wirklich begegnet. Man fühlt sich eher beunruhigt, wenn ein Mann von 50 Jahren so etwas zu äußern wagt. Ich weiß nicht, warum, aber das ist noch trauriger.

Nostradamus

Geboren als Michel de Nostre-Dame

Geboren am Donnerstag, dem 14. Dezember 1503, in Saint-Rémy-en-Crau (heute Saint-Rémy-de-Provence).

Dieser Tag entspricht dem 24. Dezember des Gregorianischen Kalenders.

Der Name ›Michael‹ bedeutet im Hebräischen: »wer ist gleich Gott«.

Bekannt durch seine Voraussagen, die »Astrologischen Zenturien«*, deren Sinn recht unergründlich ist.*

WANN: in der Nacht vom 1. zum 2. Juli 1566, gegen 3 Uhr morgens, mit 62 Jahren.

WIE: an der Gicht, die sich zur Wassersucht (einer »krankhaften Ansammlung von wäßriger Flüssigkeit in einer Körperregion«) entwickelt hatte.

WO: zu Hause, in dem Städtchen Salon, auf der Bank, die er sich neben seinem Bett aufstellen ließ, damit er seinen schweren Bauch und seine geschwollenen Beine hochziehen konnte.

LETZTE RUHESTÄTTE: Er hatte sich in der Franziskanerkirche eine Gruft bauen lassen, wo man ihn »stehend« beisetzen sollte, »damit man [ihn] nicht mit Füßen treten konnte«.

In der *Abhandlung über Konfitüren* hatte er das Rezept für Ochsenzungenbastkonfitüre als Heilmittel gegen die Gicht angegeben. Er nahm sie zu sich, doch sein Körper schwoll weiter an.

Sein Begräbnis fand am 2. Juli statt, dem Fest der Heimsuchung Mariä.

Man trug ihn mit seinen Büchern und seinem Schreibzeug zu Grabe. Seine Frau, Madame Anna Ponsart, ließ diese Grabinschrift anbringen: »Hier ruhen die Gebeine des hochberühmten Michael Nostradamus, des einzigen, der nach dem Urteil der Sterblichen würdig ist, mit einer beinahe göttlichen Feder und unter dem Einfluß der Gestirne die zukünftigen Ereignisse der ganzen Welt zu verzeichnen.«

PS: Wenn der Inhalt der *Zenturien* ebenso wohlbegründet wie das Rezept gegen die Gicht ist, steht das Weltende nicht für morgen bevor.

Paracelsus

Geboren als Theophrastus Bombastus von Hohenheim

Geboren um 1493 in Einsiedeln (Schweiz).
Die Biographen können sich nicht auf ein genaues Geburtsdatum einigen.
Bekannt durch sein Wirken als Alchimist.

WANN: am 24. September 1541, mit etwa 48 Jahren.

WIE: Es wurde viel von einer Intrige gesprochen, die Salzburger Ärzte angezettelt hätten, weil sie ihn um seine Stellung beneideten. (Anfang 1541 hatte ihn der Erzbischof Ernst von Wittelsbach holen lassen, um ihn zu seinem Leibarzt zu machen.) Sie haben angeblich einen Mörder gedungen, der ihm den Schädel einschlagen oder ihn von einem Felsen stürzen sollte. Da er jedoch drei Tage vor dem Tod sein Testament aufsetzte, darf man annehmen, daß er wußte, wie es um seine Gesundheit stand, und daß er eines natürlichen Todes gestorben ist.

WO: in einer Kammer des Salzburger Wirtshauses ›Zum Schimmel‹.

LETZTE RUHESTÄTTE: Seinem Willen entsprechend, wurde er noch am Tag seines Todes auf dem Armenfriedhof beerdigt. Der Fürsterzbischof ordnete eine würdige Begräbnisfeier in der Sebastianskirche an. Eine rote Marmortafel trug diese Inschrift: »Hier ruht Philippus Theophrastus, der vortreffliche Doktor der Medizin, der Verletzungen, Lepra, Gicht, Wassersucht und andere unheilbare Krankheiten durch seine wunderbare Kunst heilte. [...] Am 24. September 1541 vertauschte er das Leben mit dem Tod.«

Seine sterbliche Hülle wurde mehrmals in ihrer Ruhe gestört. Fünfzig Jahre nach seinem Tod errichtete man auf seiner Grabstätte eine Kapelle, und 1752 legte man dann seine Gebeine in einen Obelisken, an dem man sein Bild anbringen wollte. Irrtümlicherweise nahm man nicht sein Bild, sondern das seines Vaters. Im 19. Jahrhundert erhielten schließlich einige Ärzte, die das Rätsel seines Todes lösen wollten, die Erlaubnis, seine Knochen zu untersuchen.

Dr. Sommering entdeckte am Schädel eine Verletzung des Hinterhauptbeins und entschied sich für die Hypothese eines Schlags oder eines Sturzes.

Dr. Aberle, der die Knochen zwischen 1878 und 1886 untersuchte, machte die Legende vom Schädelbruch zunichte und schloß vielmehr auf Rachitis, die zahlreiche Knochenanomalien erkläre.

Das mit Paracelsus verbundene doppelte Mysterium, das sich aus seinem okkultistischen Wirken und den unklaren Begleitumständen seines Todes ergab, führte damals zu dieser sich sehr hartnäckig haltenden Sage: Da Paracelsus spürte, daß sein Ende nahte, rief er seinen Freund, den TEUFEL, der ihm versprach, ihn als jungen Mann wiederauferstehen zu lassen. Hierfür müsse Paracelsus gestatten, daß man ihn zerschneide, die Stücke mit Pferdemist vermische und genau dreihundertfünfundsechzig Tage begrabe. Aber der treue Diener, der diese Aufgaben ausführte, versagte am dreihundertdreiundsechzigsten Tag, weil ihn die Neugier übermächtig plagte (man vergleiche das mit dem Märchen *Blaubart*): Zwei Tage vor dem Termin öffnete er das Grab. Der Körper hatte sich wieder verjüngt, doch dem Kopf war nicht die Zeit zum Nachwachsen geblieben.

Die Verwandlung wurde für immer unterbrochen.

PS: Paracelsus hatte zu seinen Lebzeiten offene Geringschätzung für jene geäußert, die sich rühmten, sie könnten Gold mit alchimistischen Methoden gewinnen. Die Alchimie muß Paracelsus zufolge vielleicht unter einem anderen Blickwinkel betrachtet werden: Er hat unendlich oft versucht, die Krankheit in Gesundheit zu verwandeln.

Louis Pasteur

Geboren am 27. Dezember 1822 in Dôle (Jura).
Bekannt durch seine Forschungsarbeiten über Krankheiten, sein
Institut und die Pasteurisierung. Und selbstverständlich durch sei-
nen berühmten Impfstoff gegen die Tollwut.

WANN: am 28. September 1895, mit 72 Jahren.

WIE: an einer Harnvergiftung, die sich in Atemrhythmusstörun-
gen äußerte.

WO: in Villeneuve-l'Étang, dem Ort, wo die Diphtherie-For-
schungsabteilung aufgebaut wurde.
Er hatte das Pasteur-Institut am 13. Juni verlassen.

LETZTE RUHESTÄTTE: Er wurde in einer Krypta beigesetzt, die man
unter dem Pasteur-Institut in der Pariser Rue du Docteur-Roux
(15. Arrondissement) errichtet hatte.

Nach einem letzten Anfall verbrachte Pasteur vierundzwanzig
Stunden so gut wie geistesabwesend. Seine Frau bot ihm eine Tasse
Milch an, doch er konnte sie nicht trinken. Er antwortete:

»Ich kann nicht mehr.«

Das waren seine letzten Worte. Seine Frau und seine Freunde
lösten sich an seinem Bett ab.

Er entschlief um 16.40 Uhr, während er mit der einen Hand die
seiner Frau drückte und in der anderen ein Kruzifix hielt.

Es scheint nicht besonders eindrucksvoll, daß man mit einem
Kruzifix stirbt. Doch Pasteur hatte vertraulich mitgeteilt, daß ihn
der Glaube verlassen hätte, wobei er hinzufügte, daß er vor allem
nicht seine Frau enttäuschen wollte, die nämlich sehr gläubig war.

PS: Muß man in dieser letzten Szene nicht eher ein Zeichen der
Liebe sehen, die Pasteur für seine Frau empfand, als ein Zeichen seiner Liebe zu Gott?

Plinius der Ältere

Geboren 23 n. Chr. in Novum Comum (dem heutigen Como).
Bekannt durch seinen wissenschaftlichen Kenntnisdrang und sein
Ende, das mit der Zerstörung Pompejis zusammenhing.

WANN: am 7. Tag vor den Kalenden des September, das heißt am
24. August 79 n. Chr., mit 56 Jahren.

WIE: Die Legende behauptet, die aus dem Vesuv strömenden
Gas- und Staubwolken hätten ihn erstickt, doch später tau-
chen andere Hypothesen auf.

WO: an der Küste von Stabiae, ungefähr fünfzehn Kilometer vom
Vulkan entfernt.

LETZTE RUHESTÄTTE: An der Küste von Herculaneum, unter einer
Säulenhalle, die sich dem Meer gegenüber befand, entdeckte ein
Archäologe um das Jahr 1900 mehrere Skelette. Eines sah wie »das
eines wohlbeleibten Aristokraten« aus (diese Formulierung stammt
von Mirko D. Grmek). Man nahm den Schädel dieses alten dicken
Mannes und stellte ihn im römischen Nationalmuseum für Kunst-
geschichte mit der Aufschrift »Schädel Plinius des Älteren« aus. Er
war überhaupt nicht an dieser Küste gestorben.

Plinius der Ältere hatte einen Neffen: Plinius den Jüngeren. Dieser
achtzehnjährige Neffe schilderte in einem Brief an Tacitus den Tod
des großen (und dicken) Mannes, der uns hier beschäftigt.

Kap Misenum im Golf von Neapel.

Plinius der Ältere arbeitete auf seinem Bett. Er hatte ein Sonnen-
bad genommen, dann ein Bad in kaltem Wasser. Der junge Plinius
arbeitete neben ihm. Auf einmal zeigte ihnen die Mutter des kleinen Plinius am Himmel eine Wolke, »die an eine Kiefer denken
ließ«. Da der Alte sich hingebungsvoll wissenschaftlichen Proble-
men widmete, bestieg er einen Hügel, um besser sehen zu können.
Er beschloß, mit einem kleinen Schiff zur anderen Seite der Bucht

zu fahren (das war für ihn kein Problem, denn er kommandierte persönlich die Flotte von Misenum), weil er versuchen wollte, den Ursprung dieser Erscheinung zu verstehen. Er bot seinem Neffen an, ihn zu begleiten; da der andere aber nicht verrückt war, lehnte er ab.

Eine verängstigte Frau kam. Sie wollte Hilfe holen, weil alle Landhäuser am Fuß des Vesuv von Erdstößen erschüttert wurden. Plinius sollte all diese armen Leute mit dem Schiff einsammeln.

Plinius verkündete, der Forscherdrang habe hinter hochherzigem Heldenmut zurückzutreten, und er ließ größere Schiffe ausrüsten. Er fuhr auf Pompeji zu. Der Himmel schleuderte Asche und verbrannte Steinchen herab. Plinius zögerte einen Augenblick, doch er setzte die Fahrt fort, bog allerdings zum Haus seines Freundes Pomponianus ab, wo die Gefahr weniger groß schien.

Der Vesuv erleuchtete die Nacht. Als Plinius bei seinem Freund eintraf, wollte er die Gemüter beruhigen, indem er sagte, daß die Flammen, die das Dunkel durchzuckten, Feuerstellen seien, die auszulöschen die Flüchtenden vergessen hätten. Er selbst war so ruhig, daß er sich ins Bad bringen ließ und zu Abend speiste, wobei er heiter war »oder sich heiter stellte«, und danach legte er sich in einem Zimmer zur Ruhe, »wobei nicht bezweifelt werden [konnte], daß er schlief, denn sein Atemholen, das bei ihm wegen seiner Leibesfülle schwerer und lauter war, wurde von denen, die an seiner Zimmertür vorbeigingen, gehört«.

Man mußte ihn wecken, weil der Hof, von dem man in das Zimmer gelangte, sich schon mit Asche füllte. Man befürchtete, daß man die Tür später nicht mehr öffnen könnte.

Die Unglücklichen, die währenddessen auf Hilfe warteten, warteten weiter.

Man beriet sich, doch nicht lange, denn Erdstöße und Staubwolken aus Bimsstein regen nicht zur Meditation an. Um sich zu schützen, legte man sich »Kissen auf den Kopf und band sie mit Leinentüchern fest«. Plinius nicht. Man ging ans Meer, weil man sehen wollte, ob man es befahren könnte. Unmöglich.

Plinius ließ ein Laken auf dem Sand ausbreiten und legte sich hin. Er verlangte kaltes Wasser und trank es. »Die Flammen und der Vorbote der Feuersbrunst, der Schwefelgestank«, trieben die Leute, den Strand fluchtartig zu verlassen. Plinius stützte sich »auf zwei Sklaven, um sich aufzurichten, und brach sofort zusammen«.

Nach zwei Tagen der Dunkelheit (die Asche hatte die Sonne verborgen) entdeckte man den Leichnam Plinius' des Älteren. »Man fand seinen Leichnam unversehrt, unverletzt und bedeckt, wie er bei seiner Abfahrt bekleidet gewesen war: Die Haltung des Körpers war einem Schlafenden ähnlicher als einem Toten.«

Niemand berichtete, was seinen Tod verursacht hatte. Sein Neffe vermutete, daß »ihm durch den von der Asche bewirkten dichten Qualm die Luft genommen und die Luftröhre verschlossen wurde, die bei ihm von Natur aus schwach und eng war, so daß sie häufig zu Atembeschwerden führte«. War er Asthmatiker, litt er so lange unter Atemnot, bis er überhaupt keine Luft mehr bekam?

Sueton erwog die Möglichkeit eines Selbstmords, wobei er hinzufügte, Plinius könnte einen Sklaven gebeten haben, seine Leiden abzukürzen.

Was die Hypothese des Erstickungstods betrifft, so weist Grmek darauf hin, daß die mit ihm verbundenen Schmerzen sich nicht mit den als »entspannt« beschriebenen Gesichtszügen des Plinius vereinbaren lassen. Und dann ist ein Strand kein geschlossener Raum, dort erstickt man nicht einfach.

Dr. Starkenstein hingegen erkannte an, daß es einen Hinweis auf eine Kohlenmonoxydvergiftung gebe, denn diese Substanz rufe eine rosige Hautfärbung hervor.

Jedoch behauptet niemand, daß er rosig ausgesehen hätte, er wirkte lediglich entspannt.

Jacob Bigelow brachte die These eines Herzanfalls vor. Grmek folgte dieser Spur, und er fügte hinzu, daß das Gewicht des Plinius, die Aufregung und die körperliche Anstrengung, als er sich auf dem Schiff befand und der Gewalt der Elemente ausgesetzt war, möglicherweise sein Herz versagen ließen. Dann ist die sonderbare Haltung des Lebensretters anders zu erklären: Plinius hätte einen Augenblick an Umkehr gedacht und vielleicht gerade in diesem

Moment einen ersten Anfall bekommen. Er schlief, während die Welt ringsum brannte, doch das zeigte die Nachwirkungen des Anfalls, er war am Ende seiner Kräfte, und was man für Schnarchen gehalten hatte, erweist sich dann als Röcheln.

PS: Wie gut ist es für einen, daß sein Leben erlischt, wenn alles ringsum brennt.

Edgar Allan Poe

Geboren am 19. Januar 1809 in Boston.
Bekannt durch seine »Phantastischen Geschichten« *mit morbider*
und kriminalistischer Tendenz.

WANN: am 7. Oktober 1849, mit 40 Jahren.

WIE: an einem Schlaganfall.

WO: in Baltimore, im Washington College Hospital.

LETZTE RUHESTÄTTE: Er wurde neben seinen Vorfahren auf dem
Green-Street-Friedhof in Baltimore beigesetzt. Walt Whitman teilte
einem Freund mit, er habe diesem Begräbnis, an dem vier Personen
teilnahmen, aus der Ferne beigewohnt. Er sagte, »die Zeremonie
dauerte nicht länger als drei Minuten«, sie »[war] so kalt und so wenig christlich, daß sie [bei ihm] ein Gefühl unbeherrschbaren Zorns
hervorrief«. (Das gilt unter dem Vorbehalt, daß Whitman wirklich
das Begräbnis beobachtet und diese wenigen Sätze nicht nachträg-
lich geschrieben hat. Jedenfalls gibt seine Schilderung, ob sie erfunden ist oder nicht, die Atmosphäre des Ereignisses gut wieder.)
Am 17. November 1875 weihte man mit eindrucksvollem Pomp
ein Marmorgrabmal ein, das Poes sterbliche Überreste aufnahm. Es
gab viele Blumen, darunter einen großen Raben aus schwarzen
Chrysanthemen.

Am Mittwoch, dem 3. Oktober, erhielt Dr. Snodgrass nachmittags
in seiner Praxis diese kurze schriftliche Mitteilung: »Sehr geehrter
Herr! Im Wahllokal Ryan in 4. Bezirk befindet sich jemand, dem es
sehr schlecht geht. Er heißt Edgar A. Poe und ist offenbar in großer
Gefahr. Er sagt, daß er Sie kenne, und ich versichere Ihnen, daß er
unverzüglich Hilfe benötigt.«

Die Wahlen für den Kongreß waren in vollem Gange. In der High
Street war ein Mann zusammengebrochen, der einen Stockdegen
fest in der Hand hielt. Ein vorbeikommender Drucker hatte ihn er-

kannt. Poe hatte noch die Kraft gefunden, ihm den Namen »Dr. Snodgrass« zuzuflüstern, und war dann in eine Art Dämmerzustand verfallen.

Snodgrass kam und fand alle beide in der Kneipe Cooth and Sergeant. Er ließ Poe schnell ins Krankenhaus bringen. Es war 17 Uhr.

Ein junger Arzt, der fünfundzwanzigjährige John Moran, wachte bei Poe bis zu dessen Ende (manchmal ließ sich Moran von seiner Frau ablösen, die dem Sterbenden aus den Evangelien vorlas). Nach dem Tod des Dichters erzählte er in einem Brief, als Poe ins Krankenhaus eingeliefert worden sei, »war er sich seiner Lage nicht im geringsten bewußt«. Von 5 Uhr nachmittags bis 3 Uhr morgens veränderte sich sein Zustand nicht. Dann wurde er von Zuckungen gepackt. Hierauf fiel er in »ein Delirium ohne heftige Anfälle, in dessen Verlauf er eine ununterbrochene und unverständliche Zwiesprache mit Schatten und Gegenständen hielt, die seine Phantasie an die Wand projizierte«. Sein Körper war schweißüberströmt. Er kam erst am zweiten Tag seines Krankenhausaufenthalts wieder zu Bewußtsein. Der Arzt versuchte nun, Poe über dessen Familie zu befragen, und dieser gab ihm zusammenhanglose Antworten. Er erklärte, er habe eine Frau in Richmont, doch er wußte nicht mehr, wann er diese Stadt verlassen hatte. Moran bemühte sich, ihm Mut zu machen, indem er ihm sagte, bald werde er seine Freunde wiedersehen.

Hierauf reagierte Poe lebhaft und bekannte, »das beste, was ihm sein bester Freund antun könnte, wäre es, ihm mit einem Pistolenschuß das Gehirn wegzupusten, und wenn er an seine Verkommenheit denke, sei er bereit, sich am Grund der Erde zu verkriechen«, und so weiter.

Da der Arzt glaubte, er sei eingeschlafen, verließ er ihn für einige Augenblicke, und als er zurückkam, sah er, daß er sich erneut im Delirium befand, »das diesmal heftig war«, wie er erklärt. Poe blieb bis zum Samstag abend in diesem Zustand. Er rief unablässig nach »einem gewissen Reynolds« (das war der Forschungsreisende, der ihn zu *Die Abenteuer des Arthur Gordon Pym* inspiriert hatte). Diesen Namen stieß er immer wieder bis zur dritten Morgenstunde des Sonntags hervor.

Moran berichtet, hierauf sei er plötzlich ruhig geworden und habe sich offenbar erholt. Er schüttelte sanft den Kopf und sagte:

»Herr, steh meiner armen Seele bei.«
Dann hauchte er sein Leben aus.

1885 veröffentlichte derselbe Moran eine Art »Widerruf«, den er *Verteidigung Edgar Poes* nannte. Als er ihn bei seiner Einlieferung ins Krankenhaus gesehen hatte, erklärte er, er habe sofort bemerkt, daß Poe betrunken sei, und er habe an einen Anfall von *Delirium tremens* gedacht. In seiner neuen Darstellung sprach er nun von »hochgradiger nervaler Erschöpfung, die das Gehirn angegriffen hatte«, und fügte hinzu, daß Poe nicht nach Alkohol gerochen hätte.

Nach Edgar Poes Tod führte die Polizei keine Untersuchung über die Umstände seines Ablebens durch. Trotzdem wäre es notwendig gewesen, einige Punkte genauer zu prüfen.

Georges Walter erinnert in seiner Biographie daran, daß an dem Tag, als man Poe vollständig unzurechnungsfähig auf der Straße fand, der Wahlkampf tobte. Man weiß auch, daß schmerzliche Ereignisse (der Tod seiner jungen Frau im Januar 1847, die Halluzinationen im vorhergehenden Jahr, als er weiße Gestalten sah, und ein Selbstmordversuch, die schädliche Wirkung des Alkohols auf ihn) sowie ein eigentlich glückverheißender Plan – der aber gewiß traumatisch wirkte, weil Poe erst vor kurzem verwitwet war –, nämlich eine zweite Ehe, die er zehn Tage später eingehen wollte, ihn veranlaßt hatten, auf das Trinken zu verzichten. Um sich zur Standhaftigkeit zu zwingen, war er in den Club »Die Söhne der Enthaltsamkeit« eingetreten und hatte dabei geschworen, keinen Tropfen Alkohol mehr anzurühren. Er ließ diese Verpflichtung in der Presse veröffentlichen, wahrscheinlich, damit ihm der äußere Druck helfen sollte, diese Großtat zu vollbringen.

Damals wählte man nicht mit einem Stimmzettel, das bloße Ehrenwort genügte. Wie Georges Walter angibt, war es in diesem Staat üblich, daß Werber aus beiden Parteilagern Leute aufgriffen und mit Alkohol oder Drogen vollpumpten, um sie soweit zu bringen, für ihren Kandidaten zu stimmen, und sie dann auf der Straße liegen ließen.

Vielleicht war er auch lediglich das Opfer eines Raubüberfalls: Seine sonst meist tadellose Kleidung war in schlechtem Zustand, als man ihn fand; er hatte zerrissene Sachen an und trug keine Jacke.

Um die Geschichte von Poes Nöten abzuschließen (doch man kann in seinem Leben und vor allem in dessen ersten Jahren viele weitere derartige Episoden finden), wollen wir noch sagen, daß ein entgleisender Zug dessen Grabstein (vor der Feier von 1875) überrollte, und Poes sterbliche Reste schlummerten sechsundzwanzig Jahre lang unter dieser knappen Inschrift: »Nummer 80«.

PS: Ein Mann, der auf einem Bürgersteig mit dem Tode ringt, in einer Stadt (wo man nicht weiß, was er dort wollte), ein Stockdegen (der ihm nicht gehörte), ein Gespräch mit den Schatten in einem Krankenhausbett, eine fehlende Jacke … Nur Edgar Poe hätte die letzten Zeilen dieser Kurzgeschichte schreiben können.

Marco Polo

Geboren 1254 in Venedig.
Bekannt durch seine Orientreisen; diese schilderte er in seinem
Werk »Abhandlung über die Welt«*, das auch* »Das Buch der Welt-
wunder« *oder* »Il Milione« *genannt wurde.*

WANN: am 8. Januar 1324, mit ungefähr 70 Jahren.

WIE: Man weiß es nicht, man kann sich jedoch vorstellen, daß er
sich bereits krank fühlte, denn ein Jahr vor seinem Tod
setzte er sein Testament auf: »Ich schreibe dies also aus gött-
licher Eingebung und durch die Entscheidung eines vor-
ausschauenden Geistes, und zwar lange vor dem Nahen
des Todes [...], während ich mich jeden Tag schwächer
fühle, da mein Körper hinfällig wird, doch mein Geist dank
der Gnade Gottes gesund geblieben ist.«

WO: in seinem Palazzo Ca' Polo, im Herzen Venedigs. Er wurde
am Ende des 16. Jahrhunderts bei einer Feuersbrunst zerstört. An seiner Stelle errichtete man das Theater der Mali-
bran.

LETZTE RUHESTÄTTE: Seinem Wunsch entsprechend, wurde er in der
Familiengruft, in der San-Sebastiano-Kapelle des Lorenzo-Klosters,
beigesetzt. Die Gebeine gingen bei umfangreichen Abbrucharbei-
ten um 1800 verloren.

Als Marco Polo mit dem Tode rang, kam, wie es heißt, ein Domini-
kanermönch an dessen Bett. Der Mönch erwartete, daß der Rei-
sende erklärte, es sei alles erfunden, erlogen und erdichtet, was er
in seinem Buch berichtet hatte. Wie der fromme Bruder meinte, er-
hitze das *Buch der Weltwunder* die Phantasie und entferne von
Gott. Marco Polo soll geantwortet haben, was er geschrieben hätte,
sei nicht einmal die Hälfte dessen, was er mit eigenen Augen gesehen habe.

Vierzig Jahre nach seinem Tod erhielt die Tochter Marco Polos die Genehmigung, über die Erbschaft ihres Vaters zu verfügen. Im Inventar fand man »Seiden- und Goldstoffe, kostbare Gewebe, dreißig große Mäntel, vierunddreißig Paar Bettwäsche, vierundzwanzig Betten mit den dazugehörigen Federbetten«.

PS: In welchem der vierundzwanzig Betten starb Marco Polo?

Marquise de Pompadour

Geboren als Jeanne Antoinette Poisson

Geboren am 30. Dezember 1721 in Paris.
Bekannt als gute Freundin Ludwigs XV.

WANN: am 15. April 1764, mit 42 Jahren.

WIE: Die Dame litt seit ihrer Kindheit an Schwindsucht, doch sie starb wahrscheinlich an einem Anfall, selbstverständlich an einem Herzanfall.

WO: im Schloß von Versailles.

LETZTE RUHESTÄTTE: Sie wurde in der (heute zerstörten) Kirche der Kapuzinernonnen an der Place Vendôme in Paris beigesetzt.

Am Anfang des Jahres 1764 magerte die Marquise ab, ihr Teint wurde blasser, schließlich spuckte sie Blut. Im Februar verließ sie Versailles, um den Hof zu begleiten, der sich nach Choisy begab. Dort zog sie sich in ein Zimmer zurück und fiel in eine kurze Ohnmacht.

Als sie nach Versailles zurückgekehrt war, legte sie sich ins Bett; sie hatte eine Brustentzündung, die zu einem ›Faulfieber‹ führte. Die Brüder Goncourt, die giftig wie Kröten waren, schrieben in einem ihr gewidmeten Buch: »Vergebens puderte und beschichtete sie dieses aschgraue Gesicht mit weißer Schminke und lebhaftem Rouge.« – Und sie sprechen auch von ihrem »ausgelaugten und ungesunden« Gesichtsausdruck.

Hierauf erholte sie sich wieder. Bis zum 7. April ging es ihr etwas besser. Sie lag auf dem Bett und rang nach Luft, doch sie beklagte sich nicht. Der König war tiefbetrübt über den schlechten Gesundheitszustand seiner Favoritin: Seit zwanzig Jahren leisteten sie einander Gesellschaft.

Am 13. April gaben es die Ärzte auf, ein lebensrettendes Heilmittel zu finden. Die Marquise würde sterben, sie konnten wirklich nichts tun. Dem Naturforscher Buffon schenkte sie ihren Papagei, ihren Hund und ihren Kapuzineraffen. Der Pfarrer der Madeleine gab ihr die Letzte Ölung.

Am 15. April verfaßte sie einen Zusatz zu ihrem Testament und teilte ihren Angehörigen mit:

»Die Zeit rückt näher, meine Freunde; lassen Sie mich mit meinem Beichtvater und meinen Frauen allein.«

Als sie sich eine gute Weile unterhalten hatten, wollte der Pfarrer gehen, doch sie hielt ihn mit den Worten zurück:

»Einen Augenblick, Monsieur Curie, wir gehen zusammen fort.«

Um 7.30 Uhr abends gingen sie fort, doch jeder für sich allein.

Es kam nicht in Frage, in Versailles eine Leiche liegen zu lassen. Deshalb bedeckte man sie mit einem Laken und holte eine Bahre, und die tote Freundin des Königs wurde schnell in die Rue des Réservoirs, in ihr Stadthaus, zurückgebracht.

Der Trauerzug begann an der Kirche Notre-Dame-de-Versailles und bewegte sich langsam auf die Kirche der Kapuzinernonnen zu. Regen und Wind löschten die ihn beleuchtenden Fackeln aus. Vielleicht war dieser Wind ein Abbild der bekümmerten Stimmung Ludwigs XV., der den düsteren Umzug von seinem Balkon aus defilieren sah. Einen Augenblick später trat er in sein Arbeitszimmer zurück. Er wollte die Tür schließen, und weil er weinte, sagte er mit trauriger Miene zu seinem Sekretär:

»Das ist die einzige letzte Ehre, die ich ihr erweisen konnte.«

PS: Das ist nicht schlimm, auch mich bringen Umzüge zum Weinen.

Marcel Proust

Geboren am 10. Juli 1871 in Auteuil.
Bekannt durch seine Sehnsucht nach der verlorenen Zeit.

WANN: am Sonnabend, dem 18. November 1922, mit 51 Jahren.
WIE: an einer Bronchitis, die sich zu einer Lungenentzündung entwickelte.
WO: in der Pariser Rue Hamelin, in einem Kupferbett.
LETZTE RUHESTÄTTE: die 85. Abteilung des Friedhofs Père-Lachaise.

Proust litt schwer an Asthma. Als er im März 1921 die Ausstellung flämischer Maler in der Galerie des ehemaligen Ballspielhauses besuchte, wurde er von ernsten Beschwerden gepackt.

Anfang 1922 schrieb er einem Freund: »Leider habe ich mich gar nicht wohl gefühlt! Ich sage leider, weil ich meine Bücher beenden muß, denn am Leben selbst hänge ich überhaupt nicht.« Er arbeitete damals am Abschluß von *Auf der Suche nach der verlorenen Zeit.*

Einmal hätte ihm sein Kamin beinahe den Erstickungstod gebracht, deshalb wollte er ihn nicht mehr anzünden. Da er leicht fror, harrte er vollständig eingemummt in seiner Wohnung aus. Gelegentlich traf er noch Freunde auf mondänen Abendgesellschaften. Am 1. Mai schluckte er unverdünntes Adrenalin, das entsetzliche Magenschmerzen bewirkte. Doch während es ihm gesundheitlich immer schlechter ging, verausgabte er fast seine ganze Kraft mit dem Schreiben. Am 18. Mai erklärte er Céleste, die seine Haushälterin und vor allem seine Amme war:

»Heute nacht habe ich das Wort ›Ende‹ geschrieben, jetzt kann ich sterben.«

Im Oktober erkältete er sich, als er von einem Besuch bei Freunden zurückkam. Er begann zu husten. Dr. Bize wollte ihm Kampferölinjektionen geben, doch Proust lehnte ab. Daraufhin zog Bize einen anderen Arzt hinzu, der vielleicht einen gewissen Einfluß auf den Kranken ausüben konnte: Prousts Bruder Robert. Dieser wollte den Schriftsteller in eine Klinik einweisen, was durch dessen kategorische Weigerung verhindert wurde. Proust verlangte von Céleste, die Vertreter der Heilkunst nicht mehr hereinzulassen.

Man hatte ihm eine ausgewogene Diät empfohlen, doch er war lediglich mit dem Kompott und der warmen Milch Célestes einverstanden. Wirklich gern mochte er eiskaltes Bier, das auf seinen fieberheißen Körper erfrischend wirkte.

Am Ende des Monats arbeitete er wieder an der Darstellung von Albertines Tod. Er verschickte mehrere Blumensträuße: einen an seinen Arzt und einen an Léon Daudet, der gerade einen lobenden Artikel über ihn geschrieben hatte.

In den ersten Novembertagen zwangen ihn Ohnmachtsanfälle, mit dem Schreiben aufzuhören. Er hustete so sehr, daß er nur mühsam atmen konnte. Er bat Céleste, nach seinem Tod den Abbé Mugnier zu holen, damit er das Totengebet sprechen sollte. In dieser Zeit begann er, sich durch kleine schriftliche Mitteilungen zu äußern, weil ihn das Sprechen zu sehr anstrengte.

Am 17. November bat er Céleste, folgendes aufzuschreiben:

»Wenn ich die Nacht überstehe, beweise ich den Ärzten, daß ich stärker als sie bin. Aber ich muß sie überstehen. Glauben Sie, daß es mir gelingt?«

Er diktierte bis 2 Uhr morgens und schrieb dann allein weiter. Doch bat er Céleste, bei ihm zu bleiben. Er verlangte Kaffee: »um Ihnen und meinem Bruder eine Freude zu machen«, und schließlich wollte er allein sein. Céleste postierte sich heimlich hinter der Tür. Um 8 Uhr läutete er nach ihr. Er sagte:

»Machen Sie nicht das Licht aus, Céleste, im Zimmer ist eine dicke Frau ... Eine dicke, fürchterliche, schwarzgekleidete Frau ... Ich will alles deutlich sehen!«

Céleste setzte sich über Prousts Anweisungen hinweg und ließ Bize rufen, der um 10 Uhr kam. Proust hatte Odilon, seinen bevorzugten Taxichauffeur, gebeten, ihm frisches Bier aus dem Ritz zu holen, und da dieses nicht eintraf, sagte er:

»Ach ja, Céleste, mit dem Bier ist es wohl wie mit den anderen Dingen: Es wird zu spät kommen.«

Mit Célestes heimlichem Einverständnis gab ihm Bize eine Kampferspritze (die arme Frau sollte diesen Verrat nie verwinden). Prousts Bruder kam und verlangte ein Federbett. Céleste erzählte, daß sie eine Federbettdecke holte, die Proust wegen seines Asthmas nicht haben wollte ... Er versuchte, ihm Schröpfköpfe aufzusetzen, die »nicht hielten«, und Odilon ließ er Sauerstoffballons holen. Die reine Luft brachte dem Kranken etwas Erleichterung. Am Nachmittag traf ein dritter Arzt ein, doch alle mußten sich mit der Tatsache abfinden: Bald würde Prousts Leben enden.

Die beiden Brüder unterhielten sich liebevoll. Dann versank Marcel in halbe Bewußtlosigkeit, hielt aber die Augen offen. Da er Céleste und seinen Bruder seit fünf Minuten starr anblickte, ging Robert um 5.30 Uhr behutsam zu Marcel und schloß ihm die Augen. Céleste wollte ihm die Hände falten, wie man es ihrer Meinung nach tun mußte, doch Robert sagte:

»Er ist mitten in der Arbeit gestorben, lassen wir seine Hände ausgestreckt liegen.«

Man wollte Pater Mugnier holen, da er jedoch krank war, konnte man das Totengebet nicht sprechen.

In ihren Erinnerungen an Proust stellte Céleste nachdrücklich fest, daß er im Widerspruch zu einer hartnäckigen Legende nicht mit dem Schrei »Mama« gestorben sei.

Am 22. November ließ man in der Kapelle Saint-Pierre-de-Chaillot Ravels *Pavane für eine tote Infantin* spielen.

PS: So erfahren wir denn verblüfft, daß der Tod eine dicke brave Frau ist, wo wir ihn doch für ein dürres Gerippe gehalten hatten.

François Rabelais

Geboren um das Jahr 1494, vielleicht am 4. Februar – das ist näm-lich der Geburtstag Gargantuas –, wahrscheinlich in La Devinière bei Chinon. Jedenfalls behauptete er von sich, er sei »Chionnai-ser«.
Bekannt dafür, daß er uns täglich durch seine Schriften ermuntert, »das nahrhafte Mark des Lebens auszusaugen«.

WANN: Man gab lange den 9. April 1553 als sein Todesdatum an. Aber Jean Dupèbe entdeckte eine auf den 14. März 1553 datierte notarielle Urkunde wieder, in welcher »der verstor-bene ehrwürdige und erlauchte Herr Magister Françoys Rabelais, zu seinen Lebzeiten Priester und Pfarrer von Meu-don«, seinem Bruder ein Legat aussetzte. Wenn Rabelais am 14. März wirklich »verstorben« war, wäre es ihm einiger-maßen schwergefallen, am 9. April abermals zu sterben. An-dererseits muß er ganz gewiß vor dem 1. Mai verschieden sein, denn Jacques Tahureau veröffentlichte an diesem Tag einige Gedichte, zu denen ein Rabelais gewidmetes Epitaph gehörte:
»Rabelais, jener von Natur aus kluge Mann, der den bissig-sten Geistern mit seinen Bissen zusetzte, ruht unter dieser Platte, und als er starb, verspottete er sogar jene, die über seinen Tod einigen Kummer empfanden.« (Was manche zu der Behauptung veranlaßte, Rabelais sei glücklich und leichten Herzens gestorben.)

WIE: Darüber weiß man wirklich nichts.

WO: Seinem Biographen Gilles Henry zufolge lebte er damals in Paris, in der Rue des Jardins, hinter der Kirche Saint-Paul, und dort starb er.

LETZTE RUHESTÄTTE: Er wurde in der Kirche Saint-Paul oder, wie es andere Darstellungen angeben, auf deren Friedhof beigesetzt.

Marcel Le Clère gibt in seinem *Handbuch der Pariser Friedhöfe* genauer an, daß er unter einem Feigenbaum beerdigt wurde.

1846 entdeckte ein Friedhofsangestellter einen Sarg, »er [enthielt] die unreinen Reste eines Mannes, der durch den Zynismus seiner Schriften und die Zügellosigkeit seiner Sitten das Priestergewand besudelt hatte« (Auszug aus dem Protokoll vom Februar 1847).

Der Sarg wurde ins Rathaus gebracht, bevor er seine letzte Reise in die Katakomben antrat ...

1551 erhielt der Arzt und Schriftsteller Rabelais zwei Pfarrstellen: Meudon und Saint-Christophe-du-Jambert. Er bezog deren Einkünfte, doch offenbar hat er dort nicht selbst die Messe gelesen und sich mit einem Vikar namens Pierre Richard geeinigt, der diese Amtshandlungen übernahm.

Das *Vierte Buch* erschien im Februar 1552, und am 1. März gab der Vertreter des Krongerichts bekannt, daß es aufgrund einer »Zensur der Theologischen Fakultät« den Buchhändlern verboten sei, dieses Buch zu verbreiten. Das Buch wurde trotzdem ein Erfolg, doch man verlor Rabelais aus den Augen. Im November 1552 vermutete jemand, daß er vielleicht eingesperrt wäre, er unternahm Nachforschungen in Paris und fand nichts heraus.

Am 9. Januar 1553 verkaufte der »Pfarrer von Meudon« seine Pfarreirechte. Manche behaupten, er sei hierzu gezwungen worden, und andere, daß er krank gewesen und dies gewußt hätte. Vielleicht begab er sich hierauf nach Paris und lachte sich tot.

Man schrieb ihm verschiedene letzte Äußerungen zu, wie etwa: »Ich gehe, vielleicht, um einen großen Mann zu suchen.« Oder: »Zieht den Vorhang zu, die Farce ist zu Ende.« Diese zwei Sätze könnten ein späteres Buch einleiten, das den Titel *Erfundene letzte Worte* haben würde.

Die Legende von dem Mann mit den riesigen und vielfältigen Gelüsten, der allzureichlich der *göttlichen Flasche* zusprach, wurde von der Grabinschrift begünstigt, die Ronsard für ihn schrieb (hatte er ihn wirklich gern?):

»Wenn die Natur ein Werk vollbringt
Mit dem, was tot im Grabe stinkt,
Und wenn das Leben neu entsteht
Aus dem, was schon zugrunde geht,
Dann wird ein grüner Weinstock ragen
Aus jenes Guten Wanst und Magen,
Des Rabelais, der ständig trank
Sein ganzes Säuferleben lang.«

PS: Diese fehlenden Hinweise auf Rabelais' tatsächliches Leben
(und Sterben) sind vielleicht das zweite Werk des Schriftstellers –
daß er die Spuren verwischte –, damit nur das Mark seiner Schriften fortbestünde.

Grigori Jefimowitsch Rasputin

Der Zar gestattete ihm, den Namen Grigori Jefimowitsch Rasputin
Nowy (»der Neue«) zu tragen.

Geboren um das Jahr 1863 im sibirischen Dorf Pokrowskoje. »Rasputin« *war ursprünglich ein Spitzname (*»der Wüstling«*).*
Bekannt für die Faszination, die er auf die Leute in seiner Umge-
bung ausübte. Manche hielten ihn für einen Teufel, andere für
einen großen Heiligen.

WANN: in der Nacht vom 16. zum 17. November 1916, mit etwa
   53 Jahren.
WIE: durch Ertränken.
WO: in Petrograd, im Fluß.
LETZTE RUHESTÄTTE: Er wurde am 22. Dezember 1916 in Gegenwart
des Zaren und seiner Frau in der Nähe des Schlosses Zarskoje Selo
beerdigt.

Fürst Felix Jussupow und einige Freunde hatten diese Nacht des
16. November für den Mord an Rasputin ausgesucht. Ihr Plan war
einfach: Sie wollten ihn vergiften. Drei Stück Kuchen mit Schoko-
ladenglasur und zwei Glas Wein erhielten einen Zyankalizusatz.
Der Fürst sprach von einer »Mammutdosis«. Er hatte Rasputin in
seine Villa am Moika-Kai gelockt, wobei er vorgab, daß er Rasputin
mit einem jungen Mädchen zusammenbringen wollte, das dieser
liebend gern kennengelernt hätte. Der Fürst empfing seinen Gast
im Souterrain, im Speisezimmer, während seine Komplizen im ersten Stock warteten. Er bot ihm Kuchen und Wein an, und Rasputin
ließ sich alles schmecken. Nach kurzer Zeit verspürte er »ein bren-
nendes Gefühl im Magen« und wollte noch mehr trinken. Plötzlich
wurde er trübsinnig und bat Jussupow, ihm Zigeunerlieder vorzu-
singen und dazu auf der Gitarre zu spielen. Der Fürst sang, und Rasputin gab sich seiner traurigen Stimmung hin.

Es war 3 Uhr morgens, und weil Rasputin noch immer nicht tot umfiel, ging der Mörder nach oben und beriet sich mit seinen Freunden. Zunächst wollten sie Rasputin erwürgen, doch der Fürst beschloß, ihn mit einem Revolverschuß allein zu töten.

Als er ins Souterrain zurückgekehrt war, stellte er fest, daß Rasputin immer noch lebte. Er ging zu seinem großen Kristallkruzifix. Vielleicht glaubte er, daß dieser Teufel Rasputin zusammenbrechen würde, wenn er mit dem göttlichen Symbol zu tun bekäme. Er bat Rasputin, das Kruzifix anzusehen und zu beten. Als er gerade das Kreuzeszeichen machen wollte, schoß der Fürst. Rasputin wurde ins Herz getroffen und stürzte rücklings zu Boden.

Die Komplizen traten ein und schleppten den Körper von dem Eisbärenfell, auf dem er zusammengesunken war, zum Plattenbelag des Raums. Man schloß die Tür ab.

Später in der Nacht überkam den Fürsten das Verlangen, sein Opfer zu betrachten. Er fühlte ihm den Puls und überzeugte sich, daß er endgültig tot war. Als er gerade hinausgehen wollte, bemerkte er, daß »dessen Gesicht von leichten Zuckungen verzerrt wurde«. Rasputin machte ein Auge auf, dann das andere, und er »sprang auf die Beine, mit Schaum vor dem Mund«. Er versuchte, Jussupow zu erwürgen. »Blut rann ihm über die Lippen«, und er stieß den Namen seines Mörders hervor: »Felix, Felix, Felix . . .«

Es gelang ihm, aus dem Haus zu kriechen. Jussupow schoß viermal auf ihn. Rasputin wurde an einer weiteren Flucht gehindert, und vor dem Haus, auf der Straße, brach er zusammen. Man schleppte den Körper ins Haus zurück. Der Fürst hatte seinen Knüppel dabei: »Mir platzte beinahe der Kopf, meine Gedanken verwirrten sich. Zorn und Haß erstickten mich. Mich packte so etwas wie ein Wutanfall. Ich stürzte mich auf ihn und schlug ihn mit einem Gummiknüppel, als wäre ich dem Wahnsinn verfallen.«

Man wickelte die Leiche in ein Bettuch. Die Komplizen brachten sie auf die Peter-Insel. Sie warfen den »stark gefesselten« Körper von der Brücke in den Fluß, vergaßen allerdings, ihn mit den Gewichten zu beschweren, die sie mitgebracht hatten. Sie mußten ein Eisloch suchen, wo sie den Leichnam versenken konnten.

Da ein Gummistiefel auf der Brücke liegengeblieben war, wurde eine Untersuchung eingeleitet. Am 19. November holte ein Taucher die Leiche aus dem Wasser. Sie war gefroren und mit einer dikken Eisschicht bedeckt, die den Biberpelzmantel umgab. Bei der Autopsie wurden drei Einschüsse festgestellt; die Kugeln hatten das Herz, den Hals und das Gehirn durchbohrt. Im Magen fand man »eine dicke, weiche, bräunliche Masse« (sicherlich das Gift). Das Gehirn roch nach Alkohol. Doch die Autopsie ergab vor allem, daß Rasputin nicht an einer »Mammutdosis« Gift und auch nicht an den Kugeln starb, die ihn durchbohrt hatten, ebensowenig an den Schlägen. Das Vorhandensein von Wasser in der Lunge zeigt, daß er noch in dem Augenblick lebte, als man ihn in den Fluß stürzte.

Rasputin war gestorben, weil man ihn ins Wasser geworfen hatte.

PS: Jetzt versteht man, warum es die Leute bei uns auf dem Lande vorziehen, neugeborene Kätzchen zu ertränken, anstatt sie zu vergiften oder zu erschießen.

Madame Récamier

Geboren als Jeanne Françoise Julie
(genannt Juliette) Adélaïde Bernard

*Geboren am 3. Dezember 1777, in Lyon, in der Rue de la Cage.
Bekannt dafür, daß sie eine prächtige und liebevolle Frau war (das
eine genauso wie das andere), und durch ihre Art, dekorativ auf
Sesseln zu sitzen. Manche tragen sogar ihren Namen.*

WANN: am 11. Mai 1849, mit 71 Jahren.

WIE: an der Cholera.

WO: bei nahen Verwandten, den Lenormand, in deren Dienst-
wohnung in der Pariser Nationalbibliothek.

LETZTE RUHESTÄTTE: der Friedhof Montmartre.

Juliette Récamiers Sehkraft ließ nach. Mit den Jahren erkrankte sie
immer häufiger an Grippe, sie ließ sich Blut abnehmen und trank
Eselsmilch. Sie war weiter von ergebenen Verehrern umschwärmt
– nennen wir nur Chateaubriand oder Dr. Ballanche, in dessen
Nähe sie auf dem Friedhof ruht.

1845 erblindete sie, und René (de Chateaubriand) kränkelte.
Chateaubriands Frau starb 1847, und er bot Juliette an, ihn zu heiraten. 1848 starb auch Dr. Ballanche, der Juliette so sehr geliebt
hatte.

Man versuchte, ihre Augen zu operieren, hatte jedoch keinen Erfolg. Sie konnte also nicht sehen, wie René starb, der nach dem
4. Juli 1848 von *Jenseits des Grabes* auf sie herabblickte.

Im Frühjahr 1849 wütete die Cholera in Paris und ganz besonders in der Rue de Sèvres, wo sie wohnte. Am Ostertag zog sie zu
den Lenormand, weil sie der Epidemie entfliehen wollte.

Am 9. Mai besuchte sie ihre Wohnung, um Papiere zu holen. Als
sie zu den Lenormand zurückgekehrt war, mußte sie einen Tag später das Bett hüten und wurde ohnmächtig. Der Arzt erkannte so-

fort, daß sie an Cholera erkrankt war. Eine zwölf Stunden dauernde Agonie begann. Sie verlangte nach einem Beichtvater und empfing die Letzte Ölung. Sie »hatte den Wunsch geäußert, auch die letzte Wegzehrung zu empfangen«, doch leider »mußte sie sich ständig übergeben, so daß man ihr diese fromme Bitte nicht erfüllen konnte«.

Sie rief die Familie an ihr Bett und nahm Abschied. Man las ihr das Gebet für Sterbende vor, und gegen 10 Uhr morgens hauchte sie die Seele aus.

Die Trauerfeier fand in Notre-Dame-des-Victoires statt. Niemals hatte man bei einer Beerdigung so viele Frauen in einer Kirche gesehen.

PS: Im Konversationslexikon kann man lesen, daß Juliette Récamier eine Literatin war. Liegt das daran, daß sie in der Nationalbibliothek starb?

Rembrandt
Geboren als Rembrandt Harmenszoon von Rijn

Geboren am 15. Juli 1606 in Leiden (Niederlande).
Sein Vorname war Rembrandt.
Bekannt für seine helldunkle Malerei.

WANN: am 4. Oktober 1669, mit 63 Jahren (man verfügt allerdings nicht über Dokumente, die dieses Datum bestätigen, doch offenbar haben sich alle darauf geeinigt).

WIE: Auch hierbei haben sich alle auf eine Erklärung geeinigt, nämlich, daß man es nicht weiß.

WO: Das weiß man, weil es im Pfarrbuch der Kirche steht, in der er beerdigt wurde. Er ist in seinem kleinen Haus an der Rozengracht, im Westviertel Amsterdams, gestorben.

LETZTE RUHESTÄTTE: an der Nordfassade der Amsterdamer Westerkerk. Sein Begräbnis ging nicht allzu vielen Leuten zu Herzen. 1989 erhielten Studenten die Genehmigung, dort Ausgrabungen vorzunehmen. Man barg einen Schädel, der durchaus jener des großen Malers sein konnte, doch jemand ließ ihn fallen, und er zersprang in tausend Stücke.

1656 war Rembrandts finanzielle Lage alles andere als glänzend: Er war pleite und war deshalb gezwungen, seinen Besitz zu versteigern. Er mußte bis zu seinem Lebensende arbeiten und wußte, daß ihm niemals seine eigenen Bilder gehören würden. 1662 mußte er sogar das Grab seiner Frau verkaufen. Im September 1668 starb auch noch sein einziger Sohn. Vielleicht gab es gute Gründe, warum seine Nachbarn ihn »die Eule« nannten.

Das Inventar seiner Habseligkeiten wurde gleich nach seinem Tod aufgenommen. In seinem Zimmer fand man ein Bett, eine Decke, ein Querkissen, fünf Kopfkissen, einen Spiegel (sicherlich jenen, der es ihm ermöglichte, seine Selbstporträts zu malen), einen Teppich, einen Stuhl und unvollendete Bilder. Im »Kabinett«schrank, in dem alle Dinge untergebracht waren, die einen gewissen Wert hatten, entdeckte man »drei armselige kleine Bilder« (die würde ich gern sehen).

Eines seiner unvollendeten Gemälde heißt *Simeon im Tempel.* Es stellt einen sehr alten Mann dar, der einem in Windeln gewickelten Säugling die Arme entgegenstreckt. Man deutete es als das Bild eines Mannes, der bereit ist, dem Tod ins Auge zu sehen und den Zyklus des Lebens wiederbeginnen zu lassen. So etwas wie eine ›Machtübergabe‹.

Ein weiteres unvollendetes Werk ist ein Familienbildnis. Rembrandt stellte seine eigene vereinigte Familie dar – eine Zusammenkunft, die nie stattfinden würde –, gleich jenen alten Leuten, die in ihrem Umkreis eine bereits verschwundene Welt wiedererstehen lassen, indem sie Selbstgespräche führen und mit den Menschen, die sie vermissen, eine imaginäre Zwiesprache halten. Rembrandt signierte dieses Gemälde, obwohl es unvollendet war, was er gewöhnlich nicht tat.

Als hätte er in seiner ganz persönlichen Art ebenfalls auf diesem Familienbildnis erscheinen wollen.

PS: Rembrandt malte in seinem letzten Lebensjahr zwei Selbstporträts. Horst Gerson weist darauf hin, daß auf einem von ihnen »ein Streifen im oberen Bildteil mit schwarzer Farbe überzogen wurde«. Er fragt sich, ob dieser schwarze Streifen von Rembrandt gemalt wurde. Wenn das zutrifft, so dient dieser Streifen als Trauerflor, mit dem man die Bilder bei einem Todesfall bedeckt.

Richelieu
Geboren als Armand Jean du Plessis

Geboren am 9. September 1585 in Paris.
Bekannt für seine Machtgelüste und seine geschmackvollen Bau-
ten: Sein Palais-Cardinal (Kardinalspalast), der später zum Palais-
Royal wurde, ist eine Wohnstätte, in der man gern längere Zeit le-
ben möchte.

WANN: am 4. Dezember 1642, mit 57 Jahren.

WIE: an einer »unechten Rippenfellentzündung«. Was erstaun-
lich ist: Trotz des Hasses, den er sich zugezogen hatte, starb
er eines ›natürlichen‹ Todes.

WO: in Paris, in seinem prächtigen Palais-Cardinal.

LETZTE RUHESTÄTTE: die Kirche der Sorbonne. In seinem Testament
hatte er diesen »Wunsch« geäußert: »Wenn meine Seele von meinem Körper getrennt sein wird, so wünsche und befehle ich, daß er
in der neuen Kirche der Sorbonne in Paris begraben wird.« Das
wurde ausgeführt, doch sein entseelter Körper mußte sich einige
Monate in einer heute zerstörten Kapelle gedulden, bis die Kirche
ganz fertiggestellt war. 1792 wurden die Gebeine des ›roten Kardinals‹ und die seiner Familie in alle Winde verstreut. Jemand konnte
den Schädel beiseite schaffen. Er wurde 1886 zurückerstattet. Wer
Richelieu die letzte Ehre erweisen möchte, muß wissen, daß er
heute nur seinem Schädel huldigt.

Am 6. Mai 1642 schrieb Richelieu: »An meinem Arm hat sich eine
neue Schwellung gebildet, und das ältere Geschwür, das Gott und
die Natur geschaffen hatten, ist aufgegangen und hat wieder stark
geeitert.«

Das Alter, die Schmerzen, die Abszesse, die halbe Lähmung und
die häufigen Aderlässe förderten nicht gerade die politischen Ambi-
tionen des Kardinals. Am 9. Juni setzte er in Narbonne sein Testa-

ment auf. Im August war er bereits sehr geschwächt, doch er scheute nicht vor einer Schiffsreise zurück, um den Lauf der Welt zu bestimmen. Sein Zeitgenosse J. de Banne, der diese Fahrt als Zeuge miterlebte, erzählte: »Als sein Schiff ans Land heranfuhr, legte man an einer Holzbrücke an, die vom Schiff zum Flußufer führte. Nachdem man sich vergewissert hatte, daß sie ganz zuverlässig war, holte man das Bett heraus, worin der besagte Herr lag, denn er hatte eine schmerzende Stelle oder ein Geschwür am Arm. Sechs starke Männer trugen das Bett auf zwei Stangen, und die Stellen, an denen die Männer anpackten, waren gepolstert und mit einem Lederüberzug versehen. [...] So trugen denn diese Männer das Bett und den besagten Herrn in die Städte oder zu den Häusern, wo er wohnen sollte.«

Hierauf wurden die Leute aufgefordert, Löcher in ihre Hauswände zu schlagen, und sie mußten kleine Brücken bauen, die geradewegs zu dem Bett führten.

Im September befand sich der Hochwürdigste Herr Kardinal in Lyon, um dem Prozeß zweier Männer beizuwohnen, die er beseitigen wollte. Sie wurden hingerichtet. (Der eine von ihnen, ein Günstling Ludwigs XIII., hatte einen sehr schönen Namen: Cinq-Mars ...)

Er kam nach Paris zurück und begann im Oktober mit der Ausarbeitung einer Denkschrift, die er dem König zuschickte. Wegen der Hinrichtung seines Günstlings Cinq-Mars antwortete der König zunächst nicht. Es folgte ein psychologischer Machtkampf zwischen Richelieu und Ludwig XIII. Während dieser unterschwelligen Auseinandersetzung klagte der Kardinal über heftiges Seitenstechen, das die Ärzte als »unechte Rippenfellentzündung« deuteten.

In der Nacht des 29. November stieg das Fieber, und Richelieu spuckte Blut. Am folgenden Morgen begriff er, daß er bald sterben würde. Der König, der Richelieus Briefe erhalten hatte und auf dessen Ratschläge hörte (oder so tat), besuchte ihn am 2. Dezember in dessen Kardinalspalast. Er gab ihm sogar eigenhändig »das Eigelb von zwei Eiern«, die der Kranke zu sich nehmen mußte (die Geschichte berichtet nicht, ob dieses Eigelb gekocht oder roh war;

wenn es jedoch gekocht war, so wollte der König vielleicht lediglich, daß der Kardinal erstickte).

Wußte der König da schon, daß der Minister ihm seinen Palast, seine gold- und diamantengeschmückte Kapelle, sein großes Büfett aus zisieliertem Silber, einen gewaltigen Diamanten und acht Wandteppiche hinterließ? Als der König aus dem Zimmer kam, hörte man ihn jedenfalls laut auflachen, während er ein Bild betrachtete.

Am 3. Dezember kam der König wieder. Sie unterhielten sich eine Stunde, und der König ging traurig fort. Die Vertreter der Heilkunst gaben ihre Ohnmacht zu und taten, was oft in einem solchen Fall geschieht: Sie ließen den Sterbenden im Stich – womit sie ihn einem ›Quacksalber aus Troyes‹ überließen. Der Quacksalber verordnete ihm ›Mineralwasser‹ und kleine Körnchen. Der Kranke fragte die ›offiziellen‹ Ärzte, wieviel Zeit er noch leben könne. Da er auf seiner Frage bestand, antwortete ihm ein Arzt:

»In vierundzwanzig Stunden sind Sie geheilt oder tot.«

Richelieu dankte ihm für seine Ehrlichkeit und sagte außerdem: »Gut gesprochen.«

Er beichtete dem Pfarrer von Saint-Eustache. Der Pfarrer fragte ihn, ob er seinen Feinden vergebe. Er antwortete lediglich:

»Ich habe keine anderen Feinde als die des Staates.«

Im Zimmer weinten die Abbés. Er verbrachte trotzdem eine ruhige Nacht.

Mutig und gottergeben wartete Richelieu auf sein Ende. Er bat seine Nichte Madame d'Aiguillon, das Zimmer zu verlassen, denn sie zerfloß in Tränen, und er fand, sie sei »zu weichherzig«. Sie antwortete, eine ihr bekannte Nonne habe die Vision gehabt, daß er nicht an dieser Krankheit sterben werde. Hierauf erteilte ihm Pater Léon noch einmal die Absolution. Was mochte er wohl seit seiner ersten Absolution getan haben, damit er eine zweite brauchte?

Er konnte noch ein wenig standhalten, weil man ihm löffelweise Wein einflößte. Dann seufzte er zweimal tief auf. Man hielt ihm eine brennende Kerze an den Mund, deren Flamme nicht flackerte.

Über seine letzten Worte weiß man nichts, außer daß die Leute auf der Straße erzählten, ihm wären Mäuse und Schlangen aus dem Mund gekrochen.

Die ersten Gedenkmessen fanden am 19. Januar in Notre-Dame und der feierliche Trauergottesdienst einen Tag später statt.

Ein Zeuge, der ihn recht wenig liebte, berichtete: »Der Priester begann eine Predigt in lateinischer Sprache, doch entweder, weil die Luft durch die vielen Kerzen stickig wurde, oder weil das Alter und die Erschöpfung diesen guten Priester von Saint-Eustache schwächten, wurde er ohnmächtig, und man mußte ihn hinter den Chor tragen, um ihm Erholung zu verschaffen.«

(Hermant)

Als der Papst vom Tod des Kardinals erfuhr, soll er gesagt haben:

»Wenn es einen Gott gibt, so wird er dafür büßen, aber wahrhaftig, wenn Gott nicht existiert, bravo!«

PS: BRAVO!

Rainer Maria Rilke

Geboren am 4. Dezember 1875 in Prag.
Bekannt durch seine literarischen Werke, wie etwa »Briefe an
einen jungen Dichter«, *seine Liaison mit Lou Andreas-Salomé und
weniger dadurch, daß er der Sekretär Rodins war.*

WANN: am 29. Dezember 1926, um 5 Uhr morgens. Er war
51 Jahre alt.

WIE: an einer Blutvergiftung, die vom Stich eines Rosendorns
hervorgerufen wurde.

WO: in der Klinik von Valmont (Schweiz).

LETZTE RUHESTÄTTE: der Friedhof von Rarogne, etwa zehn Kilometer
von seinem Aufenthaltsort, dem Schloß Muzot-sur-Sierre, entfernt.

»Wir waren früher so gute Freunde, mein Körper und ich; ich weiß
gar nicht, wie es kam, daß wir uns getrennt haben und einander
fremd wurden. Seit zwei Jahren habe ich das Gefühl und die absolute Gewißheit gehabt, daß etwas ins Unermeßliche aufsteigt, das
nun ausbricht.«

Vielleicht dachte Rilke an ein ›gewisses Etwas‹, das er voraus-
ahnte, etwas, was mit einer psychischen Krankheit zu tun hatte.
Seine Unterhaltungen mit Lou Andreas-Salomé über die Psychoanalyse könnten ihm hierzu einige Hinweise gegeben haben.

Doch die körperliche Krankheit war ja durchaus vorhanden. Die
Rose hatte den Dichter verletzt, und man mußte ihn behandeln.

»Es war keine leichte Aufgabe, sich um Rilke zu kümmern: Er
glaubte nicht an Bakterien und wollte nicht, daß man den Namen
seiner Krankheit aussprach. Und auch nicht, daß man ihn mit Medikamenten behandelte. In Rilkes Gesprächen mit seinem Arzt kam
immer wieder die Sorge zum Vorschein, daß dies niemandes Krankheit sei.« (J. R. von Salis)

Man mußte ihm versprechen, daß sein Arzt nicht versuchen

würde, seine Krankheit in eine bereits existierende Kategorie ein-zuordnen.

Trotz seiner Weigerung, die Wahrheit zu erfahren, schrieb er am 15. Dezember aus dem Krankenhaus von Valmont: »Das war es also, worauf meine Natur mich seit drei Jahren eindringlich vorge-warnt hat: ich bin auf eine elende und unendlich schmerzhafte Weise erkrankt, eine wenig bekannte Zellenveränderung im Blut wird zum Ausgangspunkt für die grausamsten, im ganzen Körper versprengten Vorgänge.«

Drei Tage vor seinem Tod sagte er seinem Arzt:

»Wenn Sie hereinkommen und ich schlafe, sprechen Sie mich nicht an. Aber drücken Sie mir die Hand, damit ich weiß, daß Sie da sind; und ich drücke Ihnen wieder die Hand – so, in dieser Form – dann wissen Sie, daß ich wach bin. Wenn ich Ihre Hand nicht drücke, versprechen Sie mir, mich aufzusetzen und etwas zu tun, damit ich wieder an meine Grenze komme.«

Schwere Fieberanfälle ließen Rilke in der Nacht nicht zur Ruhe kommen. Eine Stunde vor dem Tod drückte er die Hand seines Arz-tes. Dieser erzählte: »Er hat lange vor sich hin geblickt, als sähe er jemanden, und lange die Hände gedrückt, die ihn festhielten. Un-möglich konnte man an dieser Haltung eines Visionärs erkennen, daß er tot war.«

Auf seine Grabstelle schrieb man diese wenigen Worte, die er ausgewählt hatte:

»Rose, oh reiner Widerspruch, Lust,
Niemandes Schlaf zu sein unter soviel
Lidern.«

PS: Endlich ist die Rose des Kleinen Prinzen gerächt.

Arthur Rimbaud

Geboren am 20. Oktober 1854 in Charleville (in den Ardennen).
Bekannt als Dichter («Ein Aufenthalt in der Hölle«, die »Illumina-
tionen«), als großer Wanderer – dem man später ein Bein amputie-
ren mußte –, als Waffen-, Elfenbein- und Kaffeehändler usw.
Bekannt durch sein Verhältnis mit Verlaine, der ihn mit einem Re-
volverschuß am Handgelenk verletzte, und durch ein geheimnis-
volles Wort: Abessinien.

WANN: am 10. November 1891, gegen 10 Uhr morgens, mit 37 Jah-
ren.
WIE: an Krebs, der sich über den ganzen Körper verbreitet hatte.
WO: im Marseiller Krankenhaus »Hôpital de la Conception«.
LETZTE RUHESTÄTTE: der Friedhof von Charleville.

Harar, eine abessinische Kleinstadt.

Der große Wanderer mit den Flügelschuhen leitete seit 1888 eine Handelsagentur. Er machte Geschäfte mit Kaffee, Elefanten- zähnen oder Weihrauch.

Im Februar 1891 war Rimbauds rechtes Knie ungewöhnlich ge- schwollen, und er hielt das für Krampfadern. Er glaubte, diese Er- krankung sei möglicherweise auf seine endlosen Märsche und Ritte zurückzuführen. Aus der Küstenstadt Aden bestellte er Gummi- strümpfe. Er schrieb seiner Mutter: »Tu mir doch diesen Gefallen: Kauf mir einen Varizenstrumpf für ein langes und mageres Bein.«

Noch konnte er laufen, doch im März wurden die Schmerzen so heftig, daß sie ihn am Schlafen hinderten. Innerhalb einer Woche war sein Bein steif geworden. Er beschloß, in Aden einen Arzt auf- zusuchen. Er ließ sich eine Tragbahre herrichten, die er selber ent- worfen hatte, eine Art Sänfte, an der sich oben ein Ledervorhang befand. Er bezahlte sechzehn Träger für seine Reise von Harar nach dem dreihundert Kilometer entfernten Aden.

Da der Weg uneben war, stolperten die Träger oft. Er wollte auf ein Maultier steigen, »wobei er sich das kranke Bein an den Hals gebunden hatte«, doch er konnte sich nicht auf dem Tier halten. Häufig regnete es. Die ›Karawane‹ brauchte zwölf Tage, bis sie in Aden eintraf.

Da die Schmerzen zunahmen, suchte Rimbaud das europäische Krankenhaus auf. Der Arzt diagnostizierte »eine Synovitis, die ein sehr gefährliches Stadium erreicht hatte«, und er wollte ihm sofort das Bein amputieren. Rimbaud entschied, sich in Frankreich behandeln zu lassen. Nachdem er seine Geschäfte abgewickelt hatte, ging er an Bord der *Amazone*, eines Schiffes der französischen Seetransportgesellschaft *Messageries maritimes*, und dreizehn Tage später landete er in Marseille.

Er begab sich direkt ins »Hôpital de la Conception«. Er schrieb, sein Bein sei zu einem »ungeheuren Kürbis« angeschwollen. Er telegrafierte seiner Mutter und seiner Schwester Isabelle.

Am 27. Mai amputierte man ihm das Bein. Man sprach von einer Beinprothese, aber Rimbaud mußte sich damit zufriedengeben, ein paar Schritte an Krücken zu laufen.

Am 2. Juli schrieb er seiner Schwester: ›Ich weiß nicht, ob es an der langen Bettruhe oder an Gleichgewichtsstörungen liegt, jedenfalls kann ich nicht länger als ein paar Minuten an Krücken laufen, ohne daß das andere Bein anschwillt.‹ Er erklärte, er fürchte sich und habe ein Holzbein bestellt. Doch dieses »führte dazu, daß sich der Beinstumpf entzündete«.

Er erhielt viele Briefe, vor allem aus Afrika. Sein ergebener Diener Righas schickte ihm diese Mitteilung: »Mir wärs lieber, dass man mir und nicht Ihnen das Bein abschneidt. Seitdem Sie fort aus Harar, hab ich geglaubt, daß ich die Welt verlorn hab.«

Am 23. Juli bestellte er für die Fahrt in die Ardennen ein »Schlafabteil« (!). Seine Schwester kochte ihm Absud aus Gartenmohn. Er konnte an seinen Krücken etwas hin und her humpeln, nun aber tat ihm der rechte Arm weh. In jenem Sommer gab es auf einmal Rauhreif in den Ardennen. Deshalb träumte er im August davon, in den Orient und die Wärme zurückzukehren. Er bereitete seine Abreise vor, doch unterwegs mußte er wieder das Marseiller »Hôpital de la Conception« aufsuchen. Man gab ihm starke Morphiuminjektionen, um seine Leiden abzukürzen.

Seine Schwester erzählte, daß er phantasierte, weil er die Krankenpfleger »und sogar die Schwestern abscheulicher Dinge [bezichtigte], die es überhaupt nicht geben kann«. – »[Ich] sage ihm, daß er gewiß geträumt habe, doch er läßt sich nicht davon abbringen und nennt mich eine dumme Gans und eine Idiotin. [...] Und wenn er aufwacht, sieht er durchs Fenster und betrachtet die Sonne, die am immer wolkenlosen Himmel scheint, und weinend stößt er hervor, daß er nie wieder die Sonne draußen sehen werde. ›Ich komme unter die Erde‹, sagt er, ›und du wirst in der Sonne laufen!‹«

Sie erzählte, er hätte »Amethystsäulen« gesehen, »Marmor- und Holzengel, Pflanzenwelten und Landschaften von unbekannter Schönheit, und [um] diese Visionen zu schildern, [benützte] er Ausdrücke, die einen eindringlichen und sonderbaren Reiz hatten.«

Isabelles Erstaunen kommt vielleicht daher, daß niemand ihr klargemacht hatte, ihr Bruder sei der große ARTHUR RIMBAUD.

Sie, die sehr fromm war, erzählte, er habe in eine Beichte eingewilligt. Da Rimbaud jedoch nicht die Kommunion empfing, erklärte sie, er habe die Hostie wegen seiner Krämpfe nicht hinuntergeschluckt:

»Im Augenblick spuckt er zuviel.«

Das geschah vielleicht auch deshalb, weil »Allah! Allah Kerim!« zu seinen letzten Worten gehörten.

Dies ist der letzte Brief, den er ihr am Tag vor seinem Tod diktierte. Er ist an den Direktor der *Messageries maritimes* gerichtet:

»Ein Posten: ein einziger Zahn. Ein Posten: zwei Zähne. Ein Posten: drei Zähne. Ein Posten: vier Zähne. Ein Posten: zwei Zähne.

Herr Direktor!

Ich hatte bei Ihnen angefragt, ob ich nichts auf Ihrem Konto stehengelassen habe. Heute möchte ich einen anderen Seedienst als diesen hier haben, dessen Namen ich nicht einmal kenne, doch das soll jedenfalls der Dienst von Aphinar sein. Überall gibt es solche

Dienste, und ich, ein unglücklicher Krüppel, ich kann nichts finden, der erstbeste Straßenköter wird Ihnen das sagen.

Schicken sie mir den Preis für die Dienste von Aphinar nach Suez. Ich bin vollständig gelähmt: Deshalb möchte ich frühzeitig an Bord. Teilen Sie mir mit, um welche Zeit ich an Bord gebracht werden soll.«

PS: Er wurde am 10. November um 10 Uhr morgens »an Bord gebracht« ...

Auguste Rodin

*Geboren am 12. November 1840 in der Pariser Rue de l'Arbalète.
Bekannt durch seinen ›Denker‹, sein Museum – das eines der Tore
zeigt, die zur Hölle führen – und seine Frauengeschichten (seine
berühmteste Geliebte ist ohne jeden Zweifel Camille Claudel).*

WANN: am 17. November 1917, um 4 Uhr morgens, mit 77 Jahren.
WIE: an einer Erkältung.
WO: in seiner Villa ›Les Brillants‹, in Meudon.
LETZTE RUHESTÄTTE: Seinem Wunsch entsprechend, wurde er in
Meudon beerdigt, vor der Fassade des Schlosses von Issy, an der
Seite seiner Frau Rose. Ein Denker wacht über ihrem Grab.

Die Regierung bereitete ihm kein Staatsbegräbnis (der Krieg hatte
absoluten Vorrang). Wohl aber die Engländer.

Im Juli 1916 bekam Rodin mehrere Anfälle. Marcelle Tirel, die den
Bildhauer häufig besuchte, schrieb: »An manchen Tagen blieb sein
Verstand während der ganzen Zeit beinahe vollständig klar. Er lebte
in einer Art geistiger Lethargie, die mehr oder weniger lange dauerte. Ein glückseliger, sehr sanfter Ausdruck ließ sein schönes Gesicht majestätisch erscheinen. Dann, mitten im Gespräch, paff! ...
Er zählte seine Finger, seine Augen erloschen, seine Lippe sank
herab, er sagte nichts mehr.«
  Gerade in diesem Jahr ließen wohlmeinende Leute ihn Testament auf Testament, Schenkungsurkunde auf Schenkungsurkunde
unterschreiben.
  Der Plan, aus seinem Atelier – dem Hôtel Biron in der Rue de Va-
renne – ein Museum zu machen, nahm bereits konkrete Gestalt an.
Was heute selbstverständlich scheint – daß man für Rodins Werk
eine Gedenkstätte einrichtete –, verstand sich damals durchaus
nicht von selbst: Während einer Debatte wurde er als »Verrückter,

Irrsinniger, Wahnwitziger, konvulsivischer Schwärmer oder Betrüger« bezeichnet. Man sagte, er arbeite an der »Herstellung brandneuer Ruinen«. Doch zählten auch Monet, Mirbeau oder Debussy zu seinen Anhängern.

Am 13. September 1916 ließ man ihn eine Schenkungsurkunde unterzeichnen, in der er seine Werke (jedenfalls die meisten) dem Staat vermachte.

Es sollte ein Rodin-Museum geben.

Am 29. Januar 1917 heiratete er Rose. Nun konnte er sie heiraten, denn er hatte ja unterschrieben, daß er seine Werke dem Staat schenkte, und somit gab es keine Gefahr mehr, daß Rose erben würde.

Und dann erkältete sich Rose in dem großen Haus ›Les Brillants‹, und sie starb am 16. Februar. Rodin nannte den Tod nun »meine neue Freundin«. Er lebte mehrere Tage mit Roses Leichnam zusammen; er ging zu ihr, hob das Leichentuch hoch und sagte:

»Sie ist schön wie eine antike Skulptur.«

Bei der Beerdigung richtete er sich eifrig nach dem Ritual und verlangte seinen Kneifer.

Im Sommer 1917 fiel er auf einmal in Ohnmacht. Nach und nach verschwanden seine Statuen aus dem Garten und dem Haus von ›Les Brillants‹, um ins Museum zu kommen. Doch bei dieser Räumung nahm man nicht die geringste Rücksicht auf den alten Mann. Man entdeckte ihn, wie er in den Korridoren weinte; man erinnert sich des Tages, da der alte Herr, der eine große Christusfigur trug, die er besonders verehrte und die zu Boden fallen konnte, unter deren Gewicht beinahe selbst hingestürzt wäre. Man nahm ihm seine Stifte, seinen Modellierton weg, man fand, er sei für sich selbst eine Gefahr, weil er zu Ausbrüchen neigte ...

Im folgenden Winter schlug der Arzt vor, Rodin nach Paris kommen zu lassen. Man hatte die Heizung nicht rechtzeitig installiert, und man durfte nicht das gleiche Unglück riskieren, das Rose zugestoßen war. Dieser Rat stieß auf taube Ohren. Das Museum allerdings wurde eingerichtet.

Am 12. November hörte man in ›Les Brillants‹, das Rodin »eine

Bronchitis durchmachte«. Der Arzt sprach von einer Lungenent-zündung und fügte hinzu, sein Zustand sei sehr ernst und er habe sich schon wundgelegen.

Als er ihn am 15. November besuchte, bat man ihn zu warten, denn man ließ Monsieur gerade ein Testament unterzeichnen. Der Arzt wunderte sich, weil er wußte, daß sein Patient körperlich *und* geistig sehr geschwächt war. Er fand Rodin im Koma und fragte sich, wie er irgend etwas unterzeichnet haben mochte. Eine Kran-kenschwester verriet später, daß man ihm fünf Minuten vor der An-kunft der Zeugen eine Kampferöl- und Ätherinjektion gegeben hatte, damit er einigermaßen lebendig aussah.

Am Nachmittag ging es ihm sehr schlecht, und er atmete nur noch mühsam. Man brachte ihm ein verstellbares Bett, damit man ihn sanft anheben konnte, wenn man die Bettwäsche wechselte. Gerade als man es aufbaute, gab es im Haus plötzlich eine Strom-sperre. So entdeckte er denn sein letztes Bett bei Kerzenschein.

Am 16. November gab man ihm eine Seruminjektion. Rodin stöhnte und wollte sich die Nadel aus dem Arm ziehen. Dann rich-tete er sich im Bett auf und sagte:

»Und da behauptet man, Puvis de Chavannes, das wäre nicht schön!«

Und er schloß die Augen.

Die Leute, die dem toten Künstler die letzte Ehre erwiesen, fan-den, er gleiche einer liegenden Figur aus dem 13. Jahrhundert.

PS: Als Rodin eines Tages zu einem Freund sagte: »Der Erfolg ist das größte Unglück, selbst im Alter«, wußte er nicht, wie recht er hatte. Wenn er am Ende seines Lebens nicht so erfolgreich gewesen wäre, hätte man ihn vielleicht nicht ausgeplündert und krepieren lassen. Daraus läßt sich eine tröstliche Nutzanwendung für verfemte Dich-ter entnehmen.

Gioacchino Rossini

Geboren am 29. Februar 1792 in Pesaro (Italien). Rossini schrieb seinen Vornamen nur mit einem ›c‹. Bekannt durch seine Opern und sein Rinderfilet.

WANN: am Freitag, dem 13. November 1868, mit 76 Jahren.

WIE: an einer Lungenentzündung.

WO: in seiner Villa, in Passy.

LETZTE RUHESTÄTTE: Er wurde auf dem Friedhof Père-Lachaise beerdigt. Seine sterblichen Überreste wurden 1887 nach Florenz, in die Basilika Santa Croce, übergeführt. Sein Prachtgrab ist immer noch auf dem Père-Lachaise zu sehen.

In seinen letzten Lebensjahren komponierte Rossini das, was er seine »Péchés de vieillesse« (»Alterssünden«) nannte, wie etwa *Les Figues sèches* (»Die getrockneten Feigen«) oder *La Chanson du bébé* (»Das Lied des Säuglings«): »Ich will was ganz Feines, ich hab' ein Wehweh, Mama. Hatschi! Papa, Mama, Aa.«

Ein Freund (und Bankier) bestellte bei ihm eine Messe. Als Einleitung schrieb der Komponist diesen Text:

»Zwölf Sänger der drei Geschlechter – Männer, Frauen und castrati – genügen für ihre Aufführung, d. h. acht für den Chor und vier für die Solos, im ganzen zwölf Cherubim. O Gott, verzeihe mir das folgende *rapprochement* [diesen »Vergleich«]. 12 ist auch die Zahl der Apostel in dem berühmten *coup de mâchoire* [»Kieferschlag«], dem von Leonardo als Fresko gemalten sogenannten *Letzten Abendmahl*: Wer würde es glauben! Unter Deinen Jüngern waren einige, die einen falschen Ton anschlugen!

Gott, sei versichert, ich schwöre Dir, daß bei meinem Abendmahl kein Judas sein wird und daß die meinigen richtig und *con amore* Dein Lob in dieser kleinen Komposition singen werden, die leider die letzte Todsünde meiner alten Tage ist.«

Rossini arbeitete lange mit dem Librettisten Pietro Metastasio zusammen. – In seinem Testament hinterließ er Frankreich einen Teil seines Vermögens, und damit sollte ein Heim unterhalten werden, das alte Gesangskünstler bis zu deren Tod aufnehmen würde. Dieses Haus wurde gebaut: Es ist die Villa Rossini an der Rue Mirabeau in Paris. Er stiftete auch zwei Preise, und deren einer war bestimmt für »den Komponisten eines Werkes religiöser oder Opernmusik, das sich vor allem durch seine Melodien – jetzt so sehr vernachlässigt – auszeichnet«.

Über fünftausend Personen baten um eine Einladung für die Trauerfeier, die in der Église de la Trinité stattfand. Um alle in die Kirche einlassen zu können, mußte man Karten in unterschiedlichen Farben an die Gäste ausgeben, wobei jeder Kircheneingang durch eine andere Farbe gekennzeichnet war.

PS: Rossini war an einem 29. Februar geboren, so daß er seinen 18. Geburtstag mit 72 Jahren feierte. Als er an einem Freitag, dem 13., starb, hätte er den Humor so weit treiben können, an Metastasen zu sterben.

Jean-Jacques Rousseau

Geboren am 28. Juni 1712 in der Republik Genf. Bekannt durch seine Ideen, die er zum Beispiel im »Gesellschaftsvertrag« formulierte und auf die sich die Französische Revolution stützte.

WANN: am 2. Juli 1778, mit 66 Jahren.

WIE: an einer »serösen Apoplexie«. Man fand tatsächlich Wasser in seinem Schädel. Doch bekanntlich hatte Rousseau auch ein Harn- und Blasenleiden, und er glaubte, er habe eine unheilbare Erbkrankhheit. Zahlreiche Autoren und Mediziner versuchten – und versuchen noch heute –, eine genauere Diagnose zu stellen: Monsieur Lemire aus Dammartin teilte als erster in einer Gazette mit, daß Rousseaus Tod »auf eine Erkältung zurückzuführen ist, sie wurde von Erdbeeren mit Sahne hervorgerufen, die Rousseau einen Tag zuvor gegessen hatte«. Dr. Sömmering hielt es für »offensichtlich, daß eine spastische Erkrankung des Harnleiters die Ursache für die Harnverhaltung war«. 1836 erkannte Dr. Amusat »zumindest eine chronische Entzündung der Schleimhaut des Harnleiters«. 1859 urteilte Dr. Joly, Rousseau sei Neurastheniker gewesen, und Dr. Chapelain und Dr. Moebius diagnostizierten »Verfolgungswahn«. Dem braven Professor Lallemand war klar, daß der Ursprung für Rousseaus psychische und körperliche Probleme in der Ausübung der Masturbation bestand. Der berühmte Janet schätzte ihn als Psychastheniker ein. 1907 fanden Poncet und Leriche eine »Verengung des Harnleiters«. Dr. Élosu ermittelte eine »angeborene Mißbildung der Harnwege«. In neuerer Zeit hat Dr. Bensoussan (dem wir die vorhergehende Aufzählung verdanken) die hübscheste Diagnose gestellt: »akute intermittierende Porphyrie«. Nun wird man vielleicht diese Worte Rousseaus anders verstehen: »Es ist klar, daß meine Ärzte, die nichts von meiner Krankheit verstanden hatten, mich als einen eingebildeten Kranken ansahen und mich aus diesem Grunde mit ihrer Chinawurzel, ihren Wässern und ihrer Molke behandelten.«

WO: im ›Sandmeer von Ermenonville‹, in einem Häuschen mitten im Grünen, das ihm sein Freund Girardin zur Verfügung gestellt hatte.

LETZTE RUHESTÄTTE: Er wurde auf der kleinen Île des Peupliers (»Pappelinsel«) in Ermenonville, dem Schloß gegenüber, beerdigt. Dann kam die Französische Revolution, und sie zeigte sich ihren Vordenkern erkenntlich: Er wurde am 11. Oktober 1794 im Panthéon beigesetzt. Es wurde vorgeschlagen, das Denkmal mit Pappeln zu umgeben, damit er sich etwas heimischer fühlte, doch gab man diese Idee wieder auf. Allerdings wurde sein Sarg, bevor er ins Panthéon kam, mehrere Tage in einem Becken der Tuilerien unter einem blauen, sternenübersäten Tuch aufgebahrt. Nicht verstummt ist die Polemik über seine sterblichen Reste (und die Voltaires), nämlich, ob der Holzsarg im Panthéon wirklich seine Gebeine enthält.

In seinen *Träumereien eines einsamen Spaziergängers* klagte Rousseau über sein Alter. Er schrieb: »Auf Erden ist für mich alles zu Ende. Man kann mir hier nichts Gutes und nichts Böses mehr antun. In dieser Welt bleibt mir nichts mehr zu hoffen oder zu fürchten, und nun bin ich ruhig am Boden des Abgrunds angelangt, ein armer unglücklicher Sterblicher, der aber unerschütterlich wie Gott selbst ist.«

Am 30. Mai teilte man ihm den Tod seines alten Feindes Voltaire mit. Er sagte:

»Mein Leben war mit wunderbarer Klarheit an das seine gebunden: Er ist gestorben, ich werde ihm bald folgen.«

Er täuschte sich nicht allzusehr, und das noch weniger, wenn man bedenkt, daß Rousseau im Panthéon neben ihn gestellt wurde.

Während er in Ermenonville auf diese letzte Reise wartete, spazierte er einsam unter den Bäumen, legte Pflanzensammlungen an, spielte Musik und schrieb. Seine Frau lebte bei ihm. Als er von einem Spaziergang zurückkam, klagte er plötzlich über einen Schmerz, der ihm »den Schädel zerriß«. Er brach zusammen. Man trug ihn zu seinem Bett.

Lange Jahre hindurch gab seine Frau die ergreifende Botschaft seiner letzten Worte wieder. Das begann so:

»Trösten Sie sich, Sie sehen, wie rein und klar der Himmel ist; nun ja: Dorthin gehe ich.« (Es folgt eine Seite mit Abschiedsworten.)

Ich gebe diese letzten Worte nicht insgesamt wieder, denn ein paar Jahre später gestand seine Frau, sie habe alles erfunden. Sie sagte lediglich:

»Er ist gestorben, während er meine Hände mit den seinen drückte, ohne ein Wort zu sagen.«

PS: War es eine Gedankenassoziation, weil man Wasser in seinem Schädel gefunden hatte, daß man beschloß, ihm eine Insel als letzte Ruhestätte zu geben?

Marquis de Sade

Geboren als Donatien-Alphonse-François oder
Louis-Aldonse-Donatien, Comte de Sade

Geboren am 2. Juni 1740 in Paris, im Hôtel de Condé.
Seine Eltern hatten für ihn die Vornamen Louis, Aldonse und Do-
natien ausgesucht, konnten jedoch nicht an der Taufe teilnehmen.
An der Namensvertauschung sollen die Dienstboten schuld sein,
die als Vertreter der Familie hingeschickt wurden und die ihn als
Donatien-Alphonse-François taufen ließen.
Bekannt durch seinen Hang zur Sinnenlust, seine literarischen
Werke und seine siebenundzwanzig in der Haft verbrachten Jahre.

WANN: am 2. Dezember 1814, mit 74 Jahren.

WIE: an einer Lungenstauung. Dr. Acker, der Arzt André Bretons, sollte später erklären, es habe sich um ein akutes Lungenödem gehandelt.

WO: in einem Zimmer des Irrenhauses von Charenton.

LETZTE RUHESTÄTTE: Er erhielt ein kirchliches (!) Begräbnis in einer Ecke des Hospizfriedhofs. Die Grube wurde mit einem Stein bedeckt, auf dem kein Name stand. Ein einfaches Kreuz schmückte das Grab. Nachdem man das Skelett exhumiert hatte, weil der Friedhof umgestaltet wurde, gerieten seine Gebeine in Vergessenheit.

Sades Gesundheit verschlechterte sich seit dem 7. September 1814 täglich. Zunächst verspürte er »sehr heftige Magenkoliken nach den Mahlzeiten«. Im November litt er an Unterleibs- und Hodenschmerzen, »es tut sehr weh, wenn man dort anfaßt«. Am 30. November schrieb er die letzten Worte seines Tagebuchs: »Man legt mir zum erstenmal einen Verband an.«

Am 1. Dezember konnte er nicht mehr laufen.

Dr. Ramon stellte einen »adynamischen Fieberanfall« fest, der mit Wundbrand einherging. Er ließ ihn einen »Arzneitrank gegen die als Asthma erscheinende Lungenstauung« einnehmen. Sades Atmung wurde laut und mühsam. Er starb um 10 Uhr abends.

Seine Möbel, Kleidungsstücke und Bücher wurden am 22. Januar 1815 für 537,85 Francs versteigert. Seine Manuskripte (darunter die Tagebücher) wurden in einen Koffer gepackt und in der Präfektur abgestellt, wo sie zu den Manuskripten hinzukamen, die man bei den Haussuchungen von 1804 und 1807 beschlagnahmt hatte. Die Anweisung lautete, diejenigen zu verbrennen, »die mit den Sitten oder der Religion zu tun haben«.

Am 30. Januar 1806 hatte Sade ein Testament aufgesetzt:

»Ich verbiete ausdrücklich, daß mein Körper seziert wird. [Vorschriftsmäßig mußten in Charenton alle Leichen seziert werden.]

Ich bitte, daß er achtundvierzig Stunden in dem Zimmer aufgebahrt wird, in dem ich sterbe. Er soll in einen Sarg gelegt werden, der erst nach achtundvierzig Stunden zugenagelt wird.«

Ein gewisser Monsieur Normand sollte Sades Leiche abholen und sie auf einem Karren »in den Wald [seines] Guts Malmaison [bringen], [...] wo [er] ohne jede Zeremonie im ersten dichten Unterholz beerdigt werden [soll]«. (Er gibt die Stelle genau an.)

»Nachdem die Grube zugeschüttet ist, soll man Eicheln darauf aussäen [...], damit [...] die Spuren meines Grabes von der Erdoberfläche verschwinden, wie ich überzeugt bin, daß die Erinnerung an mich aus dem Geist der Menschen verschwinden wird.«

Dr. Ramon wird behaupten, daß Sades Leiche »vielleicht die einzige war, [die er] von Ende 1814 bis 1817 nicht seziert hatte«.

Einige Jahre später exhumierte man die Gebeine, weil der Friedhof umgestaltet wurde. Dr. Ramon war anwesend und ließ sich Sades Schädel geben.

Ein Kollege, Dr. Spurzheim, bat ihn inständig, ihm den Schädel zu überlassen. Dieser ging ihm verloren, doch er hatte einige Abgüsse gemacht.

Dr. Ramon hatte den Schädel untersucht, bevor er ihn weitergab, und er verfaßte dieses Gutachten: »Schön entwickeltes Schädeldach (Theosophie – Wohlwollen), Punkte übermäßiger Verwölbungen hinter und über den Ohren (Punkt der Kampfeslust, Stellen, die am Schädel du Guesclins so stark entwickelt sind). Kleinhirn von durchschnittlichen Dimensionen, übermäßiger Abstand von einem Warzenfortsatz zum anderen (der Punkt des Übermaßes bei der körperlichen Liebe).«

PS: Sades letzter Wille wurde in keinem Punkt respektiert: ein Kreuz auf dem Grab, in Charenton und nicht in Malmaison begraben, die Exhumierung, die Untersuchung seiner Knochen ...
Es gab keine Eicheln und kein Vergessen.

George Sand
Geboren als Aurore Dupin, verehelichte Baronin Dudevant

Geboren am 1. Juli 1804 in Paris.
Bekannt durch ihre militanten Neigungen, ihre umstrittenen lite-
rarischen Werke, ihre überaus zahlreichen Briefe und ihre Liebes-
abenteuer mit Prominenten wie Musset oder Chopin.

WANN: am 8. Juni 1876, um 9.30 Uhr, mit beinahe 72 Jahren.
WIE: an einem Darmverschluß.
WO: im Schloß ihrer Familie, in Nohant (Berry), 25 Kilometer
von Châteauroux entfernt.
LETZTE RUHESTÄTTE: der kleine Friedhof von Nohant.

Anfang 1876 litt George Sand unter Schmerzen, die sie für eine Le-
ber- oder Darmkrankheit hielt. Ihrem engen Freund Flaubert (ja,
Gustave) erzählte sie von »Magenkrämpfen«.

Am 28. Mai schrieb sie: »Trotz meines Alters [sie war 71 Jahre
alt] spüre ich keine Anzeichen von Senilität. Ich steige die Treppen
ebenso flink wie mein Hund hoch. Da jedoch ein Teil der Lebens-
funktionen beinahe ganz erloschen ist, frage ich mich, wohin es mit
mir kommt und ob man nicht an irgendeinem Morgen mit einem
plötzlichen Tod rechnen muß.«

Am 30. Mai sagte sie ihrem Arzt:
»Ich habe den Teufel im Leib.«

Die Nacht war schrecklich, sie übergab sich und schrie vor
Schmerzen. Am nächsten Tag zogen die Ärzte einen »Spezialisten«
hinzu, der »Ruhr oder einen Bruch« diagnostizierte. Er verordnete
Einreibungen.

Ein richtiger Chirurg hörte sie am 2. Juni ab. Er konnte lediglich
feststellen, daß es für eine Operation zu spät war. Er erleichterte
ihre Leiden, indem er ihr Sodawasserinjektionen durch eine Speise-
röhrensonde gab.

Am 7. Juni rief sie ihre Enkelinnen zu sich und bat sie, »ganz artig« zu sein.

Am Abend murmelte sie:

»Adieu, adieu, ich sterbe ... Laßt das Grün ...«

Sie wälzte sich die ganze Nacht im Bett hin und her und sagte mehrmals:

»Der Tod, mein Gott, der Tod.«

Sie fand die Kraft, sich von ihrer Familie zu verabschieden. Ihre Tochter Solange, die sich zwei Jahre zuvor mit George überworfen hatte, drückte ihr die Augen zu.

Einige Jahre zuvor hatte George-Aurore geschrieben: »Da der Tod kein Unglück ist, will ich auf meinem Grab kein Sinnbild der Trauer, ich wünsche ganz im Gegenteil, daß es auf ihm nur Blumen, Bäume und Grün gibt.«

Weil George Sand keine Anweisung über die Wahl eines weltlichen oder kirchlichen Begräbnisses hinterlassen hatte, entschied ihre Tochter Solange, daß es ein kirchliches Begräbnis sein sollte.

Der kranke Victor Hugo schickte eine Botschaft: »Ich weine um eine Tote und grüße eine Unsterbliche.«

Der tiefgerührte Flaubert sagte:

»Es kam mir so vor, als beerdigte ich zum zweitenmal meine Mutter.«

Ihr Sarg war mit Blumen bedeckt.

PS: Ich habe gelesen, daß George Sand an die Reinkarnation glaubte. Mögen jene, die auch daran glauben und die sie liebten, das Grün um Châteauroux aufmerksam behüten.

Madame de Sévigné
Geboren als Marie de Rabutin-Chantal

Geboren am 5. Februar 1626 in Paris.
Bekannt als »Brief-Schriftstellerin«. Sie schrieb ungefähr eintau-
sendfünfhundert Briefe.

WANN: am 17. April 1696, mit beinahe 70 Jahren.

WIE: an dem, was man damals ›Febris continua‹ (›anhaltendes Fieber‹) nannte.

WO: bei ihrer Tochter Madame de Grignan, im Schloß Grignan (Drôme).

LETZTE RUHESTÄTTE: Man begrub sie in einer Gemeinschaftsgruft der Schloßkapelle. Etwa vierzig Jahre später ließ der neue Schloßherr, der stolz darauf war, die sterblichen Reste der berühmten Dame zu besitzen, ›Marquise de Sévigné‹ auf dem Grab einmeißeln. Während der Revolution entweihte die ›Volksgesellschaft‹ von Grignan die Gruft unter dem Vorwand, das Blei wiederzuverwerten. Man fand Madame de Sévigné in ihrem blauen Brokatellkleid. Der Maurer schnitt ihr eine Haarlocke ab, der Notar ein Rippenstück (das er in einem Medaillon aufbewahrte). Der Friedensrichter nahm einen Zahn, den er in einen Ring einsetzen ließ ... Er nutzte die Gelegenheit, um den Schädel aufzusägen und zu untersuchen. Alles, was vom Grab der Marquise übrigbleibt, sind zwei Fetzen ihres Totenkleides: Der eine wird in der Sorbonne, der andere im Carnavalet-Museum ausgestellt, das in ihrem ehemaligen Wohnhaus, dem Hôtel Carnavalet, untergebracht ist.

In den letzten Wochen verbrachte Madame de Sévigné viel Zeit am Bett ihrer Tochter (die für ihre Vorliebe, Briefe zu schreiben, verantwortlich war). Bereits wenn die beiden Frauen erst kurze Zeit voneinander getrennt waren, überschüttete die Mutter ihre Tochter mit Briefen.

Anfang Februar 1696 erholte sich Madame de Grignan allmählich von ihrer langen Krankheit. Doch die Vorstellung, ihre Tochter könne vor ihr sterben, hatte die Marquise in helle Aufregung versetzt. Nachdem die Angst und so viele schlaflose Nächte ihre Kräfte aufgerieben hatten, wurde Madame de Sévigné am 4. April von einem Fieber befallen. Sie war so ernsthaft krank, daß sie am 8. April einen Priester rufen ließ. Dieses »anhaltende« Fieber richtete sie zugrunde, doch ihre Befürchtungen hörten auf: Sie würde den Tod ihrer Tochter nicht erleben.

Während ihrer zehn Tage dauernden Krankheit sah man ihr ›Töchterchen‹ nicht an ihrem Bett. Madame de Grignan stattete ihrer Frau Mutter keinen einzigen Besuch ab, obwohl sie nur von einer Treppe getrennt waren. Wie jemand berichtete, »sprach Madame de Sévigné unaufhörlich von der Freude, die ihr ein Besuch ihrer Tochter machen würde, wenn diese käme, und Madame de Grignan sprach von der Freude, die ihr ein Besuch bei ihrer Mutter machen würde, wenn ihre Mutter darum bitte. Mehr aber geschah nicht.«

Das erklärte man damit, daß die Nachricht von der Krankheit der Marquise geheimgehalten worden sei, um deren Tochter nicht zu beunruhigen, die sich eben erst von ihrer eigenen Krankheit erholte. Alle Biographen weisen jedoch darauf hin, daß das lebhafte Hin und Her der Priester und Ärzte nicht unbemerkt bleiben konnte, selbst wenn das Schloß sehr groß war.

Frances Mossiker interpretiert in ihrem Werk das Ausbleiben der Undankbaren anders: »Ihren eigenen Worten zufolge verweigerte man Madame de Sévigné zweimal die Absolution, weil ihre übermäßige Liebe zu ihrer Tochter nach der Meinung der Priester in ihrem Herzen zuwenig Platz für die Liebe zum Herrgott ließ.«

Man soll also der allzu ehrenwerten Mutter ihre liebevolle Hingabe an ihre Tochter vorgeworfen haben, und sie soll sich in letzter Minute entschieden haben, sich Gott zuzuwenden ...

Die Rollen werden umgekehrt – nun ist es die Mutter, die die Tochter zurückgewiesen hat, und alle ziehen sich aus der Affäre: Madame de Grignan ist nicht mehr das ehrvergessene Kind, Madame de Sévigné hat sich für eine bestimmte Seite entschieden, und das ist die richtige, die Schlüssel des Paradieses sind in ihrer Hand.

Nicht ausschließen kann man die Hypothese von der ›schlechten Tochter‹, die sich für die gespannte Beziehung zu ihrer Mutter rächte. Als sie nach dem Tod der Mutter von Schuldgefühlen heimgesucht wurde, schrieb sie Briefe, die voll von Gewissensbissen und Kummer sind.

Ausschließen kann man auch nicht eine zweite Hypothese, der zufolge sich Madame de Grignan in der fraglichen Zeit vielleicht nicht im Schloß aufhielt.

Eine Hypothese allerdings kann man getrost zurückweisen – sie hatte sich hartnäckig mehr als hundert Jahre gehalten. Madame de Sévigné, so hieß es, hatte die Blattern bekommen, sie litt also an einer ansteckenden Krankheit, und verständlicherweise wollte sie es vermeiden, so etwas an ihre Tochter weiterzugeben. Diese Geschichte über Blattern beruhte jedoch auf den Memoiren eines Arztes, der die Tochter behandelt hatte, als sie daran erkrankt war. Er erzählte nun deren Agonie und nicht jene Madame de Sévignés. Die Kommentatoren kümmerten sich nicht darum, daß er die Marquise niemals beim Namen nannte und auch nicht das Datum ihrer Agonie erwähnte. Die Geschichte erfüllte ihren Zweck; aufmerksamere Leser entdeckten indes die Verwechslung.

1870 öffnete man das Grab noch einmal. Man fand zahlreiche Gebeine, die in einer Ecke aufgeschichtet waren. Unter dem halben Dutzend Schädeln entdeckte man einen, »der sehr gleichmäßig zersägt war«.

PS: Vielleicht verwechselte man die beiden Frauen ganz selbstverständlich, weil Madame de Sévigné völlig in der Liebe zu ihrer Tochter aufging.

William Shakespeare

Geboren am 26. April 1564 in Stratford-upon-Avon, in der Graf-
schaft Warwickshire (England).
Bekannt durch die nach seinem Tod entstandene Polemik über die
Existenz eines Schauspielers Shakespeare und eines Shakespeare,
der unter anderem siebenunddreißig Theaterstücke schrieb, von
denen viele unumstrittene Meisterwerke sind.

WANN: am 23. April 1616, mit 51 Jahren.
WIE: noch eine Polemik. Siehe weiter unten.
WO: in seinem Gut am Stratforder New Place.
LETZTE RUHESTÄTTE: der Chor der Stratforder Kirche. Seinem
Wunsch entsprechend, wurde er fünf Meter tief in der Erde begra-
ben. Seine Bewunderer verlangen seine Überführung in die West-
minsterabtei.

Als wahrscheinlichste Diagnose der letzten Krankheit Shakespeares ist Typhus anzusehen. Denn diese tödliche Krankheit hatte
sich in der Gegend verbreitet und eine Woche vor dem Tod des
Autors dessen Schwager hinweggerafft. Sein Schwiegersohn
Dr. Hall erwähnt Shakespeares Krankheit nicht in dem Buch über
seine Heilerfolge. Er erzählt, er habe einen Freund Shakespeares
behandelt und geheilt, der sich in der betreffenden Zeit in Stratford
aufhielt. Das Heilmittel bestand in »löffelweise verabreichtem Veil-
chensirup«. Wenn er Shakespeare behandelt hat, so ist er geschei-
tert; es ist also ganz normal, daß der große Will nicht im Buch der
Heilungen vorkommt.

»Angina pectoris, Typhus, schwere nervöse Störungen, Schreib-
krampf« ... Man hat seitdem viel über die Ursachen seines Todes
geschrieben. 1891 sprach man von Epilepsie oder *Paralysis agitans*
(Schüttellähmung). Reverend J. W. Hubbard enthüllte 1943, daß
»Shakespeares Schrift die eines skorbutkranken Mannes [war]«.

1925 brachte Dr. Guthmann die Hypothese vor, er habe an Arterienverkalkung gelitten, die auf geistige, ernährungsbedingte und sexuelle Überbeanspruchung sowie auf Nikotin- und Alkoholvergiftung zurückzuführen wäre.

Was als einziges sicher ist: 1825 starb, und zwar an Altersschwäche, der Baum, unter dem Shakespeare ruhte.

PS: Happy birthday, William Shakespeare!

Sisi
Geboren als Elisabeth Amalie Eugenie von Wittelsbach

Geboren am 24. Dezember 1837 in München (Bayern).
Wie Napoleon hatte sie bereits bei ihrer Geburt einen kleinen
Zahn. Man zog daraus den Schluß, daß ihr ein ungewöhnliches
Schicksal bevorstünde. Dafür bekannt, daß sie Irrenanstalten und
das Landleben ihren Amtspflichten als Kaiserin von Österreich
vorzug. Von Romy Schneider unsterblich gemacht.

WANN: am 10. September 1898, mit 60 Jahren.

WIE: an einem Messerstich, mit dem sie der Anarchist Luigi
      Lucheni ins Herz traf. Er hatte seine Waffe selbst hergestellt,
      indem er eine Feile in einen Holzgriff hineinstieß.

WO: in ihrem Zimmer im Genfer Hotel ›Beau Rivage‹.

LETZTE RUHESTÄTTE: Wien, in mehreren Teilen: der Körper in der Ka-
puzinergruft, die Eingeweide im Stephansdom und das Herz in der
Augustinerkirche.

Die Kaiserin war inkognito im Genfer Hotel ›Beau Rivage‹ abgestie-
gen. Sisi verließ ihr Zimmer um 11 Uhr, weil sie eine Spieldose kau-
fen wollte. Wie stets in Begleitung ihrer Gesellschaftsdame, der
Gräfin Sztáray, mit einem Sonnenschirm und einem Lederfächer,
erwarb sie einen Apparat mit einer Kurbel und vierundzwanzig
Walzen, auf denen beliebte Melodien aufgezeichnet waren.

Gräfin Sztáray war die einzige Eskorte, mit der sich die Kaiserin
einverstanden erklärte. Vielleicht verließ sie sich auf die Schlagkraft
ihres Fächers, um alle möglichen Angriffe abzuwehren: »Der To-
desgedanke im Lebenden reinigt wie ein Gärtner, der das Unkraut
jätet, wenn er in seinem Garten ist. Aber dieser Gärtner will immer
allein sein und ärgert sich, wenn Neugierige in seinen Garten
schauen. Deswegen halte ich den Schirm und den Fächer vor mein
Gesicht, damit er ungestört arbeiten kann.«

Am Nachmittag wollte sie mit dem Schiff nach Caux fahren. Die beiden Frauen beeilten sich, um nicht die Abfahrt des Dampfers zu verpassen. Sie liefen den Mont-Blanc-Kai entlang, als ein Unbekannter an ihnen vorbeikam und Sisi mit dem Messer in die Brust stach. Sie stürzte rücklings auf den Kai, doch ihre dichten und geflochtenen Haare dämpften den Aufprall. Die Gräfin schrie. Ein Kutscher half der Kaiserin auf die Beine und ließ den Hotelportier benachrichtigen. Sisi erklärte, sie hätte Angst gehabt, doch sie beschloß trotzdem, an Bord des Schiffs zu gehen. Der Unbekannte wurde sofort festgenommen.

Auf dem Schiff wurde Sisi ohnmächtig. Es gab keinen Arzt an Bord, nur eine ehemalige Krankenschwester, die sie aufs Oberdeck tragen ließ. Man legte sie auf eine Bank. Gräfin Sztáray machte Sisis Kleid auf und zerschnitt die Schnüre des Mieders. Man bot Sisi ein mit Alkohol getränktes Zuckerstück an. Sie nahm es. Kurze Zeit blieb sie wach, dann wurde sie wieder ohnmächtig. In diesem Augenblick bemerkte Gräfin Sztáray einen kleinen Blutfleck an Sisis malvenfarbenem Hemd. Sie verriet dem Kapitän, wer die Kranke wirklich war, und erklärte, sie dürfe die Kaiserin nicht ohne Priester und ohne Arzt sterben lassen.

Das Schiff fuhr nach Genf zurück. Man improvisierte eine Bahre aus Rudern und einem Klappsessel. Sisis Gesicht war schweißüberströmt. Man trug sie in ihr Zimmer. Der Arzt mußte feststellen, daß es keine Hoffnung gab. Sisi empfing die Absolution. Ein anderer Arzt schnitt die Arterie des linken Arms auf, doch es floß kein Blut. Und Sisi entschlief, ohne wieder zu Bewußtsein zu kommen.

Bei der Autopsie entdeckte man eine V-förmige Wunde, sie war vierzehn Zentimeter vom linken Schlüsselbein entfernt und fünfundachtzig Millimeter tief. Die Waffe hatte die Lunge und die linke Herzkammer durchbohrt.

Ihre Uhr war um 13.54 Uhr stehengeblieben. Sie war an einer Kette befestigt, an der auch eine Pfeife, zwei Hände Fatimas und ein kleiner Totenkopf hingen. Sisi war sehr abergläubisch und zutiefst überzeugt, daß das Schicksal es hartnäckig auf das Geschlecht der Wittelsbacher abgesehen habe. Sie hatte gesagt:

»Ich weiß, daß ich einem schrecklichen Ende entgegengehe, das mir durch das Schicksal vorherbestimmt ist ... Ich gehe hinweg, gleich dem Rauch, der sich verflüchtigt. Ich wollte, meine Seele erhöbe sich zum Himmel durch eine winzige Öffnung des Herzens.«

1900 versuchte Sisis Mörder, sich mit dem Dosenöffner einer Sardinenbüchse das Leben zu nehmen, und am 16. Oktober 1910 erhängte er sich an seinem Gürtel.

PS: Die V-förmige Brustverletzung ist wie ein Zeichen des von Sisi so sehr gefürchteten Schicksals. Zwei Vs ergeben ein W, den Anfangsbuchstaben des Namens Wittelsbach, wie auch zwei jenes mythische Paar bilden: Sisi und Ludwig II. von Bayern, die beide Wittelsbacher waren.

Sokrates

Geboren 470 v. Chr., in der nächsten Umgebung Athens (Griechenland).

Bekannt dafür, daß er uns ein Philosophiemodell hinterlassen hat, ohne jemals eine Zeile geschrieben zu haben, und weil er derjenige ist, durch den das Wort ›Schierlingsbecher‹ zum ersten (und vielleicht letzten) Mal in unseren Wortschatz gelangt.

WANN: im Mai oder Juni 399 v. Chr., mit ungefähr 70 Jahren.

WIE: durch die Einnahme eines Gifts, das vielleicht Schierling oder eine Mixtur aus Schierling und Opium war. (Plinius der Ältere schrieb ihr »eher heilsame« Wirkungen »auf viele Menschen« zu.)

WARUM: Er wurde zum Tode verurteilt, nach einem Prozeß, in dem die Richter ihn schuldig gesprochen hatten, »die Jugend zu verderben und nicht an die Götter zu glauben, an die der Staat glaubt, sondern an neue Gottheiten«.

WO: in dem Gefängnis, in dem er nach seinem Prozeß dreißig Tage verbrachte.

LETZTE RUHESTÄTTE: Hierüber sagt Platon nichts, doch er berichtet, daß Kriton, ein treuer Schüler des Sokrates, diesen gefragt hätte, ob er begraben oder verbrannt werden wolle. Sokrates hätte geantwortet: »Ganz wie es euch beliebt; nur müßt ihr meiner noch habhaft sein und mich nicht entweichen lassen.«

Während der dreißig Tage, die Sokrates in der Zelle verbrachte, beschäftigte er sich mit Musik und Poesie. Er soll mehrmals die Gelegenheit zur Flucht gehabt haben, wenn er seinen Freunden erlaubt hätte, die Wächter zu bestechen. Ebenso hatte er während seines Prozesses die Möglichkeiten zurückgewiesen, dem Tod zu entgehen. Er beschloß, gefesselt im Gefängnis zu bleiben.

Jeden Tag besuchten ihn seine Schüler; am letzten Tag bat er, man möge seine Frau, die sein Schicksal beweinte, nach Hause bringen. Er wollte keine Tränen. Aber der Anführer der Wache weinte, alle weinten, und Sokrates bat um »Ruhe und Standhaftigkeit«.

Vor der festgesetzten Zeit verlangte er das Gift und fragte lediglich den Mann, der den Schierlingsbecher brachte:

»Was habe ich zu tun?«

»Nichts anderes, als, nachdem du getrunken, umherzugehen, bis du deine Schenkel schwer werden fühlst, und dich dann niederzulegen.«

Sokrates trank den Becher, »ohne daß ihm die Hand zitterte und ohne daß sich die Farbe oder die Züge seines Gesichts veränderten«.

In dem Augenblick, als seine Gliedmaßen erstarrten, hob er den Kopf und sagte diese Worte:

»Mein Kriton, wir müssen dem Asklepios einen Hahn opfern. spendet ihn und verabsäumt es nicht!«

Und als Kriton ihn drängte, seine allerletzten Worte zu sagen, entschlief er, und Kriton drückte ihm den Mund und die Augen zu.

Unter den zahlreichen Interpretationen, die jener letzte Satz des Sokrates – der Kriton und andere enttäuschte – zuläßt, kann man sich für die folgende entscheiden: Der Kult des Heilgottes Asklepios stand damals in sehr hohem Ansehen. Man opferte ihm gewöhnlich einen Hahn, wenn man von einer Krankheit genesen war. Sokrates wollte vielleicht, daß man ihm einen Hahn opferte, um dem Gott dafür zu danken, daß er ihn vor jener durch den Geschlechtsverkehr übertragbaren Krankheit befreit hatte, die das Leben mit einem Körper ist, da er ja dachte, das wahre Leben sei das der Seele.

PS: Man beruft sich im allgemeinen auf Platons Werk *Apologie des Sokrates*, wenn man über den Tod des Sokrates sprechen will. Nun schreibt aber Platon in diesem Text, daß in der Todesstunde des Sokrates alle seine Schüler bei ihm waren, außer ihm selbst, denn er war krank ...

Stendhal

Geboren als Henri Marie Beyle

Geboren am 23. Januar 1783 in Grenoble.
Bekannt durch seine literarischen Werke, die mit Farbwerten spie-
len. Zum Beispiel »Rot und Schwarz« *und* »Grün und Rosa«.

WANN: am 23. März 1842, um 2 Uhr morgens. Er war 59 Jahre alt.

WIE: an einem Schlaganfall.

WO: in seinem Zimmer im ›Hôtel de Nantes‹, an der Pariser Rue
Neuve-des-Petits-Champs.

LETZTE RUHESTÄTTE: der Friedhof Montmartre. Leider führte die
Brücke der Rue Caulaincourt über die Stelle, die man ursprünglich
für sein Begräbnis gewählt hatte. Das Grab, das ohnehin ein wenig
armselig war, verschmutzte und verstaubte schnell. Einige Verehrer, denen das zu Herzen ging, organisierten eine Spendenaktion.
Mit dem gesammelten Geld errichtete man 1892 ein würdigeres
Grabmal. Am 21. März 1962 wurde das Grab eingerissen, und man
legte die Gebeine des Schriftstellers in einen kleinen Kindersarg,
den man im Boden der 30. Abteilung begrub.

Stendhal hatte alles: Migräne, Schwindelanfälle, Harngrieß, Arte-
riosklerose, Gicht usw. Am 1. Januar 1840 wäre er beinahe wie
Jeanne d'Arc gestorben, als er am brennenden Kamin ohnmächtig
wurde.

Der Schriftsteller, der damals französischer Konsul im italieni-
schen Civitavecchia war, hatte am 15. März 1841 einen heftigen
Anfall. Dieser führte zu einer teilweisen Gesichtslähmung. Das er-
schütterte ihn tief, und am 5. April schrieb er einem Freund: »Ich
habe mich mit dem Nichts herumgeschlagen.«

Es kam vor, daß er sich an »bestimmte französische Wörter acht
bis zehn Minuten lang« nicht erinnern konnte. So erzählte er zum
Beispiel, daß er längere Zeit nach dem Wort ›verre‹ (›Glas‹) gesucht

hätte. Wenn man es genau bedenkt, kann man dies gut verstehen, denn obwohl er sagte, er glaube nicht an die Medizin »und vor allem [nicht] an die Ärzte, diese mittelmäßigen Leute«, ließ er sich von dem Homöopathen Dr. Séverin regelmäßig untersuchen, der ihm vorschrieb, wenigstens acht Glas Wasser täglich zu trinken. Daraufhin konsultierte er einen anderen Arzt, der es ablehnte, ihn zur Ader zu lassen, wobei er vorgab, daß dessen Gicht nicht die Beine, sondern »den Kopf angriff«. Außerdem, so schrieb Stendhal, hätte dieser Doktor in Abrede gestellt, daß er »eine schwere Zunge hatte«. Daher suchte er wieder den Homöopathen auf, der ihm noch mehr Gläser Wasser und Nux vomica verordnete. Ein weiterer Arzt ließ ihn Fußbäder mit Senf nehmen.

Am 8. April schrieb er: »Hundertmal habe ich, wenn ich mich schlafen legte, mein Leben verlorengegeben, weil ich fest glaubte, nicht wieder aufzuwachen. Ich habe meine Krankheit recht gut geheimgehalten; ich finde, es ist nicht lächerlich, auf der Straße zu sterben, wenn man es nicht absichtlich darauf anlegt.«

Selbst der Leibarzt des Papstes kam an sein Krankenbett. Er hieß Alertz.

Dank all dieser Heilverfahren (oder ihnen zum Trotz) fühlte sich Stendhal besser. Im August hatte er sogar ein kleines Abenteuer mit einer gewissen Dame Bouchot. Dann ersuchte er den Minister um Krankheitsurlaub. Er wollte zurück nach Frankreich.

Am 8. November war er in Paris. Seine Freunde fanden, er sei sehr geschwächt. Manche warfen ihm vor, daß er sich in seinen Äußerungen mäßigte; man beklagte, daß seine gewöhnlich lebhaft ironischen Gespräche »weniger bissig wurden« (Romain Colomb), was so weit ging, daß er, der stets die »Grünen« – die Mitglieder der Académie française – verspottet hatte, im Frühling 1842 den Wunsch äußerte, in die Akademie aufgenommen zu werden. Doch er setzte seine schriftstellerische Tätigkeit fort, machte Pläne, überarbeitete ältere Werke.

Gegen 7 Uhr abends lief Stendhal auf dem Bürgersteig der Rue Neuve-des-Capucines. Plötzlich, nahe bei der Tür des Außenministeriums, brach er zusammen. Man trug ihn in einen kleinen Laden. Sein Cousin und Freund Romain Colomb kam gerade dort vorbei. Er stellte fest, daß Stendhal bewußtlos war, und beschloß, ihn ins Hotel zu bringen, denn es war nur wenige Schritte entfernt.

Man trug ihn in die zweite Etage. Colomb blieb bei ihm. Er schrieb, Stendhal sei gestorben, »ohne im geringsten zu leiden, ohne ein einziges Wort gesagt zu haben«.

Im Laufe seines Lebens hatte Stendhal ein Dutzend Testamente aufgesetzt. Als er in Italien lebte, wollte er auf dem protestantischen Friedhof Roms begraben werden. Im Testament von 1828 stellte er drei Friedhöfe zur Auswahl: Andilly, Montlignon oder Saint-Leu, unter der Bedingung, daß »die Transportkosten nicht mehr als dreißig Francs betragen«. Im Testament vom Juni 1836 erklärte er, er bevorzuge den Friedhof von Andilly, doch er habe nichts gegen den Friedhof Montmartre, wobei er lediglich verlangte, das Grab müsse »eine schöne Lage« haben. Aus finanziellen Gründen (in dem Gürtel, den er trug, als er zusammenbrach, hatte man zwar 520 Goldfrancs gefunden, doch das war sein gesamtes Vermögen) entschied man sich für Montmartre. Die von Stendhal gewünschte »schöne Lage« wurde verschandelt, weil man dort eine Brücke baute.

Stendhal hatte verfügt – eine Anordnung, die er wiederholt geäußert und schriftlich festgehalten hatte und an die er oft erinnerte –, daß man auf seinem Grabstein die folgenden Worte einmeißeln sollte: »Arrigo Beyle, milanese, visse, scrisse, amò« (was sich so übersetzen läßt: »Henri Beyle, Mailänder, er hat gelebt, geschrieben und geliebt«). Und dies sollte auf einer »Marmortafel in der Form einer Spielkarte« stehen, die er selber entworfen hatte.

In den 1832 geschriebenen *Erinnerungen eines Egotisten* kann man lesen: »Ich habe in meinem Leben nur Cimarosa, Mozart und Shakespeare leidenschaftlich geliebt. 1820 in Mailand wollte ich das gern auf mein Grab setzen lassen. Jeden Tag dachte ich an diese Inschrift, weil ich wirklich glaubte, daß ich erst im Grab zur Ruhe kommen würde. [...] Fügt kein unlauteres Zeichen, keine nichtssagende Verzierung hinzu [...]. Ich möchte kein anderes Grabmal haben, nichts Pariserisches, nichts ›Vaudevillehaftes‹, ich verabscheue dieses Genre. 1821 verabscheute ich es noch viel mehr.«

Colomb tat, was er konnte. Allerdings respektierte er nicht die Ordnung der von Stendhal gegebenen Anordnung. Seiner Ansicht nach stand im Persönlichkeitsbild des großen Mannes das ›Schreiben‹ an erster Stelle, danach kam das ›Leben‹ und erst am Ende das ›Lieben‹.

Stendhal ist nicht tot: Seine Todesanzeige teilte mit, am 24. März werde in der Église de l'Assomption die Trauerfeier für »Henri Marie Beyle« stattfinden, den sie Konsul, jedoch nicht Schriftsteller nannte.

PS: »Guten Tag, Madame, ich möchte bitte *Rot und Schwarz* von Arrigo Beyle haben.«

Leo Tolstoi

Geboren am 28. August 1828 (nach dem alten Kalender) in Jas-
naja Poljana (was sich mit ›Lichtung im Eschenwald‹ übersetzen
läßt) (Rußland).
Bekannt durch seine literarischen Werke, wie etwa ›Krieg und Frie-
den‹ und ›Anna Karenina‹.

WANN: am 7. November 1910, morgens um 6.45 Uhr, mit 82 Jah-
   ren.
WIE: an einer Lungenentzündung.
WO: in Astapowo, im Haus des Bahnhofsvorstehers.
LETZTE RUHESTÄTTE: der Sakas-Wald in Jasnaja Poljana, in einem Tan-
nensarg.

Ein Brief, den er an seine Frau adressiert hatte und der nach seinem
Tod aufgefunden wurde, wirft etwas Licht auf die Ereignisse, die
sein Lebensende geprägt haben:
   »Seit langem leide ich unter der Disharmonie zwischen meinem
Leben und meinen Glaubensüberzeugungen. [...] Und heute habe
ich beschlossen, das zu tun, was ich mir schon lange vorgenommen
hatte: fortzugehen.«
   Der Hauptgrund ist der folgende: Wie die Hindus, wenn sie die
Sechzig erreicht haben, in den Wald gehen, wie jeder alte und reli-
giös gesinnte Mensch seine letzten Lebensjahre Gott und nicht
unernsten Nebensachen, den faden Witzen, dem Tratsch, dem Ra-
sen-Tennis widmen möchte, so verlange ich, der ich das siebzigste
Lebensjahr erreicht habe, mit meiner ganzen Seelenkraft nach
Ruhe und Einsamkeit, und wenn es keine vollkommene Harmonie
gibt, dann wenigstens etwas anderes als diese himmelschreiende
Disharmonie zwischen meinem Leben, meinen Überzeugungen
und meinem Gewissen.«
   Im Juli 1910 setzte er insgeheim sein Testament auf. Er ver-

langte, daß die Familie auf seine Urheberrechte verzichtete und daß seine Werke frei würden. Er ertrug es nicht, sich durch seine Ideen zu bereichern.

Am 6. August schrieb er: »Ich denke daran, bei meinem Aufbruch einen Brief zu hinterlassen, doch ich kann mich nicht dazu entschließen, obwohl ich meine, daß es für sie [seine Frau] besser wäre.«

Am 20. August: »Der Anblick dieses herrschaftlichen Gutes bereitet mir eine derartige Qual, daß ich an Flucht, an Verschwinden denke.«

In der Nacht des 28. Oktober hörte Tolstoi, daß seine Frau Sonja seinen Schreibtisch durchwühlte. Er glaubte, daß sie nach seinem Testament suchte. Er schrieb einen Abschiedsbrief, rief einen befreundeten Arzt, mit dem er ein paar Sachen zusammensuchte, und floh zum Bahnhof. Tolstoi wollte weit wegfahren, so weit wie etwa nach dem 1067 Kilometer entfernten Nowotscherkassk.

Im Zug wurde er von einer plötzlichen Übelkeit befallen. Das Fieber stieg, er begann zu zittern und beschloß daraufhin, im nächsten Bahnhof auszusteigen. Als er in Astapowo angekommen war, erkannte ihn der Bahnhofsvorsteher und bot ihm ein Zimmer in seinem Häuschen an.

Ein Journalist von *Das russische Wort* erkannte ihn ebenfalls auf dem Bahnsteig, er erkundigte sich und telegrafierte der Familie Tolstois: »Lew Nikolajewitsch in Astapowo bei Bahnhofsvorsteher. Temperatur 40 °C.«

Auch Tolstoi schickte seinen Kindern eine Nachricht: »Ich bitte Euch inständig, Mama zurückzuhalten. In meinem Schwächezustand würde mein Herz eine Begegnung nicht ertragen.«

Inzwischen hatte sich die Gattin des Schriftstellers in einen See gestürzt, nachdem sie den Abschiedsbrief gelesen hatte. Man rettete sie im letzten Augenblick. Während dieses Tages unternahm sie mehrere weitere Selbstmordversuche.

Die gesamte Familie beschloß, nach Astapowo zu fahren. Bis zu Tolstois Tod lebten sie dort in einem unbenutzten Waggon auf einem Abstellgleis. Seine Kinder besuchten ihn, hinderten aber ihre

Mutter daran, sich ihm zu nähern. Tolstoi ordnete an, das Fenster seines Zimmers zu verhängen, weil er meinte, »eine weibliche Figur«, die ihn beobachten wollte, durch die Scheibe gesehen zu haben.

Seiner Tochter Mascha sagte er:

»Das ist das Ende und ... nichts.«

Da er immer schwächer wurde, gab ihm der Arzt eine Kampferinjektion. Er kam wieder zu sich, richtete sich auf und verkündete:

»Ich rate euch, an eine Sache zu denken: Außer Lew Tolstoi gibt es viele andere Menschen auf der Welt, und ihr kümmert euch alle nur um Leo!«

Am 6. November ließ er seinen Sohn Sergei rufen und bekannte ihm:

»Ich liebe die Wahrheit ... sehr ... Ich liebe die Wahrheit.«

Um 10 Uhr abends kehrte Sergei in den Waggon zurück. Er berichtete, daß es seinem Vater schlecht ging. Tolstois Frau eilte zu ihrem Mann. Er war bewußtlos. Sie beugte sich über ihn, küßte ihm die Hände, bat ihn, ihr zu vergeben. Tolstoi seufzte mehrmals tief auf und entschlief.

PS: Hoffen wir nach dieser erbaulichen Geschichte, daß es andere Mittel gibt, um Konflikte mit seinem Ehepartner zu klären, als fortzugehen und in einem Bahnhof, nachts im russischen Winter, zu sterben.

Henri de Toulouse-Lautrec
Geboren als Henri Marie Raymond de Toulouse-Lautrec-Monfa

Geboren am 24. November 1864 in Albi.
Bekannt durch sein großes Talent und seine kleine Gestalt.

WANN: am 9. September 1901, mit 36 Jahren.
WIE: an einem paralytischen Anfall, wahrscheinlich einer Folge der Syphilis.
WO: bei seiner Mutter im Schloß Malromé (bei Bordeaux).
LETZTE RUHESTÄTTE: zuerst der Friedhof Saint-André-du-Bois bei Malromé. Seine Mutter ließ ihn danach auf den benachbarten Friedhof von Verdelais umbetten.

Als Toulouse-Lautrec erkrankt war, hatte er sich in die Obhut seiner Mutter begeben. Am 9. September wurde er bettlägerig. Seine engsten Freunde besuchten ihn. Zu dem Pfarrer, der sich von ihm mit »Auf baldiges Wiedersehen!« verabschiedete, sagte er:

»Ja, vor allem, weil Sie beim nächsten Mal mit Ihren kleinen Kerzen und Ihren Glöckchen wiederkommen.«

Er fühlte sich sehr schwach und raunte seiner Mutter zu:

»Mama, Sie, nur Sie allein.«

Am späten Abend, um 22.30 Uhr, kam sein Vater. Der im Bett liegende Toulouse-Lautrec fuhr ihn an:

»Ich wußte genau, Papa, daß Sie das Halali nicht verpassen würden.«

Der Vater wollte zunächst seinem Sohn den Bart ›nach Art der Araber‹ schneiden. Da man ihn daran hinderte, kniete er am Fußende des Betts nieder, und der Sterbende entdeckte, wie er Fliegen auf der Bettdecke mit einem Gummiband tötete.

Dann murmelte der Maler: »Alter Trottel!«

Um 2.30 Uhr morgens starb er. Es gewitterte, wie bei seiner Geburt.

Am Begräbnistag stieß Toulouse-Lautrecs Vater den Kutscher weg und nahm die Zügel des Leichenwagens in die Hand. Er wollte ihn selber lenken. Er fuhr so schnell, daß die Leute, die sich dem Trauerzug angeschlossen hatten, rennen mußten. Einen Tag zuvor hatte er erklärt, er werde zum Friedhof reiten, weil er Hühneraugen habe.

Hier ein Brief, den dieser Vater über den Tod seines Sohns schrieb:

»Der Tod bezeichnet für ihn das Ende des Leidens, und wir setzen unsere Hoffnungen auf ein anderes Leben, wo wir ihn im Reich der ewigen Barmherzigkeit wiederfinden werden, wo es kein Gesetz gibt, das Vater und Sohn trennt, und wo die Liebe zweier Menschen, die einander aufrichtig zugetan waren, nicht verboten ist und auch nicht an einem Kind bestraft wird, das von blutsverwandten Eltern stammt, deren Ehe man niemals hätte erlauben dürfen.« (Schuld an Toulouse-Lautrecs Mißbildungen war zweifellos die Blutsverwandtschaft seiner Eltern.)

1909 wollte die Stadt Toulouse ein Denkmal mit dem Bildnis des Malers errichten. Der Vater antwortete:

»Mein Sohn hatte nicht das geringste Talent, und ich werde alles tun, was in meiner Macht steht, um mich diesem Vorhaben zu widersetzen.«

PS: Familien, ich hasse euch! Jedenfalls manche.

Vincent Willem van Gogh

Geboren am 30. März 1853 im Pfarrhaus von Groot-Zundert (Brabant).
Seine Eltern gaben ihm denselben Vornamen wie ihrem vorherigen Kind, das auf den Tag genau ein Jahr zuvor tot geboren wurde.
Bekannt durch seine Bilder, die – mit einer Ausnahme – nicht verkauft wurden, solange er lebte, und durch seinen Hang zur Selbstverstümmelung.

WANN: am 29. Juli 1890, mit 37 Jahren.
WIE: an einer Kugel, die unterhalb des Herzens eingedrungen war.
WO: in Auvers-sur-Oise, in der zweiten Etage des Hauses der Ravoux, seiner Wirtsleute.
LETZTE RUHESTÄTTE: der Friedhof von Auvers, in den Kornfeldern, unter der gelben Sonne.

Ende 1888 hielt sich Gauguin in Arles auf, im ›gelben Haus‹ seines Freundes Vincent. Sehr bald nahmen die Spannungen zu. Van Gogh selbst fand, es herrsche eine »übermäßig geladene Atmosphäre«. Er erfuhr, daß Gauguin daran dachte, ihn zu verlassen. Eines Abends, auf der Straße, entdeckte Gauguin ihn mit einem Rasiermesser in der Hand. Gauguin, den das wohl ein wenig beunruhigte, verbrachte die Nacht im Hotel. Als er am Morgen ins ›gelbe Haus‹ zurückkam, teilte ihm ein Kommissar mit, Vincent sei tot. In der Nacht hatte sich die berühmte Episode mit van Goghs Ohr ereignet: Vincent hatte sich das rechte Ohrläppchen abgetrennt, es in ein Stück Papier eingewickelt und einer gewissen Rachel, einem Freudenmädchen, gebracht. Er gab es ihr mit den Worten:
»Das ist eine Erinnerung an mich, heben Sie es sorgfältig auf.«
Die Leute, die ihn entdeckt hatten, glaubten zunächst, er sei tot, denn er schwamm in seinem Blut, doch in Wahrheit war Vincents

Stunde noch nicht gekommen. Wegen dieser Vorfälle lieferte man den Maler ins Krankenhaus von Arles ein. Im Dezember wurde er von Tobsuchtsanfällen gepackt, auf die Zeiten der Sprachlosigkeit folgten. Sein Bruder Theo und der Arzt des Krankenhauses ließen ihn in eine Irrenanstalt nach Aix-en-Provence bringen. Schließlich fühlte er sich besser und schrieb Theo, er hoffe, daß er nur »eine einfache Künstlermarotte und danach starke Fieberanfälle infolge eines sehr beträchtlichen Blutverlustes [gehabt hatte], weil eine Arterie aufgeschnitten worden war«. Er versichterte, daß er allmählich seine Gemütsruhe wiederfinde.

Im Februar 1889 kam er erneut ins Krankenhaus, weil ihn der Wahn quälte, man habe ihn vergiftet. Da man ihn tagsüber zu Hause malen ließ, verfaßten die Nachbarn eine Petition, mit der sie Vincent vertreiben wollten, der ihnen allmählich wirklich Angst einjagte.

Am 23. März arbeitete er mit Terpentinöl, und er versuchte, es zu trinken.

Er konnte seine Einsamkeit nicht mehr ertragen. Er bat darum, entmündigt zu werden, und er wurde als »internierter Patient« in die Anstalt Saint-Paul-de-Mausole gebracht (ein schicksalhafter Name – das klingt wie *Mausoleum*). Seinem Bruder schickte er mehrere Bilder und schrieb dazu: »Darunter gibt es eine Menge wertloses Zeug ... Nun, als Maler werde ich nie irgendeine Bedeutung haben, das fühle ich ganz deutlich.«

In der Anstalt brachte man ihn in zwei miteinander verbundenen Zimmern unter, und eines machte er zu seinem Atelier. Er fürchtete sich vor seinen Anfällen und malte, um sie zu bezwingen. Er sagte, er könne nur gesund werden, wenn er male. Dann bekamen seine Wahnsinnsanfälle einen religiösen Anstrich, und er fragte sich, ob die Erinnerung an das Krankenhaus und die Klostergärten sich nicht auf seine Gesundheit auswirkten.

Am 24. Dezember packte ihn ein neuer Anfall, der eine Woche dauerte. Er wollte sich vergiften, indem er den Inhalt seiner Farbtuben hinunterschluckte. Die Anstalt bedrückte ihn. Er schrieb, daß er Luft brauchte: »Ich fühle mich von Langeweile und Kummer zugrunde gerichtet.« Pissarro riet Theo, Vincent nach Auvers-sur-Oise zu schicken, wo ein gewisser Dr. Gachet lebte, der mit Malern befreundet war und in seinen Mußestunden selbst malte.

Am 21. Mai kam van Gogh nach Auvers. Er fand, der Ort sei von »ernster Schönheit«, beurteilte den Doktor allerdings weniger günstig. Anfang Juli schrieb er: »Ich glaube, daß man sich *überhaupt nicht* auf Dr. Gachet verlassen darf. Zunächst einmal ist er kränker als ich, wie ich gemerkt habe, oder sagen wir lieber, genauso krank, das ist es.« Tatsächlich war der Doktor ein sehr melancholischer Mensch, der seine Tochter bat, ihm auf dem Harmonium vorzuspielen, um ihn aus seinen depressiven Stimmungen herauszuholen...

Er zog bei den Ravoux am Rathausplatz ein, malte die Landschaften der Île-de-France und trank mehr, als ihm guttat. Theo ließ ihn wissen, daß er finanzielle Probleme habe und fürchte, ihn nicht mehr unterstützen zu können.

An einem Abend warteten die Ravoux, daß Vincent zum Essen käme. Er verspätete sich nie. Die Wirtstochter erzählte später: »Wir haben ihn gesehen, wie er gleich einem Schatten an uns vorbeilief, ohne etwas zu sagen. Mit großen Schritten rannte er durchs Eßzimmer und stieg in sein Zimmer hoch. Es war schon sehr dunkel, und deshalb hatte meine Mutter als einzige bemerkt, daß er sich wie jemand, der Schmerzen hat, die Hand an die Seite hielt.«

Vater Ravoux ging ins Zimmer hoch. Vincent sagte ihm, er hoffe sehr, daß er sich diesmal nicht verfehlt hätte. Man holte Ärzte. Hierüber gibt es jedoch unterschiedliche Darstellungen: Gachet kam, so hieß es, allein an Vincents Bett, wechselte kein Wort mit ihm, und weil er meinte, daß man die unter dem Herzen steckende Kugel nicht entfernen könnte, ging er und überließ es seinem siebzehnjährigen Sohn, den Verletzten zu beaufsichtigen. Oder es wurde ein zweiter Arzt hinzugezogen, so eine andere Version, und alle beide entschieden, daß es unmöglich wäre, die Kugel zu entfernen. Nur eines ist sicher: Eine Kugel war unter Vincents Herzen steckengeblieben. Das Loch »bildete in der Höhe des linken Rippenrandes, etwas vor der Axillarlinie, einen kleinen dunkelroten, beinahe schwarzen Kreis, der von einer violetten Aureole umgeben war und einen schwachen Blutstrahl austreten ließ« (Dr. Doiteau und Dr. Leroy).

Niemand kam auf den Gedanken, ihn ins sechs Kilometer entfernte Krankenhaus zu transportieren. Vincent verlangte seine Pfeife und rauchte die ganze Nacht. Er hatte Schmerzen.

Am nächsten Tag erschien die Polizei. Da man ihm Fragen über seine Tat stellte, antwortete er »sehr ruhig, daß es ihm durchaus freistehe, so etwas zu tun, und danach sprach er kein Wort mehr« (die Tochter Ravoux). Theo traf ein. Vincent sagte ihm:

»Weine nicht, ich habe es im allgemeinen Interesse getan.«

Hierauf beruhigte ihn Theo und erklärte, man werde ihn retten.

»Das hat keinen Zweck«, entgegnete Vincent, »die Traurigkeit verläßt mich mein ganzes Leben nicht.«

Er sagte auch noch:

»Jetzt würde ich gern nach Hause gehen.«

Und er schloß die Augen. Er verlor das Bewußtsein und starb am Morgen um 1.30 Uhr.

Der Pfarrer weigerte sich, seinen Leichenwagen für einen Selbstmörder herzugeben, doch die Kirchengemeinde von Méry zeigte größere Hilfsbereitschaft.

Der Maler Hirschig, der am Begräbnis teilnahm, berichtet, daß der Sarg mangelhaft angefertigt war und daß aus ihm eine stinkende Flüssigkeit rann (da diese Mitteilung jedoch nicht bestätigt ist, kann man annehmen, daß er ein wenig eifersüchtig auf seinen genialen Kollegen war). Vincent van Gogh ruhte in der Trauerkapelle unter einem weißen Leichentuch. Man nagelte seine Bilder an die Wände. Das weiße Tuch wurde nach und nach mit gelben Farbtönen übersät, weil man so viele Blumen – Dahlien und Sonnenblumen – darauflegte. Auch die Sonne leuchtete gelb. Es war der 30. Juli.

Man hat nie die Waffe wiedergefunden, die van Gogh benutzt hatte. Niemand hatte den Knall gehört, und man weiß nicht, wo er sich die Kugel in den Leib schoß. Frau Liberge, eine alte Einwohnerin von Auvers, erzählte 1957, es wäre nicht auf dem Weg zum

Friedhof geschehen, daß »der arme Kerl sich eine Kugel durch die Brust gejagt [hatte]. Er [hatte] das Gasthaus der Ravoux verlassen und sich in Richtung auf das Dörfchen Chaponnal entfernt, und in der Rue Boucher [war] er in den Hof eines kleinen Bauernguts eingedrungen.« (*Aesculape*) Dort, in der Rue Boucher, soll Vincent die verhängnisvolle Tat begangen haben.

PS: Ein Bravo für Vincent van Gogh, weil es ihm immerhin gelungen ist, siebenunddreißig Jahre zu leben, während schon ein Jahr vor seiner Geburt ein Grabstein seinen Namen trug.

Paul Verlaine

Geboren am 30. März 1844 in Metz. Er blieb als einziger Junge am Leben, nachdem seine Mutter dreimal vergebens versucht hatte, ein Kind lebend zu gebären. Wenn man Verlaine glauben darf, bewahrte sie in drei Glasbehältern die »Erinnerung an ihre dreifache Enttäuschung« auf (diese Formulierung stammt von seinem Biographen Antoine Adam).

Bekannt durch seine Lyrik (»Saturnische Gedichte«, »Weisheit«) und sein seltsames Äußeres.

WANN: am 8. Januar 1896 in Paris.

WIE: an einer Bronchopneumonie. Der Gerichtsarzt stellte fest, daß »der Organismus bis ins Mark zerrüttet war« und daß »man zehn Krankheiten an Stelle einer einzigen finden würde«.

WO: in seiner Wohnung in der Rue Descartes in Paris.

LETZTE RUHESTÄTTE: der Friedhof von Batignolles.

Verlaine teilte seine letzten zehn Lebensjahre zwischen Krankenhausaufenthalten (am häufigsten war er im Hôpital Broussais) und einem Dasein als ›möblierter Herr‹ im Quartier Latin. Er litt an Abszessen oder unter unerträglichen rheumatischen Schmerzen in den Beinen, und sein Herz hatte einen »Klaps«. Sein sagenhafter Alkoholismus machte nichts besser.

Ende September 1894 zog er mit Eugénie Krantz zusammen, sie lebten an der Rue Descartes Nr. 39 in einer Zweizimmerwohnung mit Küche. Ein Abszeß unter dem linken Fuß zwang ihn bald zur Bettruhe. Doch nach dem Elend der vorhergehenden Jahre verbesserte sich seine Lage wieder, er schrieb und wurde anerkannt. Er verdiente Geld – indes bezeugten alle, die mit ihm zu tun hatten, seine maßlose Freude am Geldausgeben.

In jener Zeit lief Verlaine nicht mehr schmutzig und verwahrlost herum; nun aber wurde gemunkelt, daß seine geistigen Fähigkeiten nachließen. Man bemerkte, daß er wieder zum Kind wurde. Eugénie kaufte Goldfarbe für einen Vogelkäfig, und Verlaine beschloß, alle Gegenstände golden anzumalen.

Verlaines Bein schwoll abermals an. Am Weihnachtstag zwang ihn ein Schnupfen, im Bett zu bleiben. Dr. Parisot schrieb ihm eine strenge Behandlungsmethode vor: Er sollte früh schlafen gehen, auf Schnaps und Wein verzichten. Er erlaubte ihm lediglich, mit Mineralwasser gemischte Milch zu trinken.

Am ganzen Morgen des 5. Januar phantasierte er. Am späten Nachmittag sank das Fieber.

In diesem Moment brachte man ihm die Druckfahnen eines Gedichts, das er *Mort!* (›Tot!‹) genannt hatte. Es heißt, daß der Dichter sehr bestürzt war, als er es erneut las. Am übernächsten Tag stand er auf, am Abend aß er in heiterer Stimmung zusammen mit einigen Freunden und trank ein wenig mit Mineralwasser verdünnten Weißwein. Das war am Dienstag, dem 7. Januar. Bei Tisch erzählte er, ein amerikanischer Bewunderer hätte ihm ein riesiges Papiermesser geschickt, das er als »großen Säbel« bezeichnete, und außerdem Rum. Der »Säbel« sei zerbrochen eingetroffen. Im Scherz sagte er, da er keinen Alkohol trinken dürfe, wäre es ihm lieber gewesen, daß man ihm ein Fahrrad geschickt hätte, denn selbst wenn es ihm unmöglich wäre, es wegen seines Beins zu benutzen, so hätte er es wenigstens verkaufen können ...

Nach dem Essen legte er sich erschöpft hin. In der Nacht fiel er aus dem Bett. Eugénie versuchte, ihn hochzuheben, doch sie schaffte es nicht. Sie wagte es nicht, die Nachbarn um Hilfe zu bitten, und sie packte den Kranken in Decken ein, so gut sie es vermochte.

Am 8. Januar besuchten ihn seine Freunde. Er war dermaßen blaß, daß sie ihre Erschütterung nicht verbergen konnten, und Verlaine sagte:

»Zieht euch noch nicht die Schuhe des Toten an.«

Sein Bett war vollständig mit Zeitungen bedeckt, die er immer wieder betastete. Die Ärzte hatten nicht mehr die geringste Hoffnung. Dr. Chauffard (ein alter Bekannter Verlaines) verordnete Senfpackungen (Breiumschläge aus schwarzem Senfmehl). Verlaine versank langsam im Koma; vielleicht spürte er noch, daß alle seine Freunde erschienen waren, um sich während des ganzen Tages an seinem Bett abzulösen. Dann starb er. Man stellte eine Totenmaske des Verstorbenen her, und etwa fünfzig Exemplare wurden an die nächsten Freunde verteilt. Mallarmé, der tief erschüttert war, lehnte das für ihn bestimmte Exemplar ab.

Die Trauerfeier fand am 10. Januar in der Kirche Saint-Étienne-du-Mont statt. Innerhalb von drei Tagen hatte sich die Nachricht von seinem Tod verbreitet, und annähernd fünftausend Leute schlossen sich dem Trauerzug zum Friedhof von Batignolles an.

Der von Catulle Mendès, Mallarmé und Barrès begleitete François Coppée hielt diese Grabrede: »Ehren wir das Grab eines wahren Dichters; verneigen wir uns vor dem Sarg eines Kindes ... Immer ist er ein Kind geblieben. Es ist so bitter, ein Mann und ein Weiser zu werden und nicht mehr die Rose der Lust zu pflücken, weil man Angst hat, sich die Hände blutig zu reißen.«

PS: In der Nacht nach Verlaines Begräbnis verlor die auf dem Dach des Opernhauses stehende Statue der Dichtkunst einen Arm. Dieser Arm trug die goldene Leier, und die Leier stürzte auf die Stelle herab, an der ein paar Stunden zuvor der Leichnam des Dichters vorübergefahren war.

Jules Verne

Geboren am 8. Februar 1828 in Nantes.
Dafür bekannt, daß er unsere Phantasie genährt hat und daß er der
am meisten übersetzte Romanschriftsteller der Welt ist.

WANN: am 24. März 1905, um 8 Uhr, mit 77 Jahren.
WIE: an Diabeteskomplikationen.
WO: in seinem Wohnhaus in Amiens.
LETZTE RUHESTÄTTE: der Friedhof Cimetière de la Madeleine am
Rand von Amiens.

Ein Jahr zuvor hatte Jules Verne bereits eine Diabeteskrise durchge-
macht. Damals hatte er seiner Frau gesagt:
    »Das nächste Mal holst du mir den Priester vor dem Arzt. Das ist
alles.«
    Zwei Wochen vor seinem Tod hatte er wieder eine Krise, und
seine Frau ließ jeden Tag den Priester kommen. Jules Verne sagte zu
ihm:
    »Sie haben mir gutgetan, ich fühle mich wie neugeboren.«
    Die Agentur Havas verbreitete stündlich neue Meldungen über
ihn, und die Zeitungen veröffentlichten Berichte über seinen Gesundheitszustand. Sehr bald war er rechtsseitig gelähmt. Da er sein
Ende nahe fühlte, verabschiedete er sich am 23. März von seiner
Familie: Er umarmte seine Frau und seinen Sohn, doch seinen Ver-
leger Hertzel erkannte er nicht. Die Lähmung befiel nun auch die
linke Körperseite. Seine Schwester schrieb: »Die Lähmung erfaßte
das Gehirn, und als ich das Zimmer verlassen mußte, war das nicht
mehr unser Bruder, auch nicht mehr sein wunderbarer Verstand. Es
blieb nur ein Körper übrig, von dem sich die Seele trennte.«
    Am Freitag, dem 24. März, versank er um etwa 2 Uhr morgens in
tiefe Bewußtlosigkeit.
    Niemand gilt als Prophet in seinem Vaterland, nicht einmal Jules

Verne, selbst wenn heute sein Name oft als der eines Propheten genannt wird.

Zu seinem Begräbnis kamen fünftausend Leute aus allen möglichen Kreisen, um ihm die letzte Ehre zu erweisen. Der deutsche Kaiser schickte seinen Botschafter, um sein Beileid zu bezeigen, doch man sah keinen Vertreter der französischen Regierung.

PS: Jules Vernes Lebensweg verlief zwischen Nantes und Amiens ... Man hätte sich eher vorgestellt, daß er zwischen dem Wunderland und den Nilufern verlaufen wäre.

Viktoria I.

Geboren am 24. Mai 1819 im Londoner Kensington Palace.
Dafür bekannt, daß sie ein Amt bekleidet hat, das so manche
(Frauen und Männer) zum Träumen bringt.

WANN: am 22. Januar 1901, mit 81 Jahren.
WIE: an den Folgen eines Kollapses.
WO: in Osborne (auf der Isle of Wight).
LETZTE RUHESTÄTTE: das Mausoleum im Park von Frogmore, in der
Umgebung des Schlosses Windsor Castle, wo sie bei Nacht beerdigt
wurde.

Im Sommer 1900 litt Viktoria unter Gedächtnisschwund und
Sprachstörungen. Damals rieten ihr die Ärzte, mehrmals täglich
»etwas Milch mit Whisky« zu trinken. Sie nahm weiter ihre Regie-
rungsaufgaben wahr.

Am 14. Januar 1901, nach einer Besprechung mit einem Lord,
der aus Südafrika zurückgekehrt war, kollabierte sie plötzlich. Die
Doktoren erkannten sofort, daß es keine Hilfe gab. Am 17. Januar
veröffentlichte man ein ärztliches Bulletin über ihren Gesundheitszustand: »Die Königin hat sich in jüngster Zeit nicht ihrer bisherigen guten Gesundheit erfreut, und sie ist vorläufig nicht in der
Lage, ihre gewohnten Spaziergänge zu unternehmen. Während des
vergangenen Jahres war Ihre Majestät schweren Belastungen ausgesetzt, die ihr Nervensystem ernsthaft erschüttert haben. Die
Ärzte Ihrer Majestät haben es daher für ratsamer gehalten, daß sie
vorerst darauf verzichtet, sich den Staatsgeschäften zu widmen.«

Am 18. nahm sie nichts mehr wahr, deshalb ließ man den Bischof
von Winchester kommen. Am nächsten Morgen fragte sie:
»Geht es mir etwas besser?«

Sie wollte ihren Pommernspitz Tutti sehen, doch als man ihn
brachte, war sie schon wieder eingeschlafen.

Später flüsterte sie:

»Ich möchte nicht sofort sterben. Vorher will ich einiges regeln.«

Am Mittwoch des 22. Januar war ihr Sohn bei ihr. Sie sagte seinen Vornamen und schlummerte wieder ein. Abermals holte man den Bischof. Als er betete: »Führe uns, wohltätiges Licht«, bemerkte man, daß die Königin zuhörte. Um 16 Uhr veröffentlichte man dieses Bulletin: »Die Königin entschläft sanft.«

Um 18.30 Uhr entspannte sich ihr Gesicht. Im letzten offiziellen Bericht hieß es lediglich: »Die Königin ist um 18.30 Uhr friedlich entschlafen.«

Die Familie versammelte sich um das Himmelbett. Man räumte das Speisezimmer leer und behängte es mit roten Tüchern, um eine Trauerkapelle im Haus einzurichten. Die Königin hatte ausdrücklich verfügt, daß sie die Dienste eines Beerdigungsinstituts ablehnte. Ihr Enkel William nahm persönlich Maß bei der Königin. Da jedoch sein linker Arm verkümmert war, erlaubte man ihm nicht, daß er *Grannie* zum Sarg trug.

Man brachte sie in die über und über mit Blumen geschmückte Trauerkapelle hinunter. Sie hielt ein silbernes Kruzifix in den Händen, und ihr Kopf war mit dem Brautschleier bedeckt. Um ihren Sarg hatte man acht Wachskerzen aufgestellt. Der Gardenienduft war so intensiv, daß die Grenadiere stündlich abgelöst wurden.

Viktoria hatte eine militärische Begräbniszeremonie gewünscht, und deshalb wurde der mit einem weißen und goldenen Tuch bedeckte Sarg am 1. Februar auf der königlichen Jacht *Alberta* transportiert, die von Kriegsschiffen begleitet wurde. Zwischen dem Hafen Cowes und Portsmouth fragte der neue König Edward, warum die Flagge auf halbmast wehte.

»Die Königin ist tot, mein Herr!«

»Der englische König lebt«, antwortete er.

Die Flagge wurde hochgezogen.

Der in einem Sonderzug beförderte Sarg kam in der Victoria Station an. Auf der restlichen Strecke – von Windsor Station nach Windsor Castle – sollte die Königin (ihrem Wunsch entsprechend) auf einer ›Artillerieprotze‹ befördert werden: »Weil eine Artillerieprotze ein sehr lautes Fahrzeug ist und sehr heftig rüttelt, möchte ich lediglich feststellen, daß man eine eigens hierfür umbauen müßte.«

Alles war vorgesehen: Pferde sollten das Gefährt bis zum Schloß ziehen. Doch die Königin hatte nicht vorausahnen können, daß die Pferde, die zu lange in der Kälte gewartet hatten, ihr Geschirr zerrissen.

Als Ersatz für die Pferde wurden Matrosen verpflichtet. Ein Zug blaugekleideter Männer, die einer Königin als Eskorte dienten, legte den beschwerlichen Weg zum Schloß zurück.

Den Sarg beschrieb der Journalist Aylmeric Fitzroy mit diesen Worten: »Seiner Form nach war er ein Kindersarg, denn die breiteste Stelle befand sich ganz nahe bei der Mitte.«

PS: Meint jemand, der sich eine ›Protze‹ für seine letzte Fahrt wünscht, daß er damit sein Leben besonders prunkvoll beendet?

Leonardo da Vinci

Geboren am 14. April 1452 im Dorf Vinci (Toskana).
Bekannt durch seine ›Mona Lisa‹ und durch seinen visionären Erfindungsgeist.

WANN: am 2. Mai 1519, mit 67 Jahren.

WIE: an einer langen Krankheit, der Folge eines Schlaganfalls, der zur Lähmung des rechten Arms führte. In den letzten Monaten malte und schrieb er mit der linken Hand.

WO: in seinem Wohnsitz, dem Schloß Cloux bei Amboise, im Kreis seiner Angehörigen.

LETZTE RUHESTÄTTE: die Kapelle Saint-Amboise (Touraine).

Einen Monat vor dem Ende diktierte er sein Testament, »da er die Gewißheit seines Todes und die Ungewißheit der Todesstunde bedachte«, und regelte die Durchführung seines Begräbnisses in allen Einzelheiten.

Er bestimmte sogar das Gewicht der Kerzen (jede sollte zehn Pfund wiegen) und berechnete, der Weg von seinem Wohnsitz zur Kapelle sei so kurz, daß die Fackeln nicht herunterbrennen würden.

Trotz dieser Angaben hinterließ er allerdings keine Verfügungen über sein Grab.

In seinen letzten Lebensstunden war er trübsinnig, weil er »sich an Gott und den Menschen dieser Welt versündigt [hatte], denn er hatte nicht so in seiner Kunst gearbeitet, wie es angemessen gewesen wäre«.

Leonardo da Vincis Grab blieb zunächst von Plünderungen verschont, doch die Kapelle wurde 1808 abgerissen, sämtliche Gebeine wurden weggeworfen, man verkaufte alles, die Platten und den Marmor; ein Gärtner vergrub indes heimlich die übriggebliebenen Bruchstücke.

Jahre später versuchte der Dichter Arsène Houssaye, die Reste Leonardo da Vincis wiederzufinden. Er entdeckte »einen derart gewaltigen Schädel, daß er einst das Hirn eines Genies enthalten konnte«, und er bestattete die Knochen, die, wie er meinte, jene des Malers waren, unter dieser Grabplatte:

»Unter diesem Stein ruhen die Gebeine, die bei Ausgrabungen in der ehemaligen königlichen Kapelle Saint-Amboise eingesammelt wurden, und es wird angenommen, daß zu ihnen die sterbliche Hülle Leonardo da Vincis gehört.«

PS: Wenn Leonardo sich wirklich »an Gott versündigt hat, weil er nicht so in seiner Kunst arbeitete, wie es angemessen gewesen wäre«, kann jeder von uns sich einige Sorgen machen.

Voltaire

Geboren als François Marie Arouet

Geboren am 21. November 1694 in Paris.
Dafür bekannt, daß er in unserer Vorstellung mit einem Schlafrock
und einer komischen kleinen Nachtmütze bekleidet ist.

WANN: am 30. Mai 1778, um 23 Uhr, mit 83 Jahren.

WIE: an einem Prostatakrebs. Auszug aus dem Autopsiebericht: »Die rechte Niere zeigt gangränöse Flecke. Die Harnblase war zersetzt, sie hatte eine Dicke von mehr als einen Zoll erreicht. [...] Da diese Substanz schleimig und speckartig war, hatte der in ihr enthaltene Eiter die Membrane zerfressen. Die Vorsteherdrüse war sehr dick und derbfaserig.«

WO: bei seinem Freund, dem Marquis de Villette, in Paris.

LETZTE RUHESTÄTTE: Sein Skelett kam aus der Abtei Scellières (Champagne) ins Panthéon. Sein Herz befindet sich in der Pariser Nationalbibliothek.

In seinen letzten Lebenstagen stellte sich Voltaire entsetzt vor, daß man ihm das Schicksal der »offenen Sünder« bereiten könnte: daß man ihm ein Grab in geweihter Erde verweigerte. Von dieser Furcht getrieben, ließ er am 2. März den Abbé Gauthier an sein Bett kommen und diktierte ihm den folgenden ›Widerruf‹: »Ich Endesunterzeichneter erkläre, daß ich 84 Jahre alt bin und seit vier Tagen von Blutbrechen geplagt werde, und da ich mich nicht zur Kirche schleppen konnte [...], habe ich ihm gebeichtet, und wenn Gott über mich verfügt, sterbe ich in der heiligen katholischen Religion, in der ich geboren wurde, und ich erhoffe von der Barmherzigkeit Gottes, daß Er geruhen wird, mir all meine Sünden zu vergeben, und wenn ich der Kirche ein Ärgernis gegeben haben sollte, so bitte ich Gott und sie dafür um Verzeihung.«

Im Mai kamen Voltaires Leiden offen zum Ausbruch. Am 15.

schrieb er: »Ich leide unter unglaublichen Schmerzen.« Er schrie, hatte starke Fieberanfälle, hustete und spuckte Blut. Um seine Schmerzen zu lindern, verordnete man ihm Laudanum, ein aus Opium hergestelltes Medikament. Voltaire litt so sehr, daß er sich nicht an die Dosierungen hielt. In einer Nacht schickte er seinen Diener dreimal zur Apotheke, damit er mehr von diesem Mittel holte. Diese starken Dosen versetzten ihn in einen Zustand, der zwischen Halbschlaf und Delirium schwankte. Doch er setzte seine Tätigkeiten fort, lud Theaterleute und Mitglieder der Akademie in sein Zimmer ein.

Am 23. Mai hielt man ihn für verloren; am 26. Mai teilte man ihm indes mit, daß sein Freund de Laly dem drohenden Todesurteil entgangen war. Als Reaktion hierauf diktierte er: »Da der Sterbende diese große Neuigkeit erfährt, erwacht er zu neuem Leben. Voller Zärtlichkeit umarmt er Monsieur de Laly. Er sieht, daß der König als Verteidiger des Rechts wirkt. Er wird zufrieden sterben.«

Am 28. Mai schrieb er: »Ich sterbe, während ich Gott anbete, meine Freunde liebe, meine Feinde nicht hasse und den Aberglauben verabscheue.«

Der Abbé, der ihn zur Unterzeichnung des ›Bekenntnisses‹ veranlaßt hatte, kam wieder, um ihm das Abendmahl zu reichen. Voltaire lehnte es mit diesen Worten ab:

»Monsieur l' Abbé, bedenken Sie, daß ich ständig Blut spucke; man muß sich wohl davor hüten, das Blut des lieben Gottes mit dem meinigen zu vermischen.«

Seine Nichte teilt uns mit, daß er in den letzten Tagen »ständig unter Blasenschmerzen litt und nur etwas Orangengelee zu sich nahm oder kleine Eisstücke im Mund zergehen ließ, um die ihn verzehrende Hitze zu lindern«.

Am 30. Mai erschien der Abbé Gauthier abermals, weil ihn der vorherige Widerruf nicht mehr zufriedenstellte und er von Voltaire eine entschiedenere Verpflichtungserklärung erhalten wollte. Er fragte ihn, ob er an die Göttlichkeit Jesu Christi glaube. Da der Kranke bewußtlos war und seine Umgebung nicht mehr wahrnahm, schrie ihm jemand ins Ohr, der Abbé sei zu einem Besuch gekommen. Zum großen Erstaunen aller erwachte Voltaire aus seiner Lethargie und sagte:

»Monsieur l' Abbé Gauthier! Mein Beichtvater! Grüßen Sie ihn vielmals von mir.«

Der Pfarrer von Saint-Sulpice, der den Abbé begleitete, wiederholte die Frage über Jesus Christus. Voltaire stieß den Pfarrer zurück und drehte sich mit einer lebhaften Bewegung zur Wand, wozu er erklärte:

»Lassen Sie mich in Frieden sterben.«

An jenem Tag kamen die beiden Geistlichen zu dem Schluß, daß Voltaire »nicht mehr ganz richtig im Kopf war«.

Seine Nichte berichtete, daß er »unter großen Schmerzen [starb], die vier letzten Tage ausgenommen, in denen er wie eine Kerze verloschen ist«.

Gegen den Widerstand der Behörden wollte Voltaires Neffe, der Abbé Mignot, seinen Onkel in »geweihter Erde« begraben lassen. Nach der Autopsie zog man ihm einen Schlafrock über und setzte ihm eine Mütze auf den Kopf, damit der aufgeschnittene Körper einen unversehrten Eindruck machte. Der Chirurg erbat das Gehirn. Das Herz wurde de Villette übergeben, der es zunächst in einem vergoldeten Silberetui aufbewahrte. Hierauf ließ er ein Marmordenkmal errichten, das als Schrein dieses Herzens dienen sollte. Er ließ diese Botschaft eingravieren: »Sein Herz ist hier, sein Geist ist überall.«

Da Voltaires Neffe den Prior von Scellières einigermaßen gut kannte, fragte er ihn, ob er einverstanden sei, den Leichnam in der Abtei zu bestatten. Der Prior erklärte sich bereit. Die Beerdigung fand am 2. Juni statt. Man begrub ihn in der Kapelle unter einer Steinplatte, auf der lediglich geschrieben stand: »A 1778 V«.

Der Bischof von Troyes ließ den Prior wissen, daß eine kirchliche Bestattung Voltaires verboten sei, und er kündigte »schlimme Folgen« für den Fall an, daß diese Anordnung übertreten würde. Tatsächlich wurde der Prior seines Amtes enthoben.

Ludwig XVI. widersetzte sich der für verstorbene Akademiemitglieder üblichen Gedächtnisfeier.

In der gleichen Zeit ließ Friedrich II. in einer Berliner Kirche eine prächtige Messe für ihn zelebrieren.

Die Kirche verweigerte später dem Abbé Mignon die Erlaubnis, die Steinplatte, unter der Voltaire ruhte, mit einem Mausoleum zu schmücken.

1789 beschloß die Verfassungsgebende Versammlung, die Kirchengüter zugunsten der Nation einzuziehen. Was sollte aus Voltaires Grab werden?

Der Marquis de Villette schlug vor, Voltaire ins Panthéon zu überführen. Am 9. Mai exhumierte man die Leiche. Man machte den weißen Holzsarg auf, und während der Fahrt von Scellières nach Romilly wurden die sterblichen Reste offen aufgebahrt. Ein Bewunderer nutzte die Gelegenheit, um einen Knochen zu stehlen.

Am 11. Juli traf Voltaire im Panthéon ein, wo er sich zu Rousseau gesellte.

1814 verbreitete sich das Gerücht, Monarchisten hätten zwei Leichen gestohlen und in einem unbebauten Gelände verscharrt. 1857 erklärte man jedoch, daß man den Inhalt der Särge untersucht hätte und alle Gebeine tatsächlich vorhanden seien. Manche behaupteten, man sei sicher, daß es sich wirklich um Voltaire handele, weil der Schädel aufgesägt war und der gestohlene Knochen fehlte.

Andere versichern immer noch, daß die beiden Särge leer seien.

PS: Rousseau und Voltaire: Das Leben hatte sie getrennt. Der Tod hat sie vereint.

Oscar Wilde

Geboren am 16. Oktober 1854 in Westland Row (Dublin).
Bekannt durch seine Romane und Erzählungen, wie etwa »Das Bildnis des Dorian Gray«, *und durch seine Liebe zu gewissen jungen Leuten.*

WANN: am 30. November 1900, um 13.40 Uhr, mit 46 Jahren.
WIE: an einem Ohrabszeß, der zu einem Gehirnschlag führte. Das letzte ärztliche Bulletin stellte fest, daß er an einer interkranialen Komplikation, der Folge einer eitrigen Otitis, gestorben sei.
WO: im ›Hotel d'Alsace‹, in der Pariser Rue des Beaux-Arts, Nr. 13.
LETZTE RUHESTÄTTE: zuerst in Bagneux, in ungelöschtem Kalk. 1909 wurde er dann auf den Friedhof Père-Lachaise gebracht. Seine sterblichen Reste ruhen in der 89. Abteilung unter einer Sphinx. Wie sich feststellen läßt, sind die Geschlechtsteile der Sphinx verschwunden. Wilde weilt also in seiner Ewigkeit unter der Statue eines Engels.

Auf dem Grab kann man seine Worte lesen: »Und fremde Tränen werden für ihn die seit langem zerbrochene Urne des Erbarmens füllen, denn die ihn Beweinenden werden die Verstoßenen sein, und Verstoßene weinen immer.«

Wilde hatte sich am 29. November 1900, am Tag vor seinem Tod, von einem Priester des Passionistenordens taufen lassen, und er empfing die Letzte Ölung.

Da er sich im Hotel unter dem Namen Sebastian Melmoth eingetragen hatte – eine Anspielung auf Charles Maturins umherirrenden Romanhelden –, hätte man seinen Leichnam beinahe ins Leichenschauhaus gebracht, ohne zu wissen, wer er war.

Am 8. Juni 1923 behauptete Mrs. Dowden, sie habe eine

postume Mitteilung Oscar Wildes erhalten: »Ich bin ein Reisender, ich bin durch die Welt gezogen und habe nach Augen gesucht, durch die ich sehen kann. Manchmal ist es mir gegeben, diesen ungewöhnlichen Schleier der Dunkelheit zu zerreißen, und durch Augen, denen mein Geheimnis verborgen ist, bewundere ich von neuem den wunderbaren Liebreiz des Tageslichts.«

PS: Daß ein für seine Liebe zum Französischen und durch sein Talent, die Spuren zu verwischen, bekannter Schriftsteller sich den Namen *Melmoth* gibt, was im Französischen wie ›Wortverwirrer‹ (mêle-mots) klingt ...

Émile Zola

Geboren am 2. April 1840 in Paris.
Bekannt durch seine Romane – ›Germinal‹, ›Nana‹ usw. – und
sein hochberühmtes »Ich klage an«. Weniger bekannt als
›Hundeliebhaber‹ und Mitglied des Tierschutzvereins. Er selbst
hat nämlich erklärt: »Einer der glücklichsten Augenblicke meines
Lebens war dieser: Als Beauftragter [...] des Tierschutzvereins
habe ich eine Goldmedaille an die Brust einer errötenden Schäfe-
rin geheftet, einer kleinen sechzehnjährigen Burgunderin, die
Mademoiselle Camelin hieß und die unter Lebensgefahr einen
ausgehungerten Wolf im Zweikampf getötet und damit ihre Herde
gerettet hatte.« (Wie zu sehen ist, mochte er das Lamm wirklich
lieber als den Wolf.)

WANN: am 29. September 1902, mit 62 Jahren.
WIE: an Kohlenmonoxyd erstickt.
WO: auf dem Teppich vor seinem Bett, in seiner Wohnung an der
Pariser Rue de Bruxelles.
LETZTE RUHESTÄTTE: Nach einer nicht kirchlichen Begräbnisfeier
wurde er am 5. Oktober auf dem Friedhof Montmartre beerdigt. In
seiner Grabrede sprach Anatole France von Zolas »mutigem Wort«,
das »Frankreich aufgerüttelt« habe. Dreyfus schloß sich dem
Trauerzug an. Im Juni 1908 wurden Zolas sterbliche Reste ins Pan-
théon übergeführt.

Es war Sonntag. Am nächsten Morgen sollten Arbeiter bei den
Zolas ein »Fallrohr im Waschraum« reparieren. Wenn man ins Bad
wollte, mußte man durch ihr Schlafzimmer gehen. Als die Klempner kamen und die Hausangestellten entdeckten, daß die Zolas
nicht aufgewacht waren, brach man deshalb die Tür auf. Frau Zola
ruhte halb bewußtlos auf dem Bett. Ihr Mann hingegen lag auf dem
Boden. Er hatte sich übergeben. Man riß sofort die Fenster auf und

282

holte Ärzte. Man versuchte es mit künstlicher Beatmung. Für Émile Zola kam jede Hilfe zu spät, doch man konnte seine Frau retten.

Die Blutuntersuchung ergab, daß Zola durch eine Kohlenmonoxydvergiftung gestorben war. Als seine Frau aufwachte, konnte sie erzählen, was vorgefallen war: Zola bekam gegen 3 Uhr morgens Atembeschwerden und wollte das Fenster aufmachen. Er rutschte auf dem Teppich aus und sollte nie wieder aufstehen. Die Erklärung: Das Gas war in den »unteren Teilen« des Raums konzentriert. Die im Bett liegende Frau Zola befand sich in einem »höheren Teil«, und sie überlebte.

Die besorgniserregende Atmosphäre, in der Zola seit der Dreyfusaffäre lebte, veranlaßte die Polizei, eine Untersuchung durchzuführen (doch man behauptete auch, daß er Selbstmord begangen hätte oder von seiner Frau umgebracht worden sei). Am Sonnabend, einen Tag zuvor, hatten Männer das Dach ausgebessert. Aus einem Schornstein kam Rauch, der einen Dachdecker störte, und kurz entschlossen verstopfte er das Loch provisorisch. Als er am Abend fortging, vergaß er, das kleine Holzstück wegzunehmen, das die Öffnung blockierte. Resultat: ein toter Schriftsteller.

Das jedenfalls war die offizielle Version.

Die Leiche wurde einbalsamiert, damit man auf dem Friedhof genug Zeit für die Vorbereitung des Begräbnisses hatte. Zolas Freunde hielten für ihn die Totenwache. Es war bitterkalt (man kann sich denken, daß niemand Lust hatte, den Kamin zu benutzen), die Gäste mußten sich Decken überwerfen und die Füße auf Kasserollen mit kochendem Wasser stellen. Es gab keinen Zwischenfall, und man bemerkte, daß sich die beiden Hunde Zolas endlich einmal vertrugen. Man mußte lediglich die Katze herausholen, die es sich auf der Brust ihres Herrchens bequem gemacht hatte.

PS: Man hatte sich Zola nicht als heiligen Franz von Assisi vorgestellt.

Chronologische Danksagung:

Ich danke Anne ›Annoushia‹ Comte, die meine allerersten Notizen geduldig ins reine geschrieben hat. Ich danke ihr auch für ihr stetiges Interesse. Ich danke Alexandre Aubanel, der sie abgelöst hat und ebenso liebenswürdig gewesen ist. Ich danke Nicolas Parienty für seine energischen Anrufe.

Ich danke Alain Laurenson, weil er vorgeschlagen hat, meine Arbeit an Michel Desgranges zu übergeben und diese Idee ausgeführt hat. Ich danke Michel Desgranges, weil er dieses Werk herausgeben wollte und das auch getan hat.

Ich danke Édouard Bertaud, weil er alles gelesen, mir zugehört, geholfen und Kraft gegeben und mich zu mehreren »PS« inspiriert hat. Ich danke, daß er mich unterstützt hat, dicht auf meinen Fersen, während meine Beine mit lautem Klippklapp die Stufen zur Bibliothek hinaufstiegen.

Bitte beachten Sie
folgende Seiten:

Die schönsten Schmunzelverse seit G. C. Lichtenberg und Eugen Roth

»Wir schimpfen bei so vielen Sachen / empört, das ist doch nicht zum Lachen! / Dann lach' ich trotzdem, weil ich meine, / es wird nicht besser, wenn ich weine.«

Eine Auswahl der schönsten Schmunzelverse des beliebten Autors, der sich in der Nachfolge von Georg Christoph Lichtenberg und Eugen Roth eine begeisterte Leserschaft erworben hat.

Karl-Heinz Söhler
**Es schadet nichts,
vergnügt zu sein**
Heitere Standpunkte
168 Seiten
9 s/w-Abbildungen
Ullstein TB 23259

Ullstein Taschenbuch

Irrtümer der Geschichtsschreibung

Semiramis ist nicht die Schöpferin der »hängenden Gärten«. Der «Gang zu Canossa« war in Wirklichkeit ein Erfolg und keine Demütigung. Historische Ereignisse, die sich nie ereignet haben; Taten berühmter Männer, die nie begangen, Aussprüche, die nie gesagt wurden – als »Treppenwitze der Weltgeschichte« sind sie unsterblich geworden und im Gedächtnis der Menschen verankert. Ein informatives wie amüsantes Nachschlagewerk!

William Lewis Hertslet/
Winfried Hofmann
Der Treppenwitz der Weltgeschichte
Geschichtliche Irrtümer,
Entstellungen und
Erfindungen
480 Seiten
Ullstein TB 35667

 Ullstein Taschenbuch